Selected Works Of
Chen Chuanxi

4

陈传席 著

陈传席 文集

中国青年出版社

目 录 contents

【理论探索】

陈传席文集

Selected Works Of Chen Chuanxi

第四卷　近现代艺术史研究与理论探索

 近现代艺术史研究

一、陈独秀之父陈庶，瞿秋白之父瞿世玮

陈庶和瞿世玮是近代两位画家。他俩本人倒没有做过翻天覆地的大事业，甚至他们的画也不足领一代风骚。但他们对自己的儿子产生过巨大的影响，他们的儿子又对中国产生过巨大的影响，所以，我说过这两位画家的重要有些特别。陈庶的儿子叫陈独秀，瞿世玮的儿子叫瞿秋白。说起来真凑巧，中国共产党最早的两位领导人竟都是画家的儿子，而且他们本人少年时也都学过绘画和书法。当然，受他们父亲的影响很关键。

（一）

陈庶是安徽省怀宁县人。我在安徽省文化厅工作期间，曾去怀宁县作过调查，又根据调查按图索骥地查过一些资料。现简述如下，以供研究家参考。

陈庶并不因其子陈独秀而出名。在当地，陈庶原是颇有名气的书法家兼画家。后来他的儿子陈独秀出了名，人们注意力集中到陈独秀身上，他反为其所掩了。我去了解时，当地人们还在议论这位画家，说他脾气很古怪。陈庶后来改名衍庶，有时亦写作愆庶（有些资料上写作"衍鹿"，皆因字形相近而误），字昔凡，号石门湖客、石耕老人，主

要活动于清代同治、光绪年间。陈庶的书画室叫"四石斋",《怀宁县志》中又记作"四石师斋"。"四石"指邓石如、刘石庵、王石谷、沈石田。邓、刘是大书法家,王、沈是大画家,陈庶以此四人为师,故斋其名曰"四石师"。

陈庶早年的画以学王石谷为主,谨细而柔弱。安徽省博物馆藏有陈庶学王石谷的《仿耕烟江山雪霁图》(王石谷号耕烟老人)。后来陈庶又学沈石田,用笔粗厚。陈庶以画山水为主,也画人物,师法也不止王、沈二家。他画的人物画粗犷、苍劲而有生气,又似五代的石恪和南宋的禅画。安徽省博物馆至今还收藏有陈庶的《抚罗聘斗笠先生像》(罗聘是安徽歙县人,"扬州八怪"之一),以及光绪二十九年所作的《云嶂层楼图》等。陈庶的画因在当时有一定影响,所以《湖社月刊》在刊载陈庶壬辰(光绪十九年)所作的山水画扇面时,特作介绍,注云:"与姜颖齐名,而神韵过之。近代画家萧谦中其弟子也。"绘画史籍中记载陈庶的有《历代画史汇传补编》《虹庐画谈》等,然皆不知其为独秀父也。

陈独秀少年时就受其父影响,善书法,对画也颇有兴趣。他看了很多王石谷的画,据他在《美术革命》一文中说:"我家所藏和见过的王画,不下二百多件。"(《新青年》第六卷第一号)他对"王画"十分不满,因为"王画"主要靠临摹,王石谷更主张:"以元人笔墨,运宋人丘壑,而泽以唐人气韵,乃大成。"个人的精神全无,而且他对画的要求是清、柔、淡、弱,反对雄强和浑厚,最后弄到萎靡不振。当时的中国正需要振奋和图强,陈独秀本人又是满怀激情的人,因此对王画深恶痛绝。他于五四运动的前一年即1918年1月,在《新青年》第六卷第一号上发表了《美术革命》一文。文中说:"说起美术革命,鄙人对于绘画,也有点意见,早就想说了。""若想把中国画改良,首先要革王画的命。""人家说王石谷的画是中国画的集大成,我说王石谷的画是倪、黄、文、沈一派中国恶画的总结束。"陈独秀认为"四王"的作品只是"复写古画,自家创作的简直可以说没有。这就是王流派在画界最大的恶影响。"他并大声疾呼："像这样的画学正宗，像这样社会上盲目崇拜的偶像，若不打倒，实是输入写实主义、改良中国画的最大障碍。"陈独秀的这篇文章，可以说是近代影响最大的一篇美术论文。虽然他的看法未必完全正确，但给当时受"四王"画风统治而濒于危机的中国画坛带来了生机。从此，自清初以降一直被视为"正宗"的"四王"画遭到了厄运，这在美术革命上是一件人好事，"四王"受到了强有力的批判，而且随着批判的深入，"四王"的老师董其昌也遭到批判，直到50年代，《人民日报》还点名批判董其昌。董其昌研究绘画而提出的颇有价值的"南北宗论"也遭到攻击。所以，陈独秀的《美术革命》一文实际上也影响了大半个世纪的美术理论的研究工作。这一连串影响的根子都是在陈庶那里形成的，陈独秀家的藏画实际是陈庶的藏画。就这一点来说，陈庶不可谓之不重要。陈独秀的画，我尚未见到，但他的书法还是常见的，比同在安徽又是同时代文化名人的胡适的书法要好得多。陈独秀于1927年被撤销中共中央总书记的职务，1929年11月又被开除党籍；1932年10月被国民党逮捕入狱。有好事者慕其名又知其善书画，花钱买通狱卒，备上厚礼，请独秀留下墨宝。陈独秀在狱中奋笔挥毫，写下了一副对联：

彩笔昔曾干气象
白头吟望苦低垂

流露出他沉郁而苦闷的心情，书法的精神亦如之，且又圆浑朴厚，温醇而沉毅。我想，写书法史的人应该排除成见，把陈独秀写上去，而对陈独秀产生决定性影响的书画家陈庶也应该引起更多方面的注意。

（二）

瞿世玮，字稚彬，江苏常州人。瞿秋白1920年写的文章说他父亲

"已年过半百"，可知瞿世玮生于清代同治十年左右，和陈庶差不多同时活动在清光绪年间。

瞿的家乡常州曾是文化荟萃之地。清初，以恽南田为首的一群画家形成了一个"常州派"，影响一直到民国初年。瞿世玮也是"常州派"后期的重要画家之一。他擅长山水画，受恽南田、"四王"和元代四大画家中的黄公望、倪云林的影响甚重，但是也有自己的特色。他的山水画简淡萧疏、冷隽清逸，不像"四王"画那样柔媚，也和倪云林画的枯淡松柔作风有别。他每以简练爽利的线条，随意而自然地勾出山的大体结构，然后加以披麻皴或乱柴皴，皴笔不多，用色亦极简而淡，或不著色。其树多枝叶飘零或枯枝无叶，表现一种肃杀的气氛。瞿世玮的画取材大多是反映隐逸之士的闲情雅趣，或者表现落魄知识分子的穷愁心境。因此，他的山水画多秋景，色墨偏暗。瞿世玮还兼擅诗词、书法、篆刻。其兄世璜亦擅金石篆刻书法。他们都给瞿秋白很大的影响。

常州博物馆至今仍收藏瞿世玮的山水画多幅。1981年在苏州、扬州、镇江、常州、南京五市举办的"明清画展"中，展出了瞿世玮的山水画三幅，画的皆是秋景。我最近见到瞿世玮的一幅《秋山问道图》，画的前景是一片秋林，枝叶萧条，气氛荒凉，后景是略有重叠的三座大山，林、山之间有一位士人精神萎靡，正倾听一位僧人在讲解什么。这正是当时知识分子处于茫然状态的精神写照，更是瞿世玮自己的精神写照。瞿世玮本属士大夫阶层，瞿秋白在《饿乡纪程》一文中说："我的家庭就是士的阶级。"（见《瞿秋白文集》）瞿世玮的父亲和叔父都做过官，瞿世玮也有一个虚衔"浙江候补盐运使"，但无俸禄。所以，到了瞿世玮这一代，开始尚可支持，后来则家境破落，生活越来越穷困，世玮自幼读书学画，他的妻子金璇（字衡玉）亦是一位有教养有知识的妇女，读过很多史书和诗词。后来经济拮据，他们曾一度靠卖画维持生活。在瞿秋白上中学的时候，连家中收藏的金石、书画都变卖一空。秋白的母亲因忍受不了这种穷困的折磨，于1915年春节的第二天自杀了。瞿世玮为生计所迫，投奔山东济南一位朋友家，靠教书卖画糊口。所以，他的画多表现自己穷愁困苦的心境。

瞿秋白"受到工于画山水画的父亲和擅长金石篆刻的伯父等人的薰陶，也学会了绘画和雕刻"（见《瞿秋白的文学活动》），好几本有关秋白的传记中都有类似的介绍。秋白的书画篆刻作品存世很多，常州市等几家博物馆都有收藏。我很久前见过他的一幅山水轴，其画虽和"四王"画风相同，也和他父亲的画同一路数，但较之更缜密细润，其中有元王蒙的笔法。就传统功力而论，应在一般画家之上。用笔变化、内蕴，都可看出训练有素。其皴法虽也是小披麻兼牛毛皴，但就精神状态而论，远远超过"四王"末习的僵死作风，显示出瞿秋白的勃勃生气和清醒的精神。这幅画我当时勾临一本，后来一家地方小杂志上也发表过，可惜一时都找不到了。秋白的画还有很多。《文汇报》1957年6月18日报道："瞿秋白1919年清明节为其友李子宽作山水画立轴，笔墨秀逸，有'四王'遗风。"从《瞿秋白文集》中也可以看到，瞿秋白经常谈到画，皆很内行，他的父亲——画家瞿世玮对他的影响乃是一个十分重要的因素，应该引起研究家们的重视。搞美育的人似乎也可以从中悟出点什么。

（载《人物》1991年第3期，原题《画家与儿子》）

二、陕北民间艺术考察记（上）①

　　"及之则知之"，反之则不知，因不知对象而乖戾之，是常见的。我以前对民间艺术就颇有些看不起。因为我看过很多民间艺术研究所内的专家们剪纸，实际是刻纸，画好底稿，又刻又挖，全无趣味。所以，去年八月，上级委派我带领一批大学生去陕北考察民间艺术，我坚决拒绝了。后来又想不妨借考察民间艺术为名，去陕北了解一下风土民情，再去看一看黄土高原和大沙漠，"尽天下之大观以助吾气"，于是便带领36名水平很高的大学生，越龙门，过嵩山，涉秦坑，谒黄陵，风尘仆仆，赶到陕北，先看了洛川的民间艺术，有剪纸、有刺绣、有绘画、有泥塑等等，洋洋大观，美不胜收，已使我大为吃惊。

　　到了安塞，亲眼看到民间艺人的剪纸表演，惊得我目瞪口呆。"国有此术而不知，深以为耻"。一下子，便完全改变了我对民间艺术的偏见。她们的剪纸艺术是真正的剪纸，绝不用刀刻挖，根本不起稿，而是任意一把剪刀，在任意一块纸上，率意下剪，那剪的动作本身就是一种

---

　　① 注：原文在《艺术家》上发表时，都附有插图，现省略。

艺术，自然而优美，和专业画家刻纸时那种拘谨状态完全相反。

剪纸作品的质朴、高古、粗犷、凝练、稚拙以及天真气，咄咄逼人。更使我惊讶的是，在她们的作品中，立体派、未来派等现代派的精华，早有存在，不但比西方现代派要早得多，而且也高明得多。

应《艺术家》之约，将所见所闻先作简单报道，然后再提出一些初少看法。因为是根据考察线索，看到哪里，想到哪里就写到哪里。

本文主要谈安塞以剪纸为主的艺术。安塞地处陕北延安地区，宋代名臣范仲淹曾长期在这里镇守边关，颇有政绩，他的著名词句《渔家傲》（塞下秋来风景异，衡阳雁去无留意。四面边声连角起。千嶂里，长烟落日孤城闭。　　浊酒一杯家万里，燕然未勒归无计。羌管悠悠霜满地。人不寐，将军白发征夫泪。）就写在这里。范仲淹当时统率军队，在这里抵抗西夏的侵略，曾使这里的人民过着安定的生活。安塞就是安定边塞之意。我少时就会背诵他这首词，到了陕北，谒见范公祠，看到了这首词的丰碑，然后环目四顾，才真正体会到"千嶂里，长烟落日"的悲凉雄壮气氛。恰巧，这时又正是"塞下秋来"的季节，其风景果然大异于内地。恐怕这也是其艺术气质大异于内地的根源之一吧。安塞就在延安北部，遍地山陆起伏，延河流贯全县。它虽然壮阔雄旷，但却十分贫穷落后，满目荒凉。老百姓仍然住在窑洞里，皮肤粗裂，衣着简朴乃至破旧，很少和外界来往。很多人家长年住在荒秃的山上，除了一人赶驴下山驮水外，有人终年不下山。从生命的诞生、成长到死亡，一个过程结束了，又接着另一个过程，就这样世世代代繁衍下去。他们在这里开荒种地，粗饭淡茶，年复一年，别无他求。

（一）王西安和真武洞艺术

我们到安塞的当天，找到县文化馆，恰巧负责美术的干部马严龄先生刚陪同陕西省艺术馆的几位专家下乡去见一位民间艺术能手王西安女士，我们便沿着山路跟踪追去，山中遗存的古代石刻艺术也没来及欣赏。到了两山峡谷之中，一条小河流过，河之北有一村庄，河之南山坡下有几户人家，这就是真武洞乡，王西安女士的新窑洞就在这山坡下，显得十分突出，这是因为近几年来，她的剪纸艺术品有人收购，生活发生了变化。据说五月份就卖出四千余元，相当于一个大学教授工资的30倍。我们进去，递上介绍信，她们表示欢迎。窑洞里济济一堂，连炕上都坐满了人。我观察其环境，门窗上都贴满了剪纸（俗称窗花），窑洞四壁及镜框内也挂满了剪纸，红色居多，绿色次之。房中还有一大套送殡（安葬死人）用的纸礼，扎有金童玉女、马和轿，皆很生动。纸礼庙堂上书："金童引上天堂路，玉女送回逍遥宫。"这些纸礼的艺术品，在安葬死人时烧掉，供灵魂使用。王西安告诉我，她经常为人家制作这类礼仪品。

其他人告退后，王西安女士把家庭收拾一下，便为我们表演剪纸，她随意而又迅速地捡起一块红纸。我想象大约和专业作者一样，要先画好稿，然后放在木板上一刀一刀地挖，谁知，她还没坐下，就嚓、嚓下了剪刀，十分随意，左手拿纸、右手执剪，一拐一旋，如前所述，动作非常优美，一会儿就完成了。即使是非常细微的地方也完全用剪刀大胆地剪出。打开一看，是一幅《连（莲）生贵子》。马严龄先生代为解释，陕北人认为多子多福，现在，上级严令计划生育，老百姓完全不听，她们跑到深山里生。王西安年龄不大，已生了五个孩子。所以，连生贵子、性、生殖崇拜之类题材，在陕北最多。这幅剪纸上，女孩蹲者，阴部剪成一朵莲花，莲、连谐音，即连生贵子。两旁两只鸡，代表吉利，深入研究，乃是陕北原始时代鸟图腾的遗传。但女孩的臀部都剪得硕大，衣裙底呈喇叭状。都是突出女性的性部分。两只臂举起，但两手却剪成两个石榴，石榴多子，寓意多子多福。

她剪得太快太熟练了，根本不假思索。跟随我一起去的南京师大助教胡中节也要求给他再剪一幅内容一样的。王西安又咔咔给剪了起来，打开一看，虽然也是《连生贵子》，但和前幅并不完全一样，女孩不是蹲着，而是立着，眉毛不是一道线，而是一丝一丝的。她不愿重复自己的创作，据说也不能重复，因为任性而发，刚才性情和现在就不同，而且有时又因材施剪，纸的大小形状不同，剪出来也会不同，再剪第三幅又和前二幅不同。很短时间，她给我们这个考察团每人剪了一幅。她又格外给我剪了一幅青蛙，青蛙身上有两条鱼。马严龄先生说这蛙鱼也是有意义的（详下），我只问她蛙身上为什么有两朵花，她说有花好看，又说，贴在窗上透亮。我明白了，凡是贴在墙上的就整饬、粗犷，凡是用作窗花的，就疏朗空旷，这是怕挡住光亮之故。

　　接着，我们一面向她询问，一面看画，她不善言谈，有很多话是马严龄先生补充的。

　　陕北人大多都会剪纸，女性不能剪纸者极少，就像家庭主妇做饭烧菜一样，总要会干，干得好就巧，干不好别人是看不起的。当地流传一句话："养小子要好的，穿蓝衫戴顶子；养女子要巧的，石榴牡丹冒铰子。"冒铰子就是轻率（贸然）下剪即能铰出石榴牡丹花来（随便剪谓之铰），这样女子才叫巧女子。王西安在这种环境中，八九岁就特喜剪纸，十来岁就剪得很好，成为当地的巧姑娘，剪的内容是花鸟鱼虫，人物畜兽，十二属相，连生贵子之类。每逢过年过节，为了增加节日气氛，窗花门楣都要焕然一新，她都要大剪一批。剪的时候，心情很舒畅，贴在窗上，自己欣赏，更加满足。除此之外，她有时也为刺绣剪些枕头、围肚、鞋头上的花样。有时也为一些初学者剪些花样。遇到婚丧礼仪，有时也为人家帮忙，剪一些礼仪上用品。更有趣的是当地人为了医病消灾，往往请来法师巫婆，也要找她剪一些小鬼或用纸扎小鬼，法师念咒之后，大喝一声，一剑将"鬼"劈开，烧掉，据说灾邪就辟了。除需要之外，平时一般不再动剪。

　　陕北人剪纸主要为了自家实用，其次是为别人帮忙，从来不卖钱，更不以此为生，有时还要自己倒贴纸张。她们从来不知道这些玩艺就是艺术品。"四人帮"时代把很多学者教授和艺术家下放到偏僻的山村，流放到边远地区和最穷困的地区，民族精英遭到荼毒，但安塞艺术却得到出头，这流传几百代的民间艺术终于被艺术家们发现，使他们惊叹不已。他们到处为之介绍鼓吹，开办民间艺术创作班，为之举办展览会，惊动海内外。从此，陕北人知道她们平时剪的这些好玩东西乃是艺术。于是，以前随剪随用，随剪随弃，从不知保留，现在知道保留了，而且知道出售。王西安一边讲，一边打开她的自藏品，作品有传统题材，如石榴、莲花、鱼、狮、虎、凤、蛇盘兔、鹰踏兔、抓髻（鸡）娃娃、扣碗等等，皆有一定深意（详下）。新题材有：骑摩托、练武、计划生育、发展五业等等。其价值既在艺术的本身，又在其外。例如反映了当地的民俗、传统思想和民族文化的深意等等。

陕北农民也有能用笔画画的，但不是家家会画，自从专业艺术家发现这些民间天才之后，便怂恿她们动笔画，可是她们用惯了剪刀，用铅笔打稿不仅不习惯，而且也出不了效果，甚至完全画不出。于是她们舍短用长，用剪刀剪出来，放在画纸上描，然后把剪纸撤去再涂色。专业画家们看后惭愧无地，自己大半辈子追求的生拙、脱俗和不一般化的效果，很少满意，民间艺人第一次下笔就非常成功。那味道真足，几乎无可指摘。

王西安也拿出她的绘画作品《回娘家》给我们看。她画的是一个年轻的媳妇，抱着婴儿骑在毛驴上，年轻的丈夫跟在驴后，妻子回首张望，两情依依，后面跟着一只狗，那么生动，那么自然，那么具有浓厚的生活气息。有人说她画的空中云天像梵高的画，可是王西安根本不知梵高为何物。她也从未学过色彩学，更未学过透视，她凭感觉着色，那大片的紫红色，是任何画家都不敢用的，她用了。蓝色的天空中画了两个大蝴蝶，是真的蝴蝶吗？绝对不像；是风筝吗？也不是。是什么呢？是画。她说："这样好看。"狗的身上也画了两朵黄花，这来源于剪纸，我想大概是为了破除大片黑色的单调感吧，她说："为了好看。"梯田中画上花，山中上花。全图丰富、天真、生秀、稚拙，无一毫俗气。和我常见的专业画家的画拉开了很大距离。最可奇怪的是：她第一次画画，就那么可爱，值得研究。王西安和我们谈话的同时，一会跑里，一会跑外，家中很多事要她照管。她主要精力从事农业生产，其次是家庭主妇，她抚育五个孩子，还要喂猪喂鸡，侍候丈夫，她的丈夫胡步忠也是个农民，现在粮站当保管员。所以，剪纸画画只是她的业余之好。自从她的剪纸和画引起专家们注意后，她的作品便经常参加全国和省级各种展览，并为国家收藏，也为西德等国收藏家所收藏。

离开王西安的家，我们到了河北一个大村徐家沟，这个村建在一个丘陵上，家家住窑洞，即在土山里挖一个洞，前面加个门和窗。陕北人好客、忠厚，欢迎我们去他们的家参观，我们看到每一家都贴满了剪纸，一般都在门窗上贴花鸟莲鱼之类小花，门楣上半贴半挂威武的神像，多是骑马持刀的唐代大将秦琼和尉迟恭，这是阻止凶邪入侵内室的。窑洞的后壁即炕上墙壁都贴有二幅大型剪纸，有蛇盘兔、二龙戏珠之类，类似一般人家的中堂。在柜子上、橱子上也贴上剪纸，有的在五斗橱上放一幅大剪纸，上面盖一块大玻璃。因为我们去时不是新年和节日，大部分剪纸已旧了。马严龄先生告诉我们，每逢新年或节日，家家都似一个剪纸展览会，目不应暇。我问其中一户人家："你们这些剪纸，都是谁剪的？"一个大姑娘觉得我问得很可笑，她说："当然是我们自家剪的，这还能要找人家剪吗？"一个妹妹补充说："那大的是姐姐剪的，这一片都是我剪的。"到了另一家，一个小姑娘指给我们看："这是奶奶剪的，这是妈妈剪的，这是嫂嫂剪的，这是我剪的。"啊，人人都是艺术家，而且还各有风格哩。

马先生又带我们登上山顶，这里建有真武祖师庙，传说真武大帝曾降临此地，曾有庙宇，"文革"间被毁，这里的老百姓虽穷，因为迷信鬼神，所以为建庙不遗余力。庙宇前后数百米，建得非常豪华，左右各三大殿，一律民族传统建筑，全是老百姓集资集力而建，殿内的大型雕塑神像，以及四周的中小型神像，拥塞满屋，也是当地人制作。但我们后来看到农民的小型泥塑比这更好。墙上画满了壁画，风格大抵和王西安的画相仿，内容也多是连生贵子、麒麟送子之类。总之，这里到处都是艺术。

在庙前，怅望黄土高原，壮观群山万壑，远眺长烟落日，倒颇能开拓心胸，激发志气，振壮胆魄。要改变江南人的细秀曲软性格和柔媚玲珑之气，非到这里来不可。

（二）侯雪昭的剪纸艺术

安塞的民间老艺人被人发现、介绍以及作品发表者不少，虽然是刚开始，至少说在关心民间艺术的学者中已有振动了。这些祖祖辈辈不出山沟的浑朴忠厚农民居然也受到西方发达国家的邀请，外国学者说："中国是落后国家，但艺术并不落后，而且是先进国家。"可是他们发现的，真是万分之一啊。住在安塞马家沟的侯雪昭女士就是一位特有才气、风格别致的剪纸能手，至今尚未被人发现。我们去造访了这位不为人知道的民间艺术家。越过延河，在去往马家沟的途中遇到一位身强力壮的农民，满身是汗拉着一辆平板车，他朝我们会意地笑了笑，后来知道他就是侯雪昭的丈夫，一个忠厚朴实的陕北农民。穿过一片玉米地，上了一个土坡，到了侯雪昭家，也是依山掏洞，新掏的一个窑洞，还没启用，又新建了前面的窑门，门前除了喂养猪兔鸡外，还种植一些花草，一看就知是一个爱美的家庭。我当时还给学生们讲了一个故事：德国战败后，到处是一片废墟。一位受降的美国军官去柏林附近视察，看到的是死亡的儿童妇女和男人，遍地瓦砾。很多人断定德国完了。可是他们发现就是这一片废墟上还有一处端放着两盆鲜花，临时扎起的仅能遮身的帐篷内只有一位妇女，她无力收拾这片废墟，但仍把两盆花修好，放在帐篷前作为装饰。这位美国军官感叹地说："德国不会完，而且很快就会复兴。你们看，被炸成这个样子，他们还知道爱美，一个爱美的民族就是有希望的民族。"事实正像他断言的那样。侯雪昭住在这穷乡僻壤当中，但她在可能的条件下，把她的家装点得美丽出众，都是她和她丈夫勤劳的结果，这样一个勤劳、爱美的家庭就是最有希望的家庭。她的窑洞的门窗很大，窗棂当中都贴满了剪纸，红绿相间，个个精彩，当时，我们真想把它们揭下来带走。

　　见到侯雪昭，她一手抱着孩子，一手还在干家务，另一个孩子用一根长带系在炕上（不会摔下去），一看就知是一个勤劳能干的妇女。我们先欣赏她房中的剪纸作品，大体和以前看到的差不多，但多了一些乞求神仙保佑之类内容，灶上贴的是灶神，还剪有"五谷丰登""上天言好事，下地保平安"之类联句，也挂有连生贵子、吉庆有余等剪纸，大都是对未来的希望，希望生活得更富裕、更美好。其次还有大量的反映丰收的喜悦和生活的乐趣的内容，贫困而劳苦的农民却生活得那样快乐自在，对生活那样的充满信心。一向觉得人生就是痛苦的我，看到这些生动活泼的画面，快乐的内容，也一时忘却了积忧和苦闷，长期悲痛的心为之一洗，也跟着像喜亦喜起来。人生难逢开口笑，这在我几十年生活中是十分少见的。

　　我在这些艺术品前遐想，侯雪昭女士已把孩子哄好，她要表演剪纸，我们围在她的周围，可是孩子又哭了，尽管我们送给孩子们一人一个大苹果，但第一次见到这么多外来人，孩子仍在哭，侯雪昭拿剪刀的手抱着孩子，又把乳头送到孩子嘴里，她随意从床头捡起一块破红纸，十分敏捷地折叠起来，然后咔嚓一剪，把残破的一端剪去。她拿剪刀的一臂因搂着孩子固定不动，只是手中剪刀一张一合而已。另一手拿着纸，左拐右盘，像乐队指挥一样，身心俱动，十分如意，这时她仿佛忘却一切，忘却了身旁还有很多人，也忘却了怀里的孩子，凝神贯注，用志不分，目与神遇，物我两忘。画中有一笔画，她的剪纸也大体而成。然后剪一些细部。剪毕，我反复看不出名堂，打开一看是一个打腰鼓的人，一个人头既有一个正面，又有两个侧面，眼睛和眉毛是兼用的。真比毕加索的立体派要妙得多。再继续打开，是四个人，一个人又兼三个形象，实为十二个形象，个个传神。我问她为什么一个人有一个正面和两个侧面，她笑而不答。后来才知道她的意思，打腰鼓的人有时正面打，有时左一扭身打，有时右一扭身打，而且很多人打腰鼓，随着节奏感，又有互相呼应，所以，一个人必须有左右正三个面才能完整地表现出来。《荀子·劝学》有云："目不能两视而明。"在陕北民间艺术家手中却能三视而明。这又类似现代派中的未来派，或者可以说是立体派和未来派的结合。可是安塞的这种艺术世代相传，不知早于立体派和未来派几百年啊，侯雪昭接着又剪第二幅，也和第一幅不一样，她也不愿重复自己。

我们打开她的自藏品，她的剪纸和真武洞王西安等人不同，但显示出更有才气、灵气，她的造型特别生动传神，而且多数是四叠纸一齐剪，出现的形象既有一人三面，也有二兽一首，也有二身三首，有的狮子虽一身，但有正面一像，回首又是一像（按河南省巩县石窟寺中北魏的石刻也有类似现象）。

我们又是一边看画，一边向她询问，知道她今年36岁，母亲、外婆都是剪纸能手。她12岁前后即开始剪窗花，母亲剪，外婆剪，她也剪，大人剪剩下的碎纸头，她捡起来再剪，开始剪一些碎花，后来也剪整的，大的，花鸟鱼虫，人物风情，财神灶爷，无所不剪。平时并不剪，也不练，主要是在过年过节时剪，剪了就贴。但她对剪纸产生了兴趣，成为她的精神需要，过年过节买来的纸剪好窗花并贴上后，犹有余兴，于是把剩下的纸再剪，剪了就扔。只要有了纸，她就剪，剪纸时心情十分舒畅，什么烦恼都忘了。越剪越高兴。她说："我也做针线活，那是不得不做，做多了就有些烦，但剪纸越多，心里越舒畅，有时剪着唱着，从不觉烦。"她剪的图像有些像汉画像石，有些像北魏的石刻，有些和现代派中某些图样相仿，我问她是否看过汉画像石和北魏石刻，她根本听不懂，她根本也不知道汉画像石是何物，更不知现代派。我问她要不要参考，她笑着摇摇头。她从小就剪，拿起就剪，完全出自她的内心。我问她平时是否注意观察人物花鸟的形象姿态，她回答说从来不去观察。人是什么样，鸟是什么样，我心里有数，不需要去观察。可见她剪的一人三面、二兽一面，都是根据她心里有数进行的。侯雪昭的主要任务也是从事农业生产、收拾家园、整理家务、缝补洗浆、烧饭做菜、喂猪喂羊、养鸡养兔、抚育孩子，她现在是四个孩子的妈妈。她一个人要干多少事啊。但她有勤劳的双手，日子越过越好。过年过节是她喜上加喜的日子，她用一把剪刀表现自己的快乐，排遣自己的忧愁，寄托自己的希望。她现在又用剪刀交结海内外的学者和艺术家。她的生活愈来愈丰富。偏僻的马家沟通过她手中的艺术通向南京、北京，通向全世界。艺术啊，你充实了人们的精神，你给世界带来了交流、希望、和平和美好。

（载台北《艺术家》，1990年第3期）

三、陕北民间艺术考察记（下）①

（三）安塞老一代作者和作品介绍

安塞更多的老一代剪纸能手，因居住在更远更僻的山沟里，我们无暇前往拜访，但在县文化馆看到了她们的作品。以下根据文化馆提供的资料择要介绍，或可使读者对安塞艺术有一个更深入更全面的认识，也给有志于民间艺术研究的学者提供一些资料和线索。

这里介绍的作者都是女性。令人感慨的是，很多作者几十年都没有名字，中国的贫困和落后在妇女身上反映尤甚。她们的社会地位很低下，不能独立。女人和某人结婚了，被呼为某某家里或某某媳妇，生了孩子，被呼为孩子妈妈，有了孙子，又被呼为孙子奶奶。这里作者的姓名有的是县文化馆临时起的，但有的作者已去世，就只好终生无名了。

王占兰，80岁，安塞县沿河湾镇云坪村人。她到71岁时还没有名字，县文化馆发现了她的剪纸艺术，为了便于介绍，才给她起了这个名字。她自幼就以剪纸为乐。为人剪纸，从不要钱。她的剪纸粗犷概括，

---

① 注：原文图版已失，此处全省略。

纯朴整饬。作品曾被选至北京中国美术馆展出，并被中国美术馆收藏十余幅。她剪的侧面老虎、马、牛，却有两只眼睛，靳之林先生曾问她其中道理，她觉得问得奇怪。回答说："老虎就是长着两个眼睛嘛。"陕北人不相信理论，也知道"目有所极"（眼睛的视力功能有一定限度，不能看到全面），她们相信实际，根据实际和自己对实际的理解造型。像这类侧面人、兽却出现两只眼睛的，在陕北造型艺术中是常见的。而她们的回答也是一致的："人是长着两只眼睛的。"这类造型特征在汉代艺术中也有遗存。图5《猴吸烟》也是陕北剪纸中常见的题材，大猴身上又剪有一只小猴，这是装饰，又是"显其所长"。也是常见的。图6《骆驼队》天空大雁的两腿像两条飘带，王占兰说："大雁飞起来，两条腿就像两条小带子。"她剪的很多大雁，身上花纹有变化，但腿都是一样的。

图7、8是延喜芳婆婆的作品。这位老人早已去世，一生没有名字，人死了，不能再起名字。她一生最爱剪纸，临终前，将她住的窑洞里里外外都换上自己亲手剪的窗花。因为穷困，无物可传，就将自己的窗花样本，在临终前珍重地交给儿媳妇延喜芳说："我没有什么留给你，我一辈子喜爱剪纸，你把这包窗花好好留着，作个遗念。"她至死都没有忘记自己的艺术，延喜芳至今完美地保存着婆婆留下的一批作品。图7中鱼戏莲，鱼在下，莲在上，图8中鱼戏莲，鱼在上，莲在下，颇有颠鸾倒凤之意。鱼代表男，莲代表女，都是男女调情的意思，陕北黄土高原上农民珍重爱情，希望多生儿子，这是她们的传统题材，年轻的姑娘们不会道破其中底蕴，但老太太会告诉您："鱼咬住莲，是男咬住女，男女在一起耍哩，还没有结婚就要生孩子。"但这个题材后来又有所发展，因莲和连同音，谐而为"连年有余"。农民的最大愿望就是每年有点节余，以便积蓄为子孙盖房挖窑洞，别无了望。因之，这个题材便有了双重意思。所以，最为常见。

图9是高如兰的作品。高如兰50岁，安塞县郝家坪乡白老庄村人，作品稚拙古朴，最具原始气息，是郝家坪地区剪纸的代表风格。她的作

品曾被选入中国美术馆展出，并被收藏，又曾赴法国展出。其《抓髻娃娃》受到考古学者和民俗学者的重视。《抓髻娃娃》（见图9）是陕北老人都会剪且都常剪的题材。本来是用于招魂的，唐杜甫到了陕北所写《彭衙行》一诗中就有"剪纸招我魂"句，指的就是这类题材。现在"抓髻娃娃"仍用于招魂，髻、鸡谐音，原来娃娃手中抓的是鸡，后来演变为鸟和兔，鸟属阳，兔属阴，阴阳结合则产生新的生命，更有性、生殖崇拜之意。娃娃头上两髻特别突出。据学者们研究，这里还有原始的图腾崇拜之意。

图10、11是朱光莲的作品《打腰鼓》。朱光莲住安塞县谭家营乡郭塌村，她除了会剪纸外，还会刺绣，用面捏老虎、狮子、花馍，80年代开始，她又创作了不少绘画作品，剪纸和绘画都多次参加陕西省美展，并在中国美术馆展出过。她的作品以形象生动、神韵逼肖取胜。《打腰鼓》反映了当地群众常见的活动。陕北人性格外向，经常要抒发感情，每遇乐事或节日，总要打起腰鼓，又唱又跳，每一个人都会。

图12、13、14是胡凤莲的作品。胡凤莲66岁，住安塞化子坪乡河西沟村。她既擅剪纸，又能用面捏花，又会刺绣，也会用高粱秆编扎各种筷篓，绘画曾参加1982年5月法国独立沙龙美展。

图12《扣壶》是陕北常见的《扣碗》的发展，有特别的意思，常见的上碗（盖）为阳，饰以象征男阳的"富贵不断头"图样，下碗为阴，饰以象征女阴的"椒刺刺"图样，寓意男女相交"合卺之意"，象征家庭完整、子孙延续不断。古时候人们把完整的国家称为金瓯也有此意。扣壶的意思和扣碗差不多。图14《鱼美人》也是陕北常见的题材，鱼多子，美人和鱼，不言而喻。

图15—17是薛玉青的作品。薛玉青家住安塞谭家营乡郭塌村。作品多次参加省和全国展出。陕北人多住在山上，用驴驮水，图15《驮水》即反映这一情况。图16《牌牌花样》、图17《裹肚花样》都是为刺绣剪的样品。其中的鱼戏莲前已释。麒麟送子也是有深意的。图17下部是鱼戏莲，上部是凤凰戏牡丹，也是男女调情的意思，寓意着子孙旺盛，当

地的老太太又说：鱼是龙，鸟是凤，"鱼龙变化，辈辈封侯"，这又属古老的龙凤文化遗传和变化。

图18—25是白凤兰的作品。白凤兰71岁，住安塞沿河湾镇茶坊村。幼时即好剪纸，因家贫，买不起纸，她便捡回很多大树叶，以树叶代纸，学会了很多传统花样，成为当地有名的剪纸能手。她的绘画风格和她的剪纸相同，中国美术馆收藏了她的剪纸多幅，绘画五幅，陕西省展览馆收藏六幅。其中《六畜兴旺》参加了1982年5月法国独立沙龙美展。图18《蛇盘兔》也是陕北常见的传统题材，蛇属阳，兔属阴，本是属生殖崇拜内容。当地的民谚又云："若要富，蛇盘兔。"所以，几乎家家都有《蛇盘兔》的剪纸。图20《鹤鹿同春》中的鹿和现存内蒙古阴山原始社会岩画《倒照鹿》的造型颇相似，汉代画像中也有类似造型。图21《牛耕图》也是汉画像中常见的内容，徐州睢宁县出土的著名汉画像石《牛耕图》即和此图形式相同。但从风格上比较，此图更似陕北的画像石，但是白凤兰既没有看过内蒙古的阴山岩画，也没有看过汉画像石中的《牛耕图》。据靳之林先生说：《牛耕图》中的扶桑，是原始社会"物候历法"鹿头文化的遗存。树干是鹿头，两旁两个树疙瘩是鹿眼，中间是鼻梁，树枝是鹿角。至于扶桑树头上两只对头凤凰戏牡丹的组合，可能稍晚一些。它是龙（鹿）凤文化的遗存了。

图26—33是李秀芳的作品。李秀芳50岁，住安塞沿河湾镇。她母亲和姑姑皆是剪纸能手，父亲也善做纸活。她七八岁时便能剪枕头花样，成为当地有名的剪纸能手，亦能绘画。作品多次参加陕西省和全国美术馆展出，绘画《端午节》被选送法国参加1982年5月独立沙龙美展。1982年4月应邀赴法国作剪纸表演，获得很高赞誉。中国的习惯，喜欢授给一些有名气又十分听话的人一些头衔。李秀芳因此成为省政协委员、省人大代表、县政协副主席。但因李秀芳读过小学，识一些字，她的作品却向秀雅方面发展，并增加了"合理性"，但失去了原始气和粗犷气。

陕北剪纸和画特别重视头部，又特别重视眼睛，大多把眼睛画得很大，且平面展开，不带透视。图27《鱼》就是这样，李秀芳解释说：
"这样看着精神。"家中贴上幅《鱼》，即有"余"，所以，鱼画特别
多。《老鼠嫁女》是民间绘画中最常见的故事，一般人都是知道的。说
的是大老鼠要把女儿嫁给最有势力者，便去找太阳，太阳说："云可以
遮住我。"老鼠又去找云，云说："风可以把我吹走。"风说："墙可
以把我遮住。"墙说："老鼠挖洞，可以把我挖通。"老鼠想想猫比自
己强，便去找猫，猫答应娶老鼠的女儿，老鼠便举行婚礼，用轿把女
儿送去，猫便把老鼠都吃掉了。图28即是这个故事的最后部分。图29
《连年有余》即用莲、连谐音，鱼、余谐音。但陕北老一代的民间艺人
剪碗，上口是圆的，下底是平的。她们说："碗口是圆的，下底是平的
放着的嘛。"而李秀芳的碗却有透视关系，她毕竟读过小学，见识也
多，作品增加了"合理"性，但却失去了民间艺术的实理。图30《猫头
鹰》是陕北艺术中鲜见的题材，李秀芳也从来没有见过猫头鹰，只是听
说过，有些印象，就像谁也没有见过鬼，但脑子里却有鬼的印象一样。
她在巴黎表演剪纸时，法国人提出要她剪一幅猫头鹰，她当场就剪了一
幅，赢得全场鼓掌。图31《发展五业》是她创作的新题材，五业是农、
林、牧、副、渔五个农村行业。图32《鹰抓兔》，当地人说应是鹰踏
兔。也是性、生殖方面的内容，鹰代表阳，兔代表阴，鹰踏兔寓意男女
交合，陕北的男女交合题材又都表示子孙旺盛之意。图33《猪》，身上
不剪猪毛，却剪上花，作者认为猪毛没意思，花好看。艺术就要好看，
管它真实不真实。

　　图34—37是杨桂芬的作品。杨桂芬69岁，安塞人。她的人物画整
饬，黑白对比强烈，曾在中国美术馆展出过，多反映现实生活。图34
《农田归来》剪两口子从田里劳动结束回家的情况，是陕北农民单调而
又落后生产方式的写照。图35《回娘家》、图36《骑猎》，线条都很
整，在安塞剪纸中风格较突出。图37《纺线》反映了陕北落后的纺织技
术，但也颇有趣味。图38—46是徐桂花的作品。徐挂花59岁，住安塞
沿河湾前街村。她能做各种各样的布玩具。剪纸风格多样，曾在中国美

术馆和法国巴黎展出过，绘画作品也在西安、北京展出过。图39《农家乐》，颇似敦煌壁画中北魏时作品《舍身饲虎》把几段故事集中在一张画里，上部分有吸烟品茶，有享受天伦之乐，左下一女孩在放猪，右下一块剪几只鸟作为填空，这又是汉画像的表现手法，人的眼都大而突出。图40《说书》剪一人弹琵琶说故事，三个人（实代表很多人）在听。如按专业画家构思，人物必有密有疏，有前有后，有掩有露，然而民间艺术不那样。她们要每一个人都独立，每一个人都很完整。图41《下山虎》中虎的四条腿也都完整地表现出来。而且四条腿和尾巴都伸开。徐桂花曾回答靳之林说："这是下山虎，是镇宅用的，下山虎下山最凶猛，啥都怕它，鸟兽飞逃，人上树。"图中前面人朝树上爬，比例很小，突出了下山虎的威猛。

图42《赶毛驴》剪的是陕北农村演戏的题材。图44《喂猪》，喜鹊戏花，花是梅花，梅、眉谐音，把喜鹊上梅梢谐为喜上眉梢。鸟落在猪身上，也是大吉大利的意思，当然构图也很美，且颇有情趣。图45《牧羊图》，表现陕北牧童生活，羊身上一片空白加上一只鸟，也是汉画像传统，鸟和羊细听牧童笛声，都拟人化且十分传神。图46《防疫》表现农村兽医为农民检查牲口防治病疫的内容。这是新题材。

图47—53是白凤莲的作品。白凤莲60岁，住安塞招安乡后招安村。她15岁便成为招安附近遐迩闻名的剪纸能手，凡婚丧嫁娶大事礼仪大多请她帮忙剪绣花。她的作品也曾在中国美术馆展出，《人民日报》发表过她的作品《挂帘》《闻鸡起舞》。图47《猴骑车》中猴身上又饰小猴，也是陕北艺术中常见的表现手法。一般说来，装饰用的小猴（或其他）更能体现出所要表现对象的本来面目。图51《鹤戏蛤蟆》鹤代表阳，蛤蟆代表阴，也是男女调情之意。图52《挂帘》，顾名思义，是作为挂帘用的，原作很大。但她们剪起来也十分轻松迅速。挂帘中的花纹都是祝福之意，当中是抓髻娃娃，上面两只是守天门的神鸟，喜鹊落在马身上，是大吉大利之意，下面的鱼鸟代表龙凤。图53《十二属相挂帘》也十分壮观，但并没有按照传统的地支顺序，不知何故。当中一只

大蛙，身上饰二只小蛙，两旁还有鱼，都是陕北原始艺术中就常见的蛙形蛙纹、鱼形鱼纹，从中可见民间艺术的连续性。

图54—66是曹佃祥的作品。曹佃祥69岁，家住安塞砖窑湾范台村，自幼爱好剪纸，受到她母亲和当地"花匠"的指点，打下了坚实的基础，成为当地有名的剪纸高手。她的画也融进了剪纸和刺绣的特点。多次参加省和全国美术馆展出。《美术》《中国农民报》《陕西日报》等都发表过她的作品，并参加过1982年5月法国独立沙龙美展。她的作品外轮廓洗练简括，内部或作简单装饰，或作繁多装饰，或不装饰，但都在粗简的外轮廓约束之下，所以，都不显得琐碎。她的作品最能代表陕北艺术的特点，获得的声誉最高。民间艺术中的鹿大都是回头的，寓意着不忘家乡之意。图61《骑鹿拿石榴》也是如此。石榴表示多子。眼睛特大而突出，也是曹佃祥的造型特点。图62《二龙戏珠》是陕北民间艺术的最常见题材，多贴在帐里。珠和蛛谐音，图中的珠被剪成蜘蛛，增加了很多情趣。图63《学习》是新题材，人物都是独立、互不掩遮、正面的。书也是正面的。否则，她就认为是不完整。图中的鸡也是这样，左下角那只鸡，为了使它的爪完整地现出，宁可把边框去掉一些，这和金石篆刻法暗通了。图64、图65都是门神，一是秦琼，一是尉迟敬德，门上贴上这两位神将，一切凶邪都不敢进门了。面部用的是"阴刻法"，却正好表现了黑脸的趣味，真是大胆而奇妙。除了现代派外，一般画家表现的都是三度空间，但后面的就看不到了，那真遗憾。图66《农家趣》用的却是四度空间，全面展开，前前后后，左左右右全部完整地出现在画面上，甚至和透视原理相反，越远越大越清楚。反正，民间的艺术就和你们专业的、文人的、外国的不一样，你看怎么办吧。

图67—71是高金爱的作品。高金爱69岁，祖籍山西，11岁时逃荒来到安塞，现住砖窑湾庙湾村。她性格直率天真，最爱剪纸。剪纸如其人，直率下剪，随心所欲，作品有童稚气，天真可爱。多次参加省和全国美术馆展出。她的绘画似木刻年画，勾线平涂，颜色似刺绣。《娃娃和爱虎》参加了1982年5月法国独立沙龙美展，《多喜》参加了1983年

全国农民画展，并被选送国外展出。图67《门神》颇有稚拙味，和曹佃祥的风格不同，她用的是阳刻法，眼大眼眶更粗重，马似儿童玩具。边框不规则更显得真朴。图68《爱虎》，亦叫《艾虎》，艾可避秽邪，虎更凶猛，用艾做成的虎叫艾虎，旧俗端午节佩戴艾虎，可以除秽辟邪。《山堂肆考·宫集》卷十一有云："端午以艾为虎形，或剪彩为虎，粘艾叶以戴之。""剪彩为虎"就是用红绿彩色纸剪成虎，陕北仍有这个风俗。端午节，做个艾虎，里面装上艾，或给娃娃缝在肩上，或剪只艾虎贴在墙上，认为这样便可避驱邪秽。陈文靓《岁时广记》卷二十一就有记载："王沂公端五帖子云：钗头艾虎辟群邪，晓驾祥云七宝车。"但高金爱的虎总是胖乎乎的，并不凶猛，而且身上饰有三只小虎。靳之林先生曾问高金爱，为什么把端午的艾虎总做成和剪成圆乎乎的，高金爱说："这是爱虎，胖乎乎的可爱，是伴娃娃耍的。"图69《牛》，身上也剪一头小牛，这是高金爱剪纸的特点之一。图70《娃娃和猫》，娃娃头上的石榴不仅有趣，更有寓意。图71《织布》反映生活题材，知白守黑，简洁朴实，艺术魅力，令人叹止。

图72、73是杜成花的作品。她的作品以反映现实生活为长，风格朴实浑厚、老成深沉。图72《送肥》正是陕北农村用毛驴驮肥下田的写照，农民头扎一条毛巾也是陕北农民的特征。图73《放猪》亦然。图74、75是李桂莲的作品。李桂莲53岁，现住安塞高桥乡塞子湾村。她的母亲就擅剪纸，父亲是民间画匠，她从小就能剪、画，八九岁时，就剪得很好，能作大场面人物图。作品曾在省和全国美术馆展出。她的《娶亲图》剪纸长达2140毫米，人物43个，另有驴、马、犬、飞鸟等，反映农村结婚礼仪的盛大场面。人物生动，神态逼肖，诚为佳构。图74《田头》，图75《秋收》都是反映现实生活的。人物造型和艺术风格都和《娶亲图》一致。

图76、77是张芝兰的作品。张芝兰54岁，出生于内蒙古乌审旗牟号壕村，家境贫苦，3岁逃荒来到安塞，现住楼坪乡张新窑村。她自幼爱好剪纸、绣花，十几岁就能独立创作，在当地颇有名。她的画也有剪纸和

刺绣的特点。作品曾在中国美术馆展出，并参加法国独立沙龙美展。中国美术馆收藏了她的作品。图76《鸡》是陕北人最喜爱的一幅剪纸，她把鸡尾剪成鱼尾，开始鸡（吉）、末尾鱼（余），成为"吉庆有余"，双鸡蹲在石榴上，石榴比喻多子。既吉庆有余，又多子多孙，这就是陕北农民的最大愿望了。图77《做鞋》反映的是陕北农民纳鞋底的场面，但她剪得更加有童稚气和原始气。

图79—82是余步英的作品。余步英76岁，住安塞化子坪乡杨家园子村。她一生经历坎坷，丈夫早逝，她经常用剪纸排遣苦闷，有时边剪边唱。她不识字更不懂乐理，唱歌全是自己编词，自己编曲。所谓编就是顺口而出，因为感情真挚，词和曲皆十分感人，多为怀念丈夫而作。每一次唱的歌都是一首新作，可惜皆随风而逝。她家是靖边张家畔人，安塞、靖边两地相邻，互相通婚，靖边县的姑娘嫁到安塞北部乡村，也给这里带来了靖边的剪纸风格，图79《牛》，就是靖边的剪纸风格，和安塞的剪纸风格有异，但又都在陕北这一大的风格之内。牛身上有旋转的牛毛，又有花朵，前者表现牛，后者表现美。因长期在安塞居住，她也吸收一些安塞的风格，图80《割谷子》就是安塞风格。图81《锄地》，草帽顶在头上，这是为了完全表现头，绝不叫帽子挡掩头部。图82《窗云子》是余步英最擅长的题材，所谓窗云子，是在36格木窗上，精心设计的完整的大型图案，边框再贴上相同的花边（见图），中央贴上较大的转花或窗花，然后用小窗花很对称地贴在周围。小窗花，多为较小的单独纹样，内容丰富，窗花的气氛主要由它烘托。窗花和其他剪纸相比，剪法比较工细，多用阳刻，这样不影响窑洞内的光线（此据安塞陈山桥先生解释，并和实际窗云子对照，正相符）。

图83、84是宋明芳的作品。宋明芳73岁，住安塞高桥乡郭家砭村。她不仅擅剪纸，亦擅绘画、刺绣、捏泥玩具、做纸扎。图83《兄妹开荒》本是一个戏剧题材，反映陕北人开荒种地的故事。她的剪法又和别人不同，其鼻子全部阴剪，别人多是以阴对阳。图84《新婚坐帐》反映当地的婚俗。

图85《蛇盘兔》，佚名，文化馆收到这类作品都不知道作者姓名。此图用四叠纸一次剪成，然后拼成，故有四只兔子，和常见的一蛇盘一兔不同。安塞剪纸中这类题材最多。

图86、87是泥塑，颇具原始气。很多学者看到我拍回的照片，都以为是原始社会的遗存。其实，安塞这类泥塑十分多，触目可见。其源起于面塑，安塞县卖面食的手艺人，或农村人逢年过节，要用面捏一个人或兽禽之类，蒸熟后卖给或送给小孩子吃，同时也有玩耍性。有时，她（他）们无聊时，也用泥捏塑，以遣闲情，随塑随弃，很少保留，她们但知好玩，根本不知道这些玩艺有什么价值。

（四）几点探索

一、陕北，在古代曾是经济和文化发达之地，前面提到的洛川就是曹操之子曹植的封地。曹植的名篇《洛神赋》就写在这里。中国人之元祖黄帝之陵也建在这里。陵地附近大松柏树皆苍古巨大，其中一株六个人拉手合围不过来的大柏树，据考为当今世界上最大的一株柏树。据说这些树皆植于西汉初，更有人说植于周。西安又是历代王朝的中心地。秦汉到唐宋，千余年来，大大小小的统治者大兴土木，大造宫殿以及数以千百万计的私宅楼台、车辆家具，都到这些地区去砍伐树木，项羽杀进咸阳城，一把火烧了几个月，烧的全是森林啊。仅隋代另筑的大兴城（主体之外，外城就一百零六坊）楼台殿宇，该消耗多少森林啊。隋炀帝在洛阳大修宫殿更为闻名，又修离宫四十余处等等，又消耗多少森林啊。唐代重建更大规模的长安城，成为当时世界闻名的大都市，全用木材而非水泥，仅一所九成宫又消耗多少森林啊。武则天造大明堂，唐玄宗造骊山温泉官……千余年的穷砍滥伐，把陕西的森林砍伐殆尽，植被损光，生态失去了平衡。原来生机勃勃的地方，挡不住北部风沙的侵袭，保不住湿度的循环，渐渐变成了黄土地。现在这片黄土地上基本看不到大树，可是黄帝陵所坐的山头山腰山下却有十分罕见的巨木柏林，数人合搂的大树就有六万一千余株，皆有二千年以上的树龄，这周围也就绿色葱葱，和其他地方的到处黄土迥然不同，这正是古代陕北的真相。因为黄帝陵，砍伐者不敢妄动，所以保存至今。南宋之后，这里渐渐荒芜，所谓"王气已尽矣"，中国文化的重心开始移向江南。加之交通闭塞，陕北遂无人问津。我们这次去考察，发现这里到处是古代的文化遗存，很多小村庄都出土了十分珍贵的文物，多是汉代（到处是汉墓）、北魏之物。农民家拴牲口的石头都是极有史料价值的北魏墓碑，上面的书法雕刻皆艺术史上的典型。不知多少珍贵文物坏于无知者之手啊。这里唐代、宋代文物也不少，元代以后就十分少见了，即使有，也都是小型的。

南宋之后，这里日趋落后闭塞，和内地文化产生了隔绝。因之，元以后的中国文化发展对这里几乎没有什么大的影响。更没有外来文化的影响。所以，汉代以来的古老文化传统和风俗习惯，就在这一块基本封闭的环境中，世世代代地延续下来了，或者可以说完整地保存下来了。安塞民间艺术从风格、题材到造型特点，都能在汉代艺术中找到根据。

汉代的剪纸已很普遍，记载中有一个著名的故事：汉代武帝因爱妃李夫人去世，悲伤难忍，有术士为他用纸剪了李夫人像，以之招魂，灯烛光下，汉武帝愈看愈悲切，叹曰："是耶，非耶，立而望之，偏何姗姗其来迟。"汉代之前的殷商时代也有这种艺术，不过那时因没有纸，而剪的是皮革、丝织物以及锤打后的金银箔片，称为"剪彩""镂金箔"，南朝梁宗懔《荆楚岁时记》中记："剪彩为人，或镂金箔为人，以贴屏风，亦戴之头鬓。"唐李商隐《人日》诗："镂金作胜传荆俗，剪彩为人起晋风。"现存的最早剪纸作品即新疆吐鲁番出土的南北朝墓葬中物，是五幅团花，作马、猴、菊花等。古代剪纸也多用于迎春、婚丧、招魂避凶趋吉等，和现在差不多。文献记载甚多。

二、陕西省户县农民画曾震动一时，在国内几乎家喻户晓，并到几个国家去展出（其价值远逊安塞剪纸）。画家去多了，上级重视了，左一次、右一次举办学习班，给他们讲授美术常识。户县农民渐渐提高了，她们知道构图、透视、色彩关系等等，渐渐向专业画家、文人画家靠近，邯郸失本步，专业画家的水平未达到，原来的朴实、原始特色也失去了。原来为画家企慕甚至妒嫉的户县农民画就这样消失了，无人再看了。这其中道理和原因值得研究。

农民艺术的特色就是朴。《庄子》："既雕既凿，复归于朴。""朴"本来就是未经雕凿的意思，为什么还要雕凿才能复归于朴呢？就是因为世俗华伪的浸袭，使朴染沾上一层华伪的外衣，遮去了它的本来面目。必须把外界华而伪的东西凿去了，才能得到真正的朴。

相对而言，大人演员不如儿童演员（儿童演员没有失败的），男演员不如女演员。这大概因为小演员天真，心灵还没有受过世故伪诈虚华的污染，天真地流露总是可爱的。女性一般说来比男性少一些伪诈和世故，也较天真，天真就是朴。人的心灵一旦受到世故、虚华、伪诈的浸袭，流露出来的总是虚伪，技巧再高也无补于事。小孩子完全不懂绘画，更缺乏最基本的技巧。甚至把鼻子画在眼中间。但小孩子画出来的画，绝不俗。即使他（她）画得十分幼稚，完全不合理，却无一丝庸俗之感。这就是因为小孩子天真，意识单纯，天真单纯形之于画也就天真单纯，无庸俗之态（但大人硬学儿童画，又是另一种伪诈）。等到孩子长大了，人失去了天真单纯，其画也就失去了天真单纯感。

"书如其人，诗如其人，画如其人"，"风格即人"，中外的认识都是一致的。农民，尤其是闭塞隔绝地区的农民，很少见过世面，他们秉性纯朴憨厚、诚实，这就是他们艺术朴实的根源。更重要的是他们没有受过专门（程式）的训练，思想中没有任何框框，他们不懂得构图、比例、透视，色彩、线条，他们只根据自己的感觉创作，也就是说，他们没受过华伪的浸袭，这就是"朴"，而且是不需雕凿的朴。

户县农民画原来秀美，正因为它是朴的流露，这是专业画家所没有的，后来经过指导训练，其实是受到华伪的浸袭了。他们忘记了自己的真性，迷蒙了真实的感觉，注意于透视比例、色彩之类，其作品也就没有看头了。

历世历代学美术的人不知有几百千万，而成功者却寥寥，学会了技巧并不等于就成为画家，艺术不是技术。在掌握技术的同时，人也受到两种华伪的影响：一是心灵受到世俗的薰陶，迷失了本性；二是技巧本是前人的、他人的，你是学来的，不是自己本性中原有（朴），用别人的东西装饰自己，也是一种华伪。俗的含义甚多，最基本一点就是一般化，人人都会的东西也就是一般化。所以，技巧到手，华伪和俗也就随之而来。凡是能成为大画家的，在受到华伪浸袭的同时，也注意去华去伪，一是熔锻心灵，廓彻胸襟，恢复本性；二是把学到的技巧抛去，在本性中流露出自己固有的技巧（没有任何一个大画家以学来的别人的技巧作画）。所以，傅抱石的好画往往出于醉后，画家借酒之力驱除一切世俗华伪，保留本性中的纯真稚朴。《庄子》云"醉之以酒以观其则"，谚云"酒后吐真言"，也是这个道理。齐白石晚年天真得像个孩子。白石的画实在是没有什么技巧，几乎都是天真的流露。毕加索、马蒂斯又有多少技巧呢？

凡是大画家都必须经过这两个锻炼和雕凿，而复归于朴。然而民间艺术家本来就没受这种华伪的浸袭，他们和他们的作品是本来的朴，无需雕凿的朴。这才是艺术的本源和基地。

三、世界上最伟大的画家大多起于民间这块基地上。最著名的画家毕加索的画就是学非洲民间的，1928年，巴黎举办了法国殖民地艺术展览，非洲黑人的艺术在法国引起震动，启导了现代派的鼻祖毕加索艺术的成功。毕加索说："只有非洲黑人有艺术，其次中国有艺术，白人根本没有艺术。"一向被人视为先进的白人，毕加索却说它没有艺术，仅从这一句话就可以知道他的心已凿去世俗的浸袭，流露出的乃是他自己的直观认识。所以，他学非洲艺术能成功，而其他人则不能成功。但毕加卡索毕竟没有看到陕北的民间艺术。否则，他不会把中国的艺术列在其次，也许看到了中国陕北的艺术，成就会更高。

马蒂斯是学日本浮世绘的，浮世绘本来也是民间的，其根源更在中国。可惜马蒂斯没有到过中国的邳县，他的画和邳县民间剪纸几乎是一样的，但味道却不如邳县的艺术足。一位对马蒂斯颇有研究的画家来到我的书房，翻看我桌上一本画集，忽然，惊叫起来："你看，马蒂斯的画多有味道，我是迷在马蒂斯身上了。这几张画更好，大概是他晚年的最成熟作品。"我叫他仔细看看，他翻过封面：《邳县民间艺术》。当时他绝对惊呆了。

　　我也十分惭愧，我的家乡就邻近邳县，因为长期对民间艺术的偏见，不屑一顾，这次陕北之行，彻底改变了我的花岗岩脑袋。如果有机会的话，我还要介绍一次邳县民间艺术。好在马蒂斯的大名早已如日中天，如果早一些介绍邳县民间艺术，也许会影响马蒂斯的艺术地位，因为他的画实在比邳县民间艺术晚得太多。

（本文和图片原承马严龄、吕伟、张涛、周清等诸先生协助，至为感念，载台北《艺术家》，1990年4期）

四、留青竹刻

　　"留青竹刻"真是中国文化的特产了。

　　中国文化的特点大抵皆围绕文官制度而生。中国是世界上最早实行文官制度的国家，一般说来比西方最早实行文官治政的英国要早六七百年，而我本人则认为早二千多年。西方国家一直是贵族和教会把持政体，艺术也是围绕贵族和教会文化的。中国的政体一直是文人们在起作用，《尚书》上有"三载考绩"的记载，汉代的乡举里选，考选的人才都是文人，隋唐建立了科举制度，选拔人才更是道地的文人，宋朝乃是文官治政最彻底的时代，连军队都靠文人管理。文人治政，就是把文人的思想意识渗透到各个领域，所以，惟中国有文人画，而且以文人画最高尚。画家画和民间画就次之了。文人要写字，古代文人全用毛笔写字，手腕不宜和纸过多接触，否则会墨水弄脏手，破坏字迹，同时也会污染纸面。天热时，手和臂出汗，对字和纸更不利，于是便要有一个"臂搁"，即搁臂之物，写字时垫在腕下，避免手臂和纸直接接触。这个"臂搁"用什么质地好呢？石太凉，金银贵重且俗，文人是爱竹的，王子猷："何可一日无此君。"苏东坡："宁可食无肉，不可居无竹。"竹最雅，又最宜做臂搁，其质地、其形状，都恰如其分。同样一物，到了文人手中便成为雅玩之物，墨、笔、砚都是实用之物，但最好的笔、墨、砚，不是留用，而是留雅玩，放在博古架上作为陈列，"臂搁"也如此。文人和工匠结合，或合二为一，在竹上刻画刻字，使本就雅的竹，更有雅的画和字，其中内容就更有讲究，这讲究当然也是文人意识。于是"留青竹刻"就产生了，所以说"留青竹刻"是中国文化的特产。

中国的竹子也十分争气，其皮（竹青）青色，日久不变，长期保持竹青的雅色，其肉（竹肌）遇光则日久变为深赭色，时愈久，色变愈深。"留青竹刻"即把画和字先画或写在竹青上，无画处则刻去，有画处则保留竹皮不刻，天长日久，皮青原色不变，竹肌则愈变色愈深，形成鲜明对比，古雅加清新，愈古愈可爱，其艺术价值愈高。而且竹子经处理后，千古不坏。现代人写字多用硬笔，继之用打字机，臂搁就不需用了，但作为艺术品，仍在常州等地保留着。但愈来愈少了。为了保存和弘扬中国的艺术，一些有心人多年来进行"留青竹刻"的搜集和研究工作，今出版专集，乃是世界上第一本留青竹刻集。编者索序于余，余观其竹刻之精、之雅，感叹不已，欣然命笔为此，不知可为序否。

1996年10月18日于南京师范大学寓所

五、与君共岁华——谈"梅茶图"

　　"留青竹刻",几年前,我从常州刻竹家徐秉言那里听说过,但因没见过实物,加之徐秉言方言太重,我也没听出名堂,更没有印象,不久便忘却了。这次贡金梁先生带来了一批留青竹刻艺术品,又加以讲解,使我震动加激动。中国艺术太了不起,这留青竹刻又是一类。我们现在看到这"梅茶图"留青竹刻,是范遥青的作品,长22.5厘米,宽9.5厘米,选用的都是最上等的竹子,而且经处理过。上面刻的是折枝梅花,下有一把宜兴紫砂壶,两个杯子,一把茶铲。壶上刻字是"清爱梅花苦爱茶"。梅、茶和壶上的题字都表达了作者的雅意。茶,古人谓之"可以清心""资尔清德",是"清"者以梅茶为伴,寄托自己"清高绝俗"之怀,足见其志,图右上题"与君共岁华,申戌夏日,遥青刻"。这与君共岁华,笔者著这篇小文也有此意,读文不也是岁华所需吗?

　　作者范遥青,平时不修边幅,爱喝茶赏梅种梅。种田之余,即回家刻竹,闲暇则赏梅饮茶。他说:"种田糊口,刻竹养性。"常州人刻竹者颇多,但多希望能出售而赚钱,而范遥青则以此养性而已。这是他的竹刻能得雅意的重要原因。所以,他的竹刻多"性之所至"而刻,非钱财所能诱利也。

据常州工艺美术研究所所长介绍，刻这种留青竹，需要精湛的技艺。先在竹青（皮）上作画，有的刻者不善画，或画得不佳，就要请求画家在竹青上作画，有的画家画在纸上，刻者要善于把大画缩摹到竹上，缩摹也是一门技术。清代袁枚咏岳飞诗云："我论文章公论战，千秋一样斗心兵。"岳飞论用兵"选用之妙，存乎一心"。刻竹之妙，也"存乎一心"，非言语可能道其妙，画有虚实，竹刻也有虚实，实的地方留下，虚的地方刻去，最妙处是半虚半实处，一丝一丝，一丝一刀，由浅到深，也是"妙处难与君说"的，读者非见其真迹无法知其妙。当然，以上谈的是技艺部分。艺术品的高下，更在其神韵，刻竹者刀下的神韵，全靠刻者的修养，人俗则刀俗，人雅则刀雅，人有灵气则刀下有灵气，这问题谈起来颇复杂，容另外探讨。但，须特别声明的，刻竹者无数，能成名而流传者，全靠这"灵气"。

刻竹只能在正面，因为背面没有竹青，所以背面多不刻，但范遥青这件竹刻背面也刻了一联，文曰："虚怀始能交友，素心方许读书"。当然，这只是阴刻，然其文颇有雅意。

留青竹刻原为古代文人作臂搁之用，即写毛笔字时，垫在腕下，以免手臂和纸绢接触，利用竹的半圆形，既便于镇纸，又便于垫腕，因为文房所需，同时也就成为雅玩之物。现在则完全成为供陈列的艺术品了。

竹刻的历史，肯定能上溯到原始社会，春秋战国的刻书，出土的汉代竹简，都是竹刻，但作为艺术品，目前能见到的古代遗物，要数日本正仓院所藏的中国唐代的竹刻，那是在竹管上刻的仕女头像，也是留青。不过，这种竹刻留青在唐代以后并不盛行，可能是不自觉的留了青。现在我们见到的这种十分讲究的留青竹刻，始于明末，清代至现代十分成熟，近来因为海外一批艺术支持者和收藏家的重视，留青竹刻的艺术异彩将更加光辉。

1996年10月12日于南京师范大学美术系

六、徐悲鸿

徐悲鸿是中国艺术巨匠中最堪称全才的人物，他更是现代中国绘画的奠基人，又是中国写实主义美术教育的奠基人。日本学者称徐悲鸿是"中国近代绘画之父"，"近代中国绘画之祖"，"中国近代美术的曙光"（以上见日本读卖新闻社出版的《徐悲鸿绘画展》，1988年），皆非过誉。日本学者说的"近代"，大概相当于我们的"现代"。现代绘画不同于以前那样单一的、封闭式的，而是中西并行发展，并互相影响的。如是，则领导现代中国绘画者必是兼通中西的画家。齐白石、黄宾虹是中国画的一代大宗师，但他们不通西洋画。中国的西洋画画家还没有一代大宗师，画得较好的如吕斯百、颜文梁等人，影响远不及徐悲鸿，而且他们在中国画的领域中又几乎没有影响。刘海粟和徐悲鸿相比，刘基本上不会素描，油画也远不及徐踏实。论教育，刘的上海美专是私立，而且他基本上挂名不大问事，更无一套教学体系；徐任中央大学艺术系主任、北平艺专校长、中央美院院长、全国美协主席，且有一整套教学体系，坚定不移地实行写实主义。

徐悲鸿的写实主义影响了一代画家，使中国人物画产生了一个崭新的局面。徐的素描远远超过当时在中国流行的苏联契斯恰柯夫素描。与其建立契斯恰柯夫素描体系，不如建立徐悲鸿素描体系，这真是当时一大失误。

徐不仅精通国画、油画、素描，且国画中花木、禽鸟、走兽、人物、山水，样样皆精。

他的书法功底尤深厚，诗文亦佳，在当时像这样一位全才的、在绘画的各界领域内部都产生巨大影响的画家，徐悲鸿是最杰出的一位，没有任何人能和他相比。

（一） 出生宜兴

徐悲鸿（1895~1953年），出生于江苏省宜兴县屺亭桥镇。宜兴以产陶器闻名天下，被称为"陶都"，和被称为"瓷都"的江西景德镇并立于世。宜兴的风光特美，其地处太湖之滨，苏、浙、皖三省交界处，又居南京、上海、杭州三大城市中间，东临太湖，西依漏湖，境内山丘起伏，东氿、西氿等小湖泊镶嵌其中，湖光山色之美，独具一格，素以"陶都、洞天、竹海、茶洲"闻名天下。从宋代起，苏东坡等大文人都和宜兴结下了不解之缘。明代，在世界上独具特色的紫砂壶艺术在陶都进一步兴起，紫砂壶上要文人、画家在上面写字、题画，所以，宜兴的文人画家特多。徐悲鸿的父亲徐达章（字成之）就是当地一名画家。祖父徐砚耕曾参加过太平天国革命，1864年，太平天国革命失败后，就在宜兴的屺亭桥镇上抚育达章。达章自幼喜好绘画，刻苦自学，能诗文，擅书法、篆刻，但家境一直贫困，只好卖画鬻字为生。

当时的清政府专制、腐朽到一定地步，对内竭力地搜刮民脂民膏，对外软弱无能，弄得民不聊生。徐达章的生活也就愈加艰苦。1894年，中日爆发战争，这一年旧历是甲午年，故称甲午战争，由于清政府无力抵御外国的侵略，又一味求和，故于次年签订了中日《马关条约》，向日本割地、开放口岸，并赔偿白银二亿两，这就加深了人民的负担，中国人民的生活更加困难了。这一年二月，孙中山在香港成立兴中会，决计推翻清朝；五月，康有为在北京发起"公车上书"，联络一千三百多举人给皇帝上万言书。就在这一年7月19日——清光绪二十一年（乙未）五月二十七日，徐家诞生了一个男孩，这就是后来闻名世界的大画家徐悲鸿。

徐悲鸿原名寿康。出生时，家境困苦，已很难靠达章卖画鬻字维持了，于是不得不种田喂牛。悲鸿从小就随父亲参加农业劳动，还要替邻人放牛，以至于徐悲鸿成为世界著名画家时，笔下常出现儿时放牧之景。五六岁时，悲鸿随父读书，同时也对画产生兴趣，但父亲不让他学画，后来，他还是偷偷地学着画。9岁时，他就读完了《诗》《书》《易》《礼》《论语》等，然后，父亲才开始教他每日临摹一幅吴友如的人物画。吴友如是清末著名画家，他主笔的《点石斋画报》风行全国。后来，徐悲鸿常说："吴友如是我的启蒙老师。"

徐达章也对小小的悲鸿（寿康）寄于厚望，光绪三十一年，徐达章画了一幅《松阴课子图》，松阴下年仅10岁的悲鸿坐在书桌前读书，徐达章持羽毛扇在后指教，画左面题：

光绪三十有一年岁次乙巳中秋之月，法我斋主人自绘并题：荏苒青春卅七年，平安两字谢苍天。无才济世怀惭甚，书画徒将砚作田。平生澹泊是天真，木石同居养性情。切愿康儿勤学问，读书务本励躬行。求人莫若求诸己，自画松阴课子图。落落襟怀难写处，光风霁月学糊涂。白云留住出山心，水秀峰青卧此身。琴剑自娱还自砺，寸心千古永怀真。

诗中既有自己无才济世的感慨，又希望康儿（悲鸿）勤学问，读书务本，更把自己一生的襟怀写入诗中。悲鸿没有辜负父亲的希望，十来岁，已能为人画肖像、写春联了，而且学问也日进。

悲鸿13岁那年，宜兴被大水冲淹，全村人都逃往外乡，悲鸿也随父外出谋生，他以书画为衣食所仰，谋生的同时，也使他的画艺大增。在和底层穷苦人民接触中，也大大激发了他的忧国忧民情怀。

他积攒了一点钱后，便寻思去上海寻找读书学习机会。到了上海，到处碰壁，几个月后，钱已花光，不得不回家乡。这时他的绘画已在家乡颇有名气，应宜兴县的彭城中学聘请，任图画教员。不久，他的父亲徐达章因病去世，为了安葬父亲，他不得不借债。家中还有很多弟妹要吃饭，后来他只好在彭城中学、宜兴县城里的私立宜兴女子中学附设女子初级师范班、和桥镇的私立始齐女子小学三家任图画教员。因为悲鸿出身寒微，又没有上过大学，所以很多人尤其是富家子弟都看不起他，这就激发他一定要外出深造，而且一定要干出一番事业。

（二） 创业上海

悲鸿的好友、原在彭城中学任教的徐子明已在上海中国公学任教，悲鸿画了几张画寄给他，请他帮忙。徐子明把画送给上海复旦大学校长兼中华书局外文部主任李登辉。李登辉对悲鸿的画十分欣赏，答应安排工作。1915年夏末，悲鸿到了上海，李登辉却嫌他太小而没有安排工作，徐子明又应聘到了北京大学。这时，悲鸿又持徐子明另一封信，在商务印书馆职员黄警顽的帮助下去找该馆《小说月报》主编恽铁樵。几经辗转，恽铁樵看到悲鸿和他的画，叫他为商务印书馆出版的教科书画一些插图。悲鸿住在一家很便宜的旅馆中，把画画好送去，但还要等几天才能得到回音。悲鸿颇为难，因为他身上的钱已花光了，又不好再开口向黄借，只好卖掉带来的东西回宜兴了。

大约两个星期，他又来到上海，仍住在那家小旅馆中。他满以为在商务印书馆的工作问题可以解决，谁知又等很久，恽才告诉他，三位主持人，有两人同意，有一人说他的画线条太粗，不能做插图工作。于是工作便无法落实，悲鸿听后，十分沮丧。因为他的钱又花光了，还欠了旅馆四天钱，老板已不许他继续住宿，并把他从宜兴带来的箱子扣下来，他的铺盖已经当掉了。晚上只好在旅馆门前的台阶下过夜，还经常受巡捕的驱逐。他饥寒交迫，又遇到一个通宵的风雨，悲痛已绝，因为这次来上海，乡亲们送给他一些费用，希望他在上海混出名堂。既到了这个地步，他又不好回去，于是决计自杀，又想到黄警顽待他不错，自杀前再去作最后的告别。次日一早，悲鸿便来到商务印书馆发行所，把自己走投无路的处境诉说一通后，又说："我无颜见江东父老，在上海，我举目无亲，只有你一个朋友，永别了。"说完便跑出门去。悲鸿走后，黄警顽回味他的话，意识到他可能要自杀，于是马上冲出去，在新关码头附近找到他，一把抓住他的手膀，说："你想干什么……"悲鸿见是黄警顽，抱头大哭。在黄的劝说下，回到发行所。从此便住在黄的房中，两人挤睡在一张单人床上，盖一条薄被子。黄又帮他解决吃饭问题。悲鸿就在发行所内读书。除读美术书外，他又读完了全部的林纾译的小说。

黄警顽喜爱武术，他学的是"谭腿"，于是叫悲鸿画一套《谭腿图说》的挂图，每日下班后，黄摆架子，悲鸿画，画好了一百多幅，黄推荐到中华书局出版，得了30元稿酬，这是悲鸿一生第一次靠画得来的巨额收入。

商务印书馆对门就是高剑父、高奇峰兄弟开的审美书馆，黄便向高氏兄弟推荐悲鸿，并希望能买悲鸿几张画。高让悲鸿画一张月份牌，可是悲鸿不愿画月份牌，他用水彩画了春夏秋冬四条屏花鸟画，高氏给他20元钱。为了卖钱，悲鸿又不得不画了两幅月份牌仕女图。但高氏没有买，他们便捐献给孤儿院和聋哑学院，由他们卖出去了。

此外，悲鸿又画了大幅水墨钟馗像，一幅素描画观音像，观音像被印在《天下太平》一书封面的左上角。

黄警顽非常热心，他决计扶助悲鸿。悲鸿知道上海有一位油画家周湘，是江苏嘉定人，当时附属于徐家汇天主堂的土山湾油画馆，便很想向他请教，黄便托人介绍并陪悲鸿登门拜访。周湘当时大约50岁，一见悲鸿便谈了一个下午。第二次见面，悲鸿便带上自己几幅中国画作品和油画作品，周湘看后十分赞赏，鼓励他下苦功，不久的将来，一定会成为一鸣惊人的画家。周湘是从国外留学回来的，对外国的美术家和美术史都很熟悉。悲鸿从他那里学到不少知识，又看了他不少收藏品和他自己的作品，大开眼界，于是萌发了出国留学的念头。周湘还把自己一套

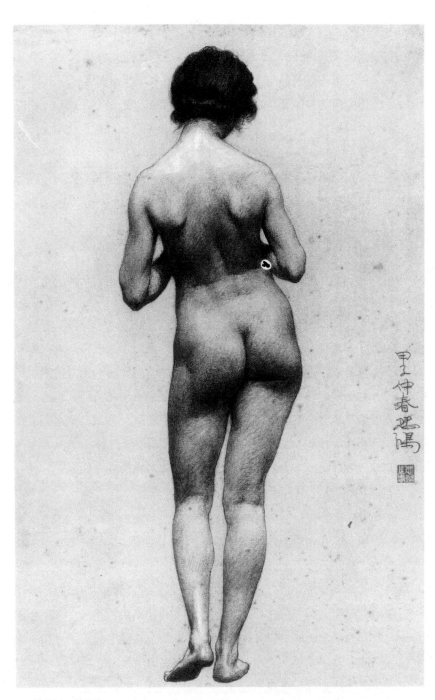

徐悲鸿　女人体

四本的西洋画册送给悲鸿。

在黄的帮助下，悲鸿又认识了一些商人，并教一位商人的儿子和几个钱庄学徒学画，每月有十多块钱的收入。春节后，悲鸿在一位同乡唐氏住地遇到大富商黄震之，黄震之一见悲鸿的画，十分赞赏，便决计帮助悲鸿成才，首先解决他吃住问题。黄震之当时主持一个俱乐部"暇余总会"，实际上主要是一个大赌场。当中有一间小房，是黄的抽烟室，悲鸿从早晨到下午3点就在抽烟室里读书画画，下午4时至次日晨，赌客到了，他就到一家法文夜校去学习法文。每日两餐，由黄震之供给，和赌徒们共食。

年底，暇余总会在修整和装饰房屋，准备新年大赌。可是，黄震之赌败，市场上生意也失利，便不能给悲鸿太大的帮助了。悲鸿的生活又陷入困境。就在这困苦之时，悲鸿画了一幅骏马图，投寄给上海审美书馆的高剑父、高奇峰。几天后，悲鸿接到高剑父的回信，对他画的马大加赞赏，说："虽古之韩干，无以过也。"并打算出版这幅骏马图。悲鸿十分高兴，跑到审美书馆，见到了高奇峰，诉说自己的处境，并希望得到他的帮助。高奇峰说："现在工作难找，只好请你再画四幅仕女图。"四幅仕女画非一日之功，悲鸿身上仅剩2角钱，每日只能买一个粢饭团充饥，后来只好忍饥挥笔。画完后，冒着大雪送往审美书馆，可是高奇峰不在，他只好把画托人转交，回来后，已饿得几乎昏倒，只得当掉身上的单衣度命。

1916年2月，徐悲鸿考入由法国天主教主办的震旦大学法文系，黄震之、黄警顽二人赞助他4元学费和40元伙食费。悲鸿感激二黄的扶助，遂改名为"黄扶"。他在这里学习法文，准备寻找机会去法国留学。紧张而刻苦的学习，使他忘记了一时的困苦和悲痛。人生不可能长期走运，也不可能长期倒霉，悲鸿在困苦中忽然收到了高奇峰寄来的50元稿费，还有很多鼓励的话，他十分高兴。友人又为他找到课余教画的机会，每月又有固定的收入，从此，他摆脱了食宿无着的窘境。

入学一月后，上海哈同花园附设的仓圣明智大学在报上征求仓颉画像。这个哈同花园的总管叫姬觉弥，犹太人，原是个流浪儿，从德国到了上海，开始靠给人看门活命。后来和一个中国女人罗迦陵结婚（一说罗是妓女），夫妻共同做生意，不久便成为世界巨富之一，于是便营造了比皇宫还要豪华的花园，名叫哈同花园，又叫"爱俪园"。哈同花园曾为华北七省赈灾开放，商务印书馆在里面卖过书，黄警顽还编写一个特刊，把哈同夫妇照片印在上面。黄对罗及哈同皆熟悉。罗迦陵又办了这所仓圣明智大学，她觉得尊孔子还不够，于是推出文字的创始人仓颉。仓颉是"四目灵光"之神人，悲鸿根据古籍记载，画了一身披树叶、长发垂肩、满面须毛、眉下四目的巨人，寄出应征，得到哈同花园的总管姬觉弥和罗迦陵的欣赏，请悲鸿去任仓圣明智大学美术教授兼哈同花园的美术指导，并请他住进园内作画。悲鸿因震旦大学的功课太重，直到暑假期间才搬进哈同花园，为哈同花园作画。姬觉弥也常和悲鸿聊天，并答应日后赞助他赴法留学。哈同花园内除设有仓圣明智大学外，又设广仓学会，经常邀请名流学者来讲学，康有为亦在邀请之列，经姬觉弥的介绍，悲鸿和康有为相识并拜康为师，康有为指导悲鸿学习书法，并和他谈论绘画的现状："鄙薄四王，推崇宋法，务求精深华妙，不取士大夫浅率平易之作。"这对悲鸿一生作画都有重大影响。悲鸿又为康有为已故夫人何旃理和康全家画像，同时在康家结识了一大批名人，观看了很多碑帖和大量珍贵图书，使悲鸿在见识学识书画艺术等各方面大为长进。

（三）东赴日本

悲鸿一心出国留学，他本意去法国，但当时第一次世界大战正酣，上海至法国的航线中断，悲鸿决定赴日本。1917年5月，到了日本，因语言不通，悲鸿一边学习日语，一边考察日本艺术，奔走于各博物馆以及收藏家中，观看藏画，同时购买大量图书。在东京半年，他的钱花光了，11月间，只好从东京回到上海。

悲鸿回上海后，仍想赴法，于是去拜见康有为，康有为说现在欧战正酣，你既不能启程赴法，最好还是先去一趟北京，看看能否弄到一个官费留学资格，将来出国，个人的生活可以过得宽裕些。康有为又给悲鸿写了几封信，带去北京。悲鸿到了北京，找到了康有为的大弟子罗瘿公以及樊樊山、易实甫三人。这三个人是当时北京的三大名士，在政教两界皆有实力，罗见到康有为的信后，随即写信给教育总长傅增湘，请他给徐悲鸿一个公费名额。傅增湘一口答应，等欧战停止中法通航，就马上派遣徐悲鸿以官费生资格去法国留学。

徐悲鸿只好在北京等待，他经朋友介绍住在华林家中，华林又推荐他去见北京大学校长蔡元培，蔡也颇赏识徐悲鸿，北大没有艺术系，于是便专为徐悲鸿设立了"画法研究会"，聘徐悲鸿为导师。从此，他在这里画画和指导学生学画，同时，等待去法留学的消息。

1918年11月11日，第一次世界大战结束，举世欢腾。中国教育部又将向国外派遣留学生，但没有悲鸿，悲鸿愤怒地指摘教育部长傅增湘，甚至责骂他言而无信。后经蔡元培致函傅增湘，傅增湘马上为悲鸿办了官费留学。悲鸿转而又对傅增湘十分感激。

（四） 留欧八年

悲鸿从北京回到上海，1919年3月20日，动身去法国，5月10日，抵达巴黎。一到巴黎，他就忙于看美术作品展，看美术馆、博物馆。巴黎号称世界艺术的中心，博物馆林立，历代名家大师们的作品琳琅满目。悲鸿拼命地观赏研究，废寝忘食。然后他又进入一家私立徐梁画院补习，三个月内，他的西洋画技法基本掌握。

1920年春，悲鸿考入法国国立高等美术学校。在录取的100名新生中，他名列第14，第二年即升为第6。进校之初，先在素描班画石膏像，平时自己临画，每星期三、六才有教授到班上来指导和检查进度，如果教授认为素描的水平已达到规定的程度，就可以升入模特儿班去画人体，模特儿有男有女，每周更换。人体画到一定水平之后，再从名师学油画。悲鸿赴法之前，绘画本有相当的基础，赴法后更是夜以继日，他每天上午都去校作画，下午如果没有课，他就去叙里昂研究所画模特儿，其他时间他又到各大博物馆去观赏研究名画佳作。他对旧书、画册也特感兴趣，虽然生活贫困，但回家途中，他常绕道塞纳河边，那里是法国旧书画的集散地，他经常在旧书画店摊中搜求，一耽搁便是几个小时。

悲鸿在巴黎国立艺术学校刻苦好学，博览多识，加之本来根基就不错，所以，很快就完成了石膏素描和画人体模特儿两大阶段。当时法国艺术学校聘请的教授都是一代大师和著名画家，学校设有许多大画室，每一室聘有一位名画家教画，画室即冠以这位教授的名字。悲鸿选择了名师弗拉孟的画室，弗拉孟是巴黎高等美术学校的校长、教授。

法国的高等学校进去容易，毕业很难。国立艺术学校条件好、名师多，很多学生都想进入这学校去学画，他们不但不一定能毕业，有的连正式生也不算。正式生一定要经过理论科目的考试，如美术史、透视、解剖学，考试及格，才算结业，悲鸿是中国学生中惟一通过理论考试的人。

悲鸿崇尚写实画风，当时在巴黎的著名画家达仰，所作写实绘画，最为悲鸿崇敬。别人介绍下，他见到了达仰，达仰是著名风景画家柯罗（Corot)的弟子，他对悲鸿也很赏识，悲鸿便认达仰为师，达仰告诉悲鸿："我17岁作柯罗的学生，柯罗教我要诚，要自信，不要舍弃真理以徇人。我始终信守柯罗的教导，五十余年，未敢忘却。""诚、自信，毋舍己徇人"，也成为悲鸿终身信奉的嘉言。从此，悲鸿每天到达仰的画室里去画画。由于达仰的关系，悲鸿还认识了不少法国文化名人。悲鸿在达仰指导下，进步很快。同时他在弗拉孟画室中所画的人体，也深受弗拉孟的称赞，每次作画竞赛他总是名列前茅。

不过，悲鸿的生活十分艰苦，常常以面包加凉水充饥，后来竟得了胃病。他往往胃越痛越要画，画下去就忘记痛苦。北京给留学生的官费也时常停发，他为了生计，曾为法国书店出版的小说作插图，但这样的工作也不易找。只要生活能维持，他就拼命地学画，他还到蒙班捗司区各画院作画，去卢浮宫临画。因为他喜爱画马，又常去马场画马，并研究马的解剖，或去动物园画狮虎等，积稿盈千。

在法国8年，他到过德国、瑞士、新加坡等，后因生活太困难，于1927年秋回国。

（五）回国建业

徐悲鸿回到上海，田汉便约他共同筹办"南国艺术学院"。1928年1月份，南国艺术学院筹办就绪，悲鸿任首届美术系主任。3月份，南京的中央大学来聘徐悲鸿任艺术系教授，悲鸿便上半月在上海的南国艺术系教课，下半月去南京教课。4月份他又接到杭州国立艺术院聘书，因与其院主持人艺术主张不同，于是断然拒绝。4月下旬，因家事不得不离开南国艺术学院。7月，他应福建省教育厅长黄孟圭邀请，赴福州作巨幅油画《蔡公时被难图》，并要求黄孟圭以福建省教育厅的官费派中大艺术系学生吕斯百、王临乙赴法国留学。10月份，悲鸿又接到北平大学校长李石曾发来聘书，请他任北平大学艺术学院院长。悲鸿于11月15日至北平正式接任此职，于是他改革教学，贯彻写实主义主张，从严考查教员，虽遭到反对而不改变。同年开始创作大幅油画《田横五百士》。1929年，悲鸿又被聘为全国美术展览会总务委员会常委等职，但不久，北平大学学生为校长人选和要求恢复"北京大学"原校名等事发生学潮，加之党务纠纷，北大混乱不堪，悲鸿于1月23日辞去艺术学院院长之职，回南京继续任中央大学艺术系教授。他反对荒诞画风，起草中央美术宣言，提倡写实画风。从此，他以中央大学美术系为阵地，从事教育、创作，并向世界宣传中国的艺术。

1933年1月，徐悲鸿携带中国名家绘画赴欧巡回展出。先到法国。画展在巴黎引起轰动，参加开幕式的重要人士达3000人，展览应观众一

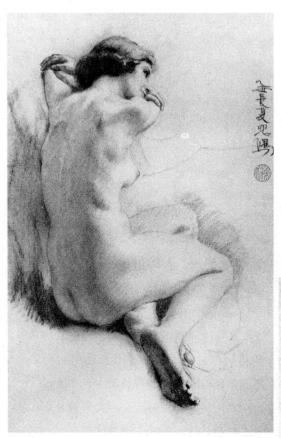

徐悲鸿　女人体

再要求延长了15天，目录印至三版，报纸上介绍文章达二百余篇。徐悲鸿的画特别受到赞扬，法国政府收购了他的画。随后，悲鸿又赴布鲁塞尔、柏林、法兰克福举办个人画展，皆引起巨大反响，有五十多家报纸杂志发表了赞誉文章。1934年4月，悲鸿到达苏联，先后在莫斯科和列宁格勒举办中国画展。他当时撰写《在全欧宣传中国美术之经过》一文中说："吾此次出国举行中国画展，曾在法、比、德、意、苏展出七次，成立四处中国画展览室于各大博物院，总计因诸展而赞扬中国文化之文章达两万份……"

回国后，悲鸿依旧任中央大学艺术系教授又兼任系主任。其间他曾到四川和广州、香港、南宁、桂林等地游览写生。

抗日战争爆发，中央大学迁往重庆，徐悲鸿又回校任教。1938年至1941年间，徐悲鸿携带自己的作品，先后去新加坡、吉隆坡、槟榔屿、怡保举行画展，皆产生巨大影响，并将画展所售画的全部收入捐献给国家，支持抗战。1939年底，悲鸿应邀到印度，著名诗人泰戈尔为他举行欢迎会。悲鸿在国际大学艺术学院举行个人画展，泰戈尔为之揭幕和致欢迎词。1940年初，悲鸿偕国际大学师生游印度恒河流域，写生、撰文，后又为泰戈尔画像，游大吉岭，画喜马拉雅山。12月13日回到新加坡，并在南洋各地举办画展，1942年方回国。回国后，10月份利用中英庚子赔款在重庆磐溪筹办中国美术学院，任院长。在此前后，他勤奋创作，多次举办个人画展，售画的钱部分捐给公益事业。

1945年8月，日本投降，在此前后，他多次为文化事业而操心，曾和郭沫若共同讨论起草《文化界对时局宣言》，并在宣言上签名。

1946年5月，徐悲鸿由重庆回南京，再抵上海，7月赴北平，8月初，就任国立北平艺术专科学校校长。他聘请有实力有影响的画家到艺专任教，同时强调他的写实主义，素描是一切造型艺术之基础的主张。同年10月16日，主持北平美术作家协会成立大会，任大会主席。1947年，北平高等院校师生爆发反饥饿、反内战的活动，徐悲鸿参加并支持，同时，要求北平行辕主任李宗仁保证艺专的安全。

　　1948年9月至11月解放军发起辽沈战役，解放了东北全境，接着便准备平津战役。1949年1月14日，只经过29小时的战斗，便解放了天津。这时困守北平的傅作义部二十余万人已陷入解放军的包围之中，战不得，守不能，逃无路。但是如果硬打，北平这座古城便会毁坏，于是傅作义召开各界人士会议，征求意见。在学术界人士会议上，徐悲鸿第一个发言要求和平解放北平，他说："不战则可以保存这个古城。"于是傅作义接受了徐悲鸿等人的建议，率部接受解放军的和平改编。1月底，解放军进占北平，徐悲鸿仍任北平艺专校长。3月29日，徐悲鸿作为中国出席世界拥护和平大会代表团代表离北平去捷克斯洛伐克首都布拉格，4月25日世界拥护和平大会闭幕。徐悲鸿到捷克，又到苏联参观，5月25日回到北京。7月23日，被推选为全国美术工作者协会主席。12月，原北平艺专和华北联合大学文艺学院美术系合并为国立美术学院，徐悲鸿任院长兼研究部主任。1950年2月，国立美术学院改名为中央美术学院，悲鸿仍任院长。6月，朝鲜战争爆发，中国人民志愿军出兵朝鲜，悲鸿画马20幅义卖捐献，并给志愿军战士写慰问信、画画，后又画《奔马》寄往朝鲜。

　　1953年9月23日，全国第二届文艺工作者代表大会在京召开，徐悲鸿任执行主席，当晚，脑溢血病复发，被送往医院抢救无效，于9月26日晨去世，享年58岁。9月29日，中国文艺工作者第二次代表大会举行公祭，灵柩安葬于北京西郊八宝山公墓。悲鸿故居被辟为"徐悲鸿纪念馆"，周恩来总理亲为题写"悲鸿故居"的匾额。

（六）全才艺术家

　　徐悲鸿在素描、油画、诗文、书法各方面都卓然有成，一般公认，他的素描造诣最高。

　　50年代初期，国内各美术院校实行苏联契斯恰柯夫的素描教学法，其精描细修，呆板而无生气，更僵化了学生的思想观念。徐悲鸿对此大为不满。其实徐氏素描功夫远远超过契斯恰柯夫，他的素描不但准确且生动，更难得的是格调高雅。当时理应在国内实行徐悲鸿的素描教学体系，以徐氏素描为师法楷模。果能如是，则远远胜过苏联体系，对中国艺术的发展更加有益。

徐悲鸿的油画在当时也鲜有能过者，至于他的诗，能因物赋形，比喻贴切，自然生动，且喻意深刻，格调亦高，即使以今日标准观之，亦毫不逊色。现代很多名家画上题诗，往往请别人捉刀，而徐悲鸿的画中题诗，则从不假手于人。徐悲鸿的书法以魏碑为基底，实熔碑帖及历代书法精华于一炉，气势非凡，魄力雄强，厚重超脱，深沉阔大，在同代画家中独具特色。

他是一位全才的艺术家，在艺术的各个领域内都有不凡的成就。如果单就某一方面而论，或许也有数位画家能和他比并，不过，若就全面性而论，他的努力与所达到的成就，则无人能望其项背。

（七）艺术创作以素描成就最高

徐悲鸿精通中西绘画艺术，但以素描的成就最高，这是公认的事实，徐悲鸿遗存的作品，以素描的数量最多。徐悲鸿倡导的写实生义，也以素描为基础，因之，徐悲鸿特别重视素描的学习和训练。

他在中华艺术大学讲演时说："研究绘画者之第一步工夫即为素描，素描是吾人基本之学问，并为绘画表现惟一之法门。素描拙劣，则于物象都不能认识清楚，以言颜色更不知所措，故素描工夫欠缺者，其所描颜色纵如何美丽，实是放滥，几与无颜色等同。"（1926年《在中华艺术大学讲演辞》）

他又说："素描在美术教育上的地位，如同建造房屋打基础一样。房屋的基础打不好，房屋就砌不成，即使勉强砌成了也不牢靠，支撑不久便倒塌。因此，学美术一定要从素描入手，否则是学不成功的，即使学会了画几笔，也非驴非马，面目全非。"（1917年《在中央大学讲演

辞》）

素描在徐悲鸿心目中既有如此崇高之地位，因而他在欧洲8年期间，主要精力也都用于此。徐悲鸿所说的素描，乃是西洋之物，一般指用铅笔、炭笔等单色，画出物象的结构、明暗等，创作出准确如实的形体（也包括神态）。

中国古代有"白画"即用墨线条勾画出物象的形体，以轮廓为主，有的略用淡墨渲染，以表现其立体感。白描的主要手法是线条，和西洋的素描不同。素描的功用非一，但以锻炼造型能力为主。

徐悲鸿在赴欧之前，学过吴友如的白描画，学过水彩，已具有很好的造型能力。但他正式学习西方素描，乃是1919年赴欧之后的事。

徐悲鸿开始画素描，画的是石膏像，不久便画人体。自己对着石膏像、人体模特儿画，教授每星期来看他的作业，并加以解说指导。但画写生之前，徐悲鸿大量参观了法国各博物馆，研究西方画家素描原作，又观看了许多名家的素描，实际上接受了很多西方素描大师的影响。他的老师弗拉孟和达仰都指导过他，但据他自己在1936年出版的《悲鸿画集》序文中说，他最爱的是普律东之素描，他说："吾学于欧既久，知艺之基也惟描。大师无不善描，而吾尤笃好普律东描之雄奇幽深，坚劲秀曼。"因而，他的素描也向雄奇幽深、坚劲秀曼方面发展。

从现存的徐悲鸿素描作品来看，他开始画素描，还比较粗疏，不像后来那样深入，但也很雄奇、生动。这一段时间，他的生活动荡不定，常来往于瑞士、德国柏林等地。有时在家作自画像，有时去博物馆或动物园作画，也许环境不允许他深入。

1924年，徐悲鸿的素描出现了一大飞跃，很多素描杰作都产生在此时。此一时期，也是他最贫困的时期。他在《持棍男人体》素描上自题："甲子岁始，写于巴黎，时为来欧最穷困之节，至无可控告也。"虽然生活贫困，经常三餐不继，但徐悲鸿却能安心地画素描，深入而细腻。

徐悲鸿的素描，展现了他自己的理论。

（八）　素描七法突破古人理论

正如他在"新七法"中说的："位置得宜，比例正确，黑白分明，动态天然，轻重和谐，性格毕现，传神阿堵。"他的每一幅素描都符合这七法。

在"黑白分明"一法中，徐悲鸿解释："即明暗也。位置既定，则须觅得对象中最白与最黑之点，以为标准。详为比量，自得其真。但取简约，以求大和，不尚琐碎，失之微细。"他的素描也正如此。

在"动态天然"一法中，他说："宁过毋不及，如面上仰，宁求其过分之仰，回顾，必尽其回顾之态。"若动态的动作不能尽其动，则不能见其动态之天然，且更不生动。徐悲鸿画人体，或使身躯扭转，或一腿伸直、一腿跷起，皆"宁过毋不及"。他画速写时尤其如此，或双臂张开、双腿跃起，皆尽其动态。中国传统美学以静态为高，清人继承明董其昌学说，主张宁可不足不可过之；而徐悲鸿则反其道而行之，他画马常作四蹄跃起之状，这是古人画马所鲜见的。所以他的画都十分生动。

在"传神阿堵"一条，徐悲鸿解释："传神之道，首主精确，故观察苟不入微，罔克体人情意，是以知空泛之论、浮滑之调为毫无价值也。"精确是徐悲鸿一生的主张，他的素描无一不精确，无一不观察入微。他能以一根不加修饰的线条，精确地表现出一个裸女从头部、颈部、胸脯，到腰、臀、腿、膝、脚，而且肌肉的起伏、弹性，以及骨骼、解剖关系，都能表现得无微不至。这绝非不下苦功的浮滑

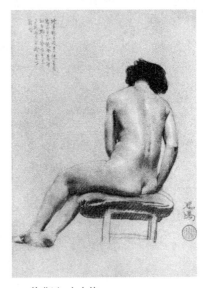

徐悲鸿　女人体

之辈或欺世盗名之流所能达到。

徐悲鸿的素描有明暗分面十分鲜明的，有光影很强的，也有光线平淡而渲染细腻的。他曾认真研究西洋素描，说过："在林布兰之前，作画都按肌肉外形来画，林布兰之后，才用明暗分面法，这是自然科学的发展，使画家观察客观世界有了进一步认识。"徐悲鸿说，明暗法在绘画表现上更为有力，而且这种素描对油画最有益。

（九）求方、求拙，生动而泼辣

徐悲鸿根据自己画素描的经验，曾对学生提出："宁方勿圆，宁拙勿巧，宁脏勿洁。"后来又改为："要方不要圆，要拙不要巧，要脏不要干净。"

要方不要圆，并不是外圆内方，而是要在圆中求方，这就要求画素描者认真观察分析，准确掌握人体结构和解剖关系，化圆为方，使人体结构更明确化。

太圆就暗，结构、组织关系都会模模糊糊，且有松软感。明代董其昌提出画画"尚暗不尚明"，而徐悲鸿主张："美术之道，贵明不尚晦。"董说的暗，指藏锋不露，也指圆；明，指刻露，也指方。而徐说的明，即方，也就是要露出结构和组织的关系要点；晦，和圆同义，也和暗同义。徐悲鸿的观点显然和流行的董其昌观点背道而行，但却一扫董派软甜之习，显得生动而力健。从现存的徐悲鸿素描来看，他确实是"要方不要圆"的。

尤其是徐悲鸿早期的石膏写生素描，全是一块块方形组合。他早期的人体也很方，注重形体的大关系、大面、大体、大的结构和转折，也就是把人体内部骨骼和肌肉的高低、起伏、大小相间，形成的一块块大大小小的立体，一一表现出来，显现他的对人体解剖关系的理解。

"要拙不要巧"，拙就是质朴，老老实实地画，不要投机取巧。"要脏不要干净"，就是要保留自然笔法，不要过多修饰擦改，更不可画得太腻滑。所谓脏，并不是把画弄得一塌糊涂，而是保持画面笔触的自然浑厚，该黑的黑，用笔要大胆泼辣，不要小心翼翼。徐悲鸿是针对当时很多人画素描圆圆的、光光的、细细的，弄得画面油滑纤腻，而有此主张，他的素描作品也正是求方、求拙，生动而泼辣的。

徐悲鸿后期的素描，多半是为创作而搜集素材之用，其次是为人画像。因而，多数素描作品都是短时间作业，显得粗犷而浑朴，但也愈加生动。他在分面造型中，又往往加上线条；或者先线条造型，再加上大块面的明暗，使线条和明暗结合得浑然一体。

他为人画像多属纪念作，虽然简单，但都形象准确、结构不苟，而神情尤为生动。他笔下的教授、学者、文学家、艺术家、干部、农民、工人、军人、村妇、外国人、贫人、富人等，皆立览可辨，气质身份分明。

徐悲鸿又常在有色纸上画素描，亮光部分以白粉擦点。这样，纸的灰色代表一个层次，炭笔画出的轻重黑色又代表两个层次，白粉则代表一个层次，效果尤不同于一般。且用白粉点，省去画灰调子的很多程序，又具有大写意的效果，真是别有情趣。

徐悲鸿后期素描，因多为创作搜集素材，常常是素描和速写结合式。如，有的人物面部和手臂及上身画得很详细，而衣服则藉线条勾写。有的则是需要详细的地方详画，不需要详画的部分则略去或以线条大概一勾，有意到笔不到之妙。

（十）　致广大而尽精微，极高明而道中庸

"致广大而尽精微，极高明而道中庸"是徐悲鸿对素描的整体性要求，为了致广大，就必须尽精微，大处着眼，小处着手。处处精微，也就会全部整体精微，当然这就必须有扎实的功力与基础，没有一一研究、深刻理解人体组织结构、解剖关系以及对表现方法的训练，是达不到的。

没有精微的广大，是空洞的广大，乍一看，似乎广大，然一细看，

徐悲鸿　泰戈尔像

则站立不住，也就是不耐看。但仅仅于局部精微，不能从大处着眼，也会失之琐碎。怎样使局部服从整体，怎样使精微的局部充实于广大的整体，这就要画家具有高深的修养和理论基础。

任何"极高明"的作品，都一定是"道中庸"的。艺术表现有前卫派、保守派。过于保守，太陈旧，只不过重复前人，当然不能"极高明"；过于前卫，完全无视前人传统，则有可能是胡涂乱抹，实际上是浅薄，也未必是"极高明"。而真正极高明的作品，都是道中庸的，在接受前人优秀传统基础上创新。不墨守前人，不做空中楼阁，所谓"古法之佳者守之，垂绝者继之，不佳者改之，未足者增之，西方画之可采入者融之"。徐悲鸿的理论是一以贯之的。徐悲鸿还特别强调，画素描要眼、脑、手三者综合训练，同时用功。以眼观察，动脑思考，不要轻率下笔，在观察和思考的基础上动手，动手时仍然和观察、思考同时进行。长期训练，培养观察、审美和表现三方面的能力。三者缺一，则不能成为一个好的艺术家，这是至为关键的。这一切在徐悲鸿的素描作品中都可以找到根据。他的素描之所以能达到很高的境界，绝非无故幸致。他不仅下过苦功，而且有极佳的理论依据，他的认识和表现，都是不同凡响的。

（十一） 油画继承写实主义传统

徐悲鸿在欧洲留学时，所画的油画不如其素描多。这是因为他认为素描是一切造型艺术的基础，必须先下大工夫学好素描；其次，他在欧洲经费拮据，画素描比画油画要节省。虽然如此，他在欧洲仍然画了不少油画，扎实地学到欧洲写实主义一派的油画技法。

徐悲鸿在赴欧洲之前，是否画过油画，已不可考。但可以断定，即使画过，也只是偶然尝试，不能算是正式学油画。他在宜兴乡村时，只学过国画和水彩画，没画过油画，乡村中尚不知油画为何物。他到上海，即忙于生计，后来又忙于学法语，但他曾在周湘办的学校中读过几个月，学的是广告画。周湘曾经学过欧画，所以，在那时徐悲鸿可能接触过油画。

现存北京徐悲鸿纪念馆中一幅早期油画《读书》，画的是一位中国女孩卧床读书。画面已残破，无纪年。专家们鉴定为早期油画，和赴欧后所作油画完全不同。我则判断这幅油画是画于赴欧之前居上海时期。这时期他很难见到欧洲油画原作，也没有经过正规训练，画出来仍像水彩，又像布景。用色不是摆上去，用笔也不肯定。但基本上造型准确，他那时刚20岁，能画出这个水准，已很不错。

徐悲鸿正式学油画，当然是在他1919年赴欧之后。现存他的油画作品，有具体年代可考的，最早的一幅是《持扇女像》，画于1920年。大致可断定为徐悲鸿最早的油画作品，至少可以确定它为最早的一批油画作品之一。

（十二）　功力既深，才分亦高

《持扇女像》虽是徐悲鸿最早的油画之一，他当时只25岁，但已显示出在油画方面的天分。这幅画，女人面部采用较细的笔法，衣服则较粗犷，用笔皆坚稳实在，他在观察分析之后，掌握色彩，一笔一笔地摆上去，绝无扫刷涂抹，更不擦来擦去而呈含糊粉腻之态。面部颜色虽然细匀，几乎看不出笔触，但也都是一笔一笔摆上去，而且固有色、环境色、衣物反映色在面上形成冷暖对比，色彩十分丰富。说明徐悲鸿已能详细观察分析物象并作准确表现。他1922年画的几幅老妇像，面部留下明显的笔触，显示用笔更加熟练，也显示出更大的写意性。

从1923年画的几幅《持棍老人像》、1924年画的《老人像》直至1927年画的几幅《女人体》和《男人体》，徐悲鸿的油画一步步走向成熟，达到了前所未有的成就。

他用笔纯熟、色彩丰富、层次多而统一、笔触踏实准确，显得厚重而浑朴。而且每一幅作品中都表现出精确的素描功底，结构要点严谨精准，完全掌握了西方的写实主义画法，而且水准超过一般的西方画家，且不亚于当时的写实主义大师。他的油画同样展现了他致广大而尽精微的主张。

（十三）为中国油画民族化奠基础

有人说，徐悲鸿的油画是学达仰的。达仰是徐悲鸿所佩服的写实主义油画大师，徐悲鸿曾拜他为师，他不可能没受到达仰的影响，但这话只对一半。徐悲鸿并不是只学达仰，他常常带着面包到法国和德国的各大博物馆中临摹欧洲历代名画，他接受的是欧洲众多名家的影响。

　　而且徐悲鸿特别喜爱普律东的画，1923年，他临摹普律东名作《西风神劫走普赛克》的作品，至今还保存在北京徐悲鸿纪念馆中，可见他受普律东的影响更大。若论入室，徐悲鸿在巴黎国立高等美术学校的指导老师，是著名的历史画家、校长弗拉孟，他在弗拉孟的画室中学习，弗拉孟亲自指点他，他受弗拉孟的影响则更直接。

　　所以，说徐悲鸿受达仰影响则可以，但不可误认为他只学达仰。如前所述，他广泛学习欧洲各家各派油画的传统。他的作品中有细腻的、有粗犷的、有大笔触的、有几不见笔触的、有粗细结合的，正是他学习欧洲各家油画的结果。

　　徐悲鸿身在欧洲时，受环境和欧洲文化的影响，所作油画具有道地的欧洲油画情调，但他回国后，就渐渐改变了。

　　他刚回国时，大体仍保持欧洲油画风格，如他画《黄震之像》等便是。但是后来，他喜欢在油画中用线，又常常以绿、紫、黄等原色彩入画，色调不如在欧洲时和谐、统一。对环境色等观察分析，也不如以前细微。环境和物象因受光线的影响，每个部分都不可能完全一样，因而表现时便要有区别。他回国后的油画就不如在欧洲时讲究。

　　这其中原因大抵是：徐悲鸿在欧洲时，全部精力都投入素描和油画的训练中，他当时受的是欧洲文化影响，故能创作出地道的欧洲油画。回国后，他多从事国画创作，国画注重线条，因而在他的油画中，便有意无意地带入了线条。国画用色基本上是原色，他用惯了，所以，画油画时也常常把原色加进去。国画常常不画背景，以一片空白代替，观察物象也不像西洋画那样绝对客观化，而是重神遇不以目视的。这些对他的油画都有影响。

　　徐悲鸿并没有刻意追求油画民族化，但他的油画都具有民族化风格，已渐渐远离西方油画传统，创立了自己独特的风格，他实际上多少为中国油画民族化奠定了基础。

　　总之，徐悲鸿是杰出的油画家，他抵制形式主义，提倡写实主义，对中国油画的走向与发展，产生了鲜有人及的深远影响。

（十四）徐悲鸿的国画

徐悲鸿的画作留存于世者，仅北京的徐悲鸿纪念馆就收藏了一千二百余件。其中属于国画部分的精品即在二百件以上，至于散落在世界各地的画作，一时更无法统计。

徐悲鸿享年仅58岁，除去早年在家乡间，中期在法国，实际上创作国画的时间不是太长。但我们仍然可以大略地把它分为四个阶段。其一是早年在家乡时期，其二是21岁赴上海之后，其三是留法后期，其四是20年代后期至50年代初期。

（十五）早年人物画以逼真为原则

早年在家乡时的作品，徐悲鸿主要受其父影响，同时也投合民间需要。因而，他早期作品以造型准确、刻画细腻、逼真于物象为特征。现存徐悲鸿纪念馆（以下凡未注明者，皆出于此馆，作者注）的《诸老图》即为早期的典型作品。图中四位老人之像，如摄影一般肖真，面部明暗光线皆以真实为据，松树、溪水、山石虽以水彩画成，但仍以逼真为原则。他这时候的画还不属于国画，乃属于水彩画。

及至1919画的《三马图》，是在他去法国前为哈同花园的总管姬觉弥所作的。画左侧题："己未新春写奉觉弥先生永念，悲鸿。"也是水彩。图中三匹马、三株松树，其细腻精确，更超过前者。徐悲鸿到上海后，画风略有改变，但这幅画仍用水彩法，乃是投合外国人的需要。姬觉弥是哈同花园的总管，手操大权，他协助老板附庸风雅，主办大学，花巨款请文人来讲学，实际上他不可能有太多的文化涵养，他也不可能欣赏、了解国画。因而徐悲鸿画了这幅精细逼真的《三马图》送他。

徐悲鸿少时随父在外，靠为人画像谋生，他的画必须符合画主的要求，所以，必须造型正确细腻，达到为人留影的目的，这也打下了他的写实基础。他这一时期主要创作水彩画，但也有用线条画的传统水墨。

（十六）赴上海后笔下更见精致深刻

1915年，徐悲鸿21岁时到上海，尔后东渡日本，北上北京，直至1919年初赴法前。

这一阶段的画大部分还是早期在乡间作画的延续，但更精致、更深刻一些，如前述送姬觉弥的《三马图》之类。其间，他随康有为等名人学习书法，得见大量碑帖，线条功夫也大有进步。同时，他接触并受恩于岭南画派的高氏昆仲，加之他的艺术主张——尤其是写实方面的主张——和岭南画派相契，画风自然开始受到岭南画派的影响，他的画，终生都有一部分岭南画派的影子。徐悲鸿后来画的喜鹊、竹、松树等，大多受陈树人影响，而画鹭、雕等又多受高剑父影响。不过，他只吸收了岭南派的一些写实因素和表现方法，内涵则过之，就国画艺术本质而论，徐悲鸿实超越了岭南派。

徐悲鸿在1918年所画的《西山古松柏图》，是他画风略有改变时的一幅重要作品。总之，这一段时间，徐悲鸿的画已开始摆脱民间审美趣味，走向高雅的艺术殿堂。

（十七）赴法后期重拾国画之笔

1919年徐悲鸿赴法后，精力几乎皆用于素描和油画。直至1926年初一度回国，他才带一些国画材料于春暮回到巴黎，在作素描、油画之余，偶然也画几幅国画，例如他在困苦时画《苦竹图》以自况，皆逸笔草草，不求其工。

由于长期创作素描、油画，他的国画似乎退步了。1926年秋，他认真画了《渔父图》，画法焕然一新。徐悲鸿首度把在法国学到的人体解剖和他理解的人体结构的画法，用到国画中，凡表现人体结构和组织关系处，他都以线条勾勒，然后用国画的线条和赋色方法画出。

这种画法在中国画史上也是值得特别注意的，在徐悲鸿之前，国画家作人物画，其裸露的胳膊和腿，很少藉线条画其解剖关系。徐悲鸿以西画之法融入国画，开一代风气。他的创作也实践了他"古法之佳者守之，垂绝者继之，不佳者改之，未足者增之，西方画之可采入者融之"的主张。他还说过"我学西画就是为了发展国画"（《徐悲鸿》一书中蒋兆和文，文史资料出版社），他的国画作品中，正可看出西画的功底。不过，他的《渔父图》仍是道地的国画，而不是拿国画工具画西画。尔后，徐悲鸿画人物，大抵亦如此。

20年代后期至去世。这一段时间，徐悲鸿的国画作品最多，他不停地尝试，风格多样，其中人物画大部分是在《渔父图》的基础上发展，也有一些作品变化较大。徐悲鸿是全能的画家，人物、飞禽、走兽、山水、花木样样皆能，尤以走兽最精。对研究这一时期的作品，宜分类而论。

（十八）晚期作品融入西法惟妙惟肖

人物画最能显现徐悲鸿的艺术主张——惟妙惟肖。

徐悲鸿1930年所作《黄震之像》是他回国后所作人物画中较佳的一幅。从造型上看，已达到惟妙惟肖的程度，因为融入了西画技法，结构与组织关系皆表现得十分精准，这一点是前无古人的。

造型精准并不等于不传神。徐悲鸿与黄震之情谊深厚，但出于对艺术的真诚，他仍然再现了黄的商人气质。睿智的目光、狡黠的嘴唇，乃至于瘦削的脸部肌肉和纤长的手指，都表现出精明商人善于算计的特征。从技法上看，他以细劲的线条勾勒，尤有任伯年遗意。这幅画正是徐悲鸿"融入西法""维妙维肖"创立新国画理论之实践，他以后的新国画，大抵皆秉照此一创作原则。

1931年画的《九方皋》，更是他这时期的精品之一。古人画人物，很少画裸露太多的部分，表现困难也是原因之一。徐悲鸿此画中人物胳膊、腿，甚至上身多半裸露，他的造型能力太强，而且以对西画的理解融入国画之中，但又并未减弱国画的特性，只改变了士大夫浅率平易之习。

新的画风出现，遭到守旧派的攻击，当时很多人攻击徐悲鸿破坏国画。这更激怒了徐悲鸿，乃至于后来干脆提出"素描为一切造型艺术之基础"的著名论点。在提出这一论点之前，他已将自己的新国画，进一步地素描化了。

1940年，徐悲鸿创作的（（愚公移山》一图，既保留了以前作品的长处，又以淡墨擦染，强调人体明暗凸凹的感觉，这完全是借助素描的手法，也就更加惟妙惟肖了。

徐悲鸿一向主张国画要"学之独立"，反对"中国画尚为文人之末技"，他的作品的确不是那些"文人之末技"者所能想象。同年，他画

徐悲鸿　奔马图

的《泰戈尔像》《印度妇人像》等，皆是进一步成功融入素描技法的精品。1943年所画《李印泉像》更是如此。

（十九） 锐意革新，创国画新貌

至此，徐悲鸿的人物画已完全异于古人，他创造了具有时代风尚的崭新的国画，影响了一个时代。尽管有人对素描入画产生怀疑甚至反对，但徐悲鸿的画法影响了自他以降的新一代画家，仍然是不可否认的事实。

徐悲鸿并非不能画传统国画，他有很深的书法功底，平心而论，不融入素描法而作传统法，对他来说是顺理成章的事。1944年，他作的《二童图》（题识"三十三年暮春，悲鸿磐溪晴窗写"）即纯属传统画法，衣纹线条转侧顿挫、粗细变化，表现了画家作画时的情绪，也表现了画家浑朴雄厚的书法功力，非纯以西法出身而作国画者所可比也。不过，徐悲鸿为了创立新国画，并以自己的作品作模范，很少见他作这类纯传统的画法。

徐悲鸿的粗线条画法，如1929年画的《钟馗饮酒图》、1935年画的《钟馗持剑图》、1938年画的《持扇钟馗图》等，都展现了他的另类画风。他的精心之作皆不用此类粗率之笔，但粗率之笔却能显示出他的激情，也说明了他的画法多样。

徐悲鸿细笔画法中，如1944年所画的《日暮倚修竹》《天寒翠袖薄》《落花人独立》，都近于传统画法中之工笔，大致未采西法，但其神形兼备、惟妙惟肖，并具有现代感，皆大大异于古人。他的画法很少有完全同于古人的，至少可以说，他的画时代气息很强，这是守旧派所无法企及的。

（二十） 以大写意法画马震惊画坛

徐悲鸿在人物上下了很大功夫，对后世影响也最大。但他画马尤著于世，世人一提起徐悲鸿，就会联想他画马；一提起画马，也会联想到徐悲鸿。一般说来，公正的评论家和画家都认为，徐悲鸿的国画，以走兽飞禽画成就最高，其中画马又更具代表性。

1931年《九方皋》中画的马，便纯粹国画气魄了。他以带魏碑兼草隶的书法笔意，勾写马的躯干，同时也见出神韵，再藉大笔挥洒，写出马尾及鬃，再用水墨渲染，有笔有墨，而非西洋之色彩法和水彩笔意了。尔后他画马，则全是奔驰或站立之野马，用线更加率意和流畅，有的也更加粗健，至于用墨更加潇洒、更加见笔，展现出国画"写"的精神，从马的动态到画马的笔墨，皆十分生动。

徐悲鸿的大写意法画马，是前无古人的。以马为作画题材，从远古就有。汉代画像砖、画像石上的马，颇见生动，然只见其大势，不见细节和笔墨。

在纸绢上画马，到唐代韩干最为精到，唐张彦远称之为"古今独步"。韩干画马至今存世者，在台北故宫博物院和纽约大都会博物馆各一幅，可以看到韩干以细匀如丝的线条勾勒，再用淡墨渲染之法画马。继他之后的宋李公麟，元赵孟頫、任仁发，以至明、清画家画马，亦多从此法。

清宫廷画家西人郎世宁用西洋画法画马，虽新奇一时，然终非国画。以大笔挥洒之写意法画马，始创于徐悲鸿，其画法生动，开一代之生面。而且，古人画马多取静态，马静，笔墨亦静，徐悲鸿画马则多取动态，马动，笔墨亦动，尤其是他常画奔马、双奔马、群奔马等，昂首天外，奔蹄如飞，皆有风发不可一世之概。

（二十一）　所画雄狮古今独步

狮子也是徐悲鸿爱画的题材，也是他借以言志的手段。有人把中国比作睡狮，认为一旦醒来，将震动世界。徐悲鸿画的狮，都是醒狮、飞跃之狮、负伤之狮、侧目之狮，可以想见其喻意。画上题字"危亡益

徐悲鸿 雄狮图

亟，愤气塞胸，写此自遣"，"国难孔亟……聊抒忧怀"，明白道出其
画狮之意。

　　他画的狮皆神形毕肖，目光锐利，威猛不可一世，显示出兽中之王
的本色。其画法风格大抵同于当时画马，只是他画狮时，心情更加激
动，用笔更加猛烈，尤其是画雄狮的项毛，下笔猛刷猛扫，颇有席卷千
军之势。徐悲鸿画狮，不如画马名气大，主要因为画狮的作品少，画马
的作品多，其实他画狮的艺术水准绝不亚于马，甚至或有过之，而且，
就绘画史的角度观之，他画狮的价值也许更大。

徐悲鸿画狮，是在没有传统可供借鉴的情况下独创出来的，也呈现了他"建立新国画，既非改良，亦非中西合璧，仅直接师法造化而已……尊重先民之精神固善，但不需要乞灵于先民之骸骨也"的重要观点。他的画正是他的理论之实践。

（二十二）笔下动物皆能生动洒脱

牛也是徐悲鸿常画的题材，因为他少年时牧过牛，对牛颇有感情。牧牛、浴牛、饮牛、水牛，都再现了他儿时情怀，印度牛则再现他于印度所见。牛是温和的，因而他画牛时的笔墨也较温和。从徐悲鸿画的牛，也可看出他"仅直接师法造化而已"的态度。

徐悲鸿爱猫，家中养了很多猫，乃至于有些师友亲人送猫或寄养在他家中。画家爱猫，画猫也是必然的。他画猫毕肖传神，双目如活，炯炯逼人。而且，他画的猫各种动态都十分可爱，在很多幅题名《猫》的作品中，也常寄托他的怀念或哀思，有时也题上一首诗，用以嘲讽那些尸位素餐的达官贵人。猫的画法大致同于画马、画牛，只是笔墨更温和而已。

此外，徐悲鸿也画猪、松鼠、犬、鹿、虎、兔等等。他的画都有形神兼备、惟妙惟肖的特点，用笔用墨皆生动洒脱，师法造化，"不需要乞灵于先民之骸骨也"。

（二十三） 花卉、山水亦具个人特色

徐悲鸿画禽鸟多配以花木，他也画花卉，松、竹、梅、李子、芭蕉以及各种花卉，其中画梅更有特色，他画梅，多古干、繁花，不作疏枝寒花状，作古干，用大笔水墨浓淡晕写，再以线条补成，颇有气势。梅花以白色居多，红色次之，皆具个人的独特风格。

徐悲鸿画山水画不是太多，他在1948年《复兴中国艺术运动》一文

中说："吾人努力之目的，第一以人为主体，尽量以人的活动为题材，而不分新旧；次则以写生之走兽花鸟为画材，以冀达到宋人水准；若山水亦力求不落古人窠臼，绝不陈列董其昌、王石谷派人造自来山水，先求一新的艺术生长，再求其蓬勃发扬。"

事实正如此。他的山水画的确和其他画家所作不同，他完全不取传统山水画中的勾皴法，什么斧劈皴、披麻皴等等，统统不用，有时用一些水彩画法，直接对景写生，画出来绝不同于常见的山水画。其画山水，虽非所长，但也绝不"摹写四王、二石之糟粕"，更不"依赖古人之惰性，致失去会心造物之本能"（徐悲鸿《当前中国之艺术问题》）。他的画总是以直接师法造化为原则。这在当时到处是脱离现实、徒具形式的所谓文人画、没落的八股山水，以摹写代创作的社会风气中看来，尤具难能可贵的意义。

（二十四）　徐悲鸿的国画改良论

画论对于绘画发展的影响十分重大，每当具影响力的画论一出现，一代绘画便随之而变。

顾恺之"传神论"一出，画家作画无不以"传神"为指归。赵孟頫"古意论"一出，画家无不在作品中追求"古意"。董其昌"《南北宗论》"一出，崇南贬北，画家无不在南宗一系上痛下功夫，影响所及，画坛上一片柔媚软甜。清人在董其昌画论的基础上，进一步求"静、净"，以致画坛"万马齐喑"。康有为在他的《万木草堂藏画目》中总结道："中国近世之画，衰败极矣，盖由画论之谬也。"这无疑是深有所感。

因而，改变近代绘画的衰落局面，首先要有新的理论开道。有识之士都意识到这一问题，他们奔走呼号，呼声愈来愈激烈。

当时，戊戌变法的领袖人物康有为虽自谦"国画疏浅"，仍力主国画亦要"变法"。陈独秀也大力提倡"美术革命"，他在《美术革命》一文中大谈要打倒画学正宗，"革王画的命"。高剑父、高奇峰兄弟是

徐悲鸿　放牛图

结合论者，倡言绘画要在技法和形式上中西结合。林风眠是调和论者，力主输入西方画法"以调和吾人内部情绪上的需求"。金城是国粹派，在大总统徐世昌的支持下，力主保存国粹，拒绝西法。此外还有中西恋爱论、中西结婚论、混交论等等。其中，徐悲鸿独持改良论，而且在中国画坛上产生了最实际、最广泛、最重大的影响，最后终于取代了各派理论，而执画坛牛耳。更确切的说，徐悲鸿早年倡言"改良论"，继之为"写实主义"，后期则又更明确地主张"素描为一切造型艺术之基础"，"仅直接师法造化而已"。

　　1918年，徐悲鸿自日本回国，任北大画法研究会导师，写了《中国画改良论》，当时康有为所谈国画必须变法改良之论点，犹在他耳边，据《悲鸿自述》云："南海先生雍容阔达，率真敏锐……乍见之，觉其不凡，谈锋既起，如倒倾三峡之水，而其奖掖后进，实具热肠。余乃执弟子礼居门下，得纵观其所藏，如书画碑版之属，殊有佳者，相与论画，尤具卓见，如其卑薄四王，推崇宋法，务精深华

妙，不尚士大夫浅率平易之作。信乎世界归来论调。"徐悲鸿对于
中国画学现状之感叹，不仅同于康有为，也同于陈独秀、吕澂等人。
但他是画家，因而提出国画改良之措施，更为具体周密，他为自己的
理论提出纲领："古法之佳者守之，垂绝者继之，不佳者改之，未足
者增之，西方画之可采入者融之。"他主张用"守之""继之""改
之""增之""融之"五法，使国画重现生机，以改变因一味守旧而
带来的颓坏状况。

（二十五） 反对绘画为文人末技的观念

谈到"学之独立"，徐悲鸿认为，"中国画尚为文人之末技"，故
未能独立。康有为等人也有这类看法。

在"改良之方法"一节中，徐悲鸿认为："画之目的，曰：惟妙惟
肖。妙属于美，肖属于艺。故作物必须凭实写，乃能惟妙惟肖。待心手
相应之时，或无须凭实写，而下笔未尝违背实景象，易以浑和生动逸雅
之神致，而构成造化。偶然一现之新景象，乃至维妙。然肖或不妙，有
妙而不肖者也。妙之不肖者，乃至肖者也。故妙之肖为尤难。故学画
者，宜摒弃抄袭古人之恶习（非谓尽弃其法），一一按现世已发明之
术。"

徐悲鸿的改良论中很多想法还和蔡元培的主张相同，蔡元培当时任
北京大学校长，北大画法研究会也是由他成立并主持的。徐悲鸿任该会
导师当然是他的任命。蔡氏论国画时说："今世为东西文化融合时代，
西洋之所长，吾国自当采用……彼西方美术家能采用我人之长，我人独
不能采用西人之长乎？故甚望学国画者，亦须采用西画布景（取景构
图，作者注）写实之学、描写石膏物象及田野风景……今吾辈学画，当
用研究科学之方法贯注之，除去名士派毫不经心之习，革除工匠拘成见
之讥，用科学方法以人美术，美虽由于天才，术则必资练习。"（在北
京大学画法研究会上的演说，《绘学》杂志第一期）

蔡元培还曾在《以美育代宗教》一文中说："书画是我们的国粹，都是模仿古人的。"（《新青年》杂志，1917年8月号）

蔡元培的看法，代表了当时很多人的看法，同时对年轻的徐悲鸿，也有一定程度的影响。

（二十六） 提倡写实主义，力求惟妙惟肖

除了"中国画改良论"外，徐悲鸿在其他公开场合和文章中也都发扬他"惟妙惟肖"的观点，多次强调"精确""精密"的观念，具有纲举目张的地位，是非常重要的。"科学之天才在精确，艺术之天才亦然。艺术中之韵趣，一若科学中之推论，宣真理之微妙，但不精确，则情感浮泛，彼此无从沟通。"（《画苑》杂志，1933年）

徐悲鸿是以写实主义而闻名的。他提倡的写实主义，更是"维妙维肖""精确"的理性说法，他在法国时投入写实主义大师的门下学习绘画，回国后即力倡写实主义。他说："总而言之，写实主义足以治疗空洞浮泛之病，今已渐渐稳定，此风格再延长二十年，则新艺术基础乃固。"（《新艺术运动回顾与前瞻》，1943年）

徐悲鸿一生倡导写实主义，并与一切非写实主义抗争到底，他的学生中如有人不走写实主义道路，他都严厉批评，有时甚至痛心疾首。正因徐悲鸿的倡导，写实主义成为一代绘画主流。

提倡写实主义，无疑要尊重自然。古人提倡以自然就我，而徐悲鸿则提倡我去就自然，当时画坛泛滥着形式主义，徐悲鸿提倡写实主义和我就自然，其用心可谓良苦，自然有力救时弊、矫正枉曲并更新时尚观念的价值。

（二十七） 反对摹古，主张师法造化

早在1929年于《惑之不解》一文中，他就说："美术之大道，在追

索自然。"1942年《美术漫话》一文中又说:"美术之起源,在摹拟自然。渐进,则不以仅得物象为满足。"1947年,他在《世界艺术之没落与中国艺术之复兴》中仍说:"我所谓中国艺术之复兴,乃完全回到自然,师法造化。"他并点出说:"采取世界共同法则,以人为主题,要以人的活动为艺术中心,舍弃中国文人画独尊山水的荒谬思想。"

提倡写实,尊重自然,必然反对拟古,反对以临摹代创作。1950年,他在《新国画建立之步骤》中说:"尊重先民之精神固善,但不需要乞灵于先民之骸也。"1950年《漫谈山水画》中又说:"现实主义,方在开始,我们倘集中力量,一下子可能成一岗峦。同样使用天才,它使人欣赏,又能鼓舞人,不更好过石谿、石涛的山水么?"

他更多次反对摹仿《芥子园画谱》:"因为有了《芥子园画谱》,画树不去观察真树,画山不师法真山,惟照画谱摹仿,这是什么龙爪点,那是什么披麻皴,甚至一石一木都不能画,低能至于如此,可深慨叹。"(同前)

徐悲鸿的观点遭到守旧派攻击,认为他破坏国画,企图要他改弦易辙,然而徐悲鸿变本加厉,索性更进一步地提出"素描为一切造型艺术之基础"之著名论点。他甚至放弃"改良"一词,提出"新国画"概念。1947年,他在《新国画建立之步骤》中说:"新中国画,至少物必具神情,山水须辨地域,而宗派门户则在其次也。"又说:"素描为一切造型艺术之基础。草草了事仍无功效,必须有十分严格之训练,积稿千百纸,方能达到心手相应之用。建立新中国画,既非改良,亦非中西合璧,仅直接师法造化而已。"

强调惟妙惟肖、力倡写实主义、反对因袭古人,素描为一切造型艺术之基础,直接师法造化,乃是徐悲鸿改良国画、建立新国画的重要理论。尤其是素描为基础,乃是徐悲鸿首先提出来的,这是继明代南北宗论之后,最实际的理论,也是中国画史上最新鲜、最重要的事件,因为它造成了国画形式的根本变革。以素描为基础,和传统上以临写古人笔法为基础,决定了国画的生命和形体,走上完全不同的道路。在当时,各家各派都在发表自己的理论，后来徐悲鸿的画论独居上风，不但得到了巨大的回应，而且在教育界实行了数十年，至今仍未能完全动摇，其原因有三。

其一，是明清以降，国画成为文人之末技，人们看腻了那些率意之作，自然而然地转而需求写实的创作。

其二，国画理论争辩不久，日本侵略中国，抗战救亡运动兴起，写实主义是绝佳的宣传利器，因而，外国的抽象等各流派遂一时消退，让位于写实主义。徐悲鸿自己也说："吾国抗战而使写实主义抬头。""战争兼能扫荡艺魔，诚为可喜。"

其三，徐悲鸿刻苦自励、勇于任事，使他在美术界和美术教育界都居于最重要、最崇高的地位，他的影响力也就因而十分巨大，尤其是全国各大美术院校及各美术科系，奉行的都是徐悲鸿的教育体系，这当然和他在美术教育界的权威有关。

徐悲鸿的改良论更培养出整整一代新的国画家，改变了国画原有格局和面貌，在人物画科，一代主流画风几乎都是徐悲鸿理论的实践。

（本文标题为编辑所加，段落结构也经编辑调整
载于《巨匠与中国名画·徐悲鸿》，1997年第1版）

附录：徐悲鸿简明年表（以周岁计）

1895年（光绪二十一年　乙未）生

公元1895年7月19日（农历乙未年五月二十七日）生于江苏省宜兴县屺亭桥镇，初名寿康。其祖父名砚耕，曾参加过太平天国革命。其父达章是当地画师。

1900年（光绪二十六年　庚子）5岁在其父指教下，开始读书。爱画，父止之。

1904年（光绪三十年　甲辰）9岁读完《诗》《书》《易》《礼》《论语》等书。其父始教其每日临摹一幅吴友如的人物画。

1905年（光绪三十一年乙巳）10岁

其父画《松阴课子图》，希望康儿（悲鸿）勤学问。悲鸿已能为人画肖像、写春联。

1908年（光绪三十四年　戊申）13岁

宜兴遭大水灾，悲鸿随父外出以画谋生。画艺大进。同时也激发他忧国忧民的情怀。

1912年（民国元年　壬子）17岁

冬，去上海寻找上学机会，到了上海，几个月后，钱已花光，不得不回家乡。

1913年（民国二年 癸丑）18岁

任宜兴县彭城中学图画教员，同事徐子明应聘赴上海任教，常寄法国卢浮宫油画印刷品给徐。

1914年（民国三年 甲寅）19岁

继任彭城中学图画教员。其父逝世，家贫，为安葬其父，为养活母亲和弟妹，又兼任宜兴女子中学附设女子初级师范班、和桥镇始齐女子小学图画教员。因无大学学历，常为富家子弟所讥嘲，于是激发他外出深造并且干一番大事业的决心。

1915年（民国四年 乙卯）20岁

在友人帮助下，6月赴上海谋职。反反复复，皆未成功。不仅自己家中钱花光，亲友所送之钱也花光，在上海，饥寒交迫，走投无路，又无颜回乡见家乡父老，遂欲投江自杀，被友人黄警顽所救。后在黄帮助下，在上海谋生，并结织岭南派画家高剑父、高奇峰兄弟。

1916年（民国五年 丙辰）21岁

结识油画家、美术教育家周湘。画《骏马图》寄往审美馆，高剑父见其画，大加赞誉曰："虽古之韩干，无以过也。"

2月份，考入由法国天主教主办的震旦大学法文系。黄震之、黄警顽赞助他学费和生活费，遂改名"黄扶"。

3月，为哈同花园绘制仓颉像，大为哈同花园主人姬觉弥所赏，被聘为哈同花园美术指导和花园所属仓圣明智大学美术教授。暑期，搬进哈同花园。结识康有为并拜康为师，习学书法，听康论画："鄙薄四王，推崇宋法，务求精深华妙，不取士大夫浅率平易之作。"受其影响甚大。

1917年（民国六年 丁巳）22岁

5月之前，仍在震旦大学学习法文。5月中旬，赴日本、居东京，学习日语、考察日本艺术。11月，因钱已花光，只好返回上海。12月，持康有为信去北京，见到罗瘿公等人。

1918年（民国七年 戊午）23岁

罗介绍见教育总长傅增湘，希望傅以公费留学派他去法国。傅答应待欧战停止后办理。

在北京等待赴法。3月初，经友人介绍见北京大学校长蔡元培，蔡为徐设立"画法研究会"，聘徐为导师。即在北京大学画法研究会指导学生学画，演讲《中国画改良之方法》。

12月，经蔡元培致函傅增湘，以教育部名义批准徐以官费生资格赴法国留学。二十二日，赴刘半农欢送宴，同席有鲁迅、周作人、钱秣陵、沈士远、沈尹默、钱玄同等。

1919年（民国八年 己未）24岁

1月1日，出席画法研究会举行的欢送大会，并致辞。陈师曾希望他能"沟通中外，成为世界著名画家"。1月14日，离京去沪。3月20日，离沪赴法国。5月8日，抵达伦敦，参观大英博物馆和国家画廊。5月10日抵达巴黎参观博物馆，补习西洋画基本技法。

1920年（民国九年 庚申）25岁

4月，考入法国国立高等美术学校。

秋，进入弗拉孟（校长、教授）画室学习。

冬，结识法国写实主义大师达仰，师事之。

1921年（民国十年 辛酉）26岁

7月前，在巴黎高等美术学校，课余随达仰学画。油画为弗拉孟所赏。7月，趁暑假出游德国柏林。秋，随柏林美术学院院长康普学画。研究马的骨骼结构。

1922年、1923年 27、28岁

在柏林，参观，学画。尔后回巴黎，继续学业。

1925年、1926年 30、31岁

1925年冬，为筹生活费用，经黄孟圭弟黄曼士介绍，到新加坡为几位华侨领袖画像。1926年2月，抵达上海，受到各界人士欢迎，很多报纸采写报道他的消息。又应邀到很多机构去讲演。5月，回巴黎。

1927年 32岁

五月，作品九件在法国国家美术展览会展出。九月，返回上海。

1928年　33岁

1月，应田汉邀，与田汉、欧阳予倩筹办南国艺术学院，任首届美术系主任。3月，应聘任南京中央大学艺术系教授。4月，得杭州国立艺术院聘书，因与该院主持人艺术主张不合，断然拒绝。7月，应福建省教育厅长黄孟圭之邀，赴福州作巨幅油画《蔡公时被难图》。10月，接北平大学校长李石曾发来聘书，聘徐为北平大学艺术学院院长。11月15日赴任。创作大幅油画《田横五百士》。

1929年　34岁

1月23日，辞去院长职务。2月，回南京继续任中央大学美术教授。后与徐志摩等就美术问题展开论战。

1933年　38岁

1月28日开始，携中国名家画赴欧举办巡回展览。

中国近代美术展览会5月在巴黎国立美术馆展出，引起强烈轰动。6月，在比利时举办个人画展。11月，在柏林举办个人画展。12月，在意大利米兰皇宫举办中国近代画展。

1934年　39岁

1月初，由米兰赴罗马筹办中国画展。

1月20日，到柏林筹办中国画展。

2月19日，在德国法兰克福国立美术馆出席中国近代画展开幕式。

4月下旬，到达莫斯科。5月7日，主持中国近代画展览会开幕典礼。6月19日，在列宁格勒冬宫博物馆举办中国画展。

8月回国，20日到南京，受到各界百余人欢迎。继续任中央大学教授。

1938年　43岁

中央大学迁往重庆，又到重庆继续任中央大学教授。11月，抵达香港，携本人作品及所藏作品六百余件，准备出国办画展。

1939年　44岁

3月，在新加坡举办个人画展。

12月，抵达印度国际大学，下榻于艺术学院。出席泰戈尔为他举办的欢迎会。在国际大学艺术学院举办个人画展，泰戈尔为之揭幕，并致欢迎词。

1940年、1941年　45、46岁

在印度及东南亚各国游览、写生、举办画展，并将画展所售画的全部钱款捐献给国家支持抗战。

1942年　47岁

6月下旬，回到重庆。受到中大师生盛大欢迎。到各地讲演。10月，利用中英庚子赔款，在重庆磐溪筹办研究性质的中国美术学院，任院长。

1946年　51岁

5月，由重庆回南京再抵沪，7月赴北京。8月初，就任国立北平艺术专科学校校长。

1949年　54岁

解放军在夺取辽沈战役胜利后，解放东北全境，继而进行"平津战役"，先攻占天津，包围北平。1月中旬，北平守将傅作义召开大专院校校长、著名教授、名流会议上，征求意见，徐悲鸿第一个发言说："北平是驰名中外的文化古都，这里有许多宏伟的古代建筑……为了保护我国优秀的古代文化免遭毁坏，也为了北平人民的生命财产免受损伤，我希望傅将军顾全大局，顺从民意，使北平免于炮火的摧毁，不战才可以保存这个名城。"傅作义接受徐悲鸿等人的建议。北平和平解放。徐悲鸿仍任艺专校长。

3月至4月，到捷克首都布拉格出席世界拥护和平大会。回经苏联参观。5月25日，回到北京。

7月23日，被推选为全国美术工作者协会主席。12月，艺专被合并为国立美术学院，徐仍任院长。

1950年　55岁

2月，国立美术学院改名为中央美术学院，仍任院长。6月，画马20幅义卖，捐助朝鲜战场上的中国人民志愿军。后抱病画《奔马》寄往朝鲜战场。

1953年 58岁

9月23日，全国第二届文艺工作者代表大会在京召开，徐悲鸿任执行主席。当晚，脑溢血病复发，9月26日晨逝世。9月29日，全体代表举行公祭，安葬于北京西郊八宝山革命公墓。

七、王少陵谈徐悲鸿和孙多慈

　　我在纽约访问过王少陵先生。他曾是名震一时的油画家，但80年代油画卖不出，只好过着贫困的生活。他住在纽约一个不太繁华的街道上，一见到我便问："你是从祖国来的？"我说："是。"他接着便说："我们祖国是上邦，我也是上邦之民，不幸流落夷狄之邦，一住就是四五十年啊……"讲得老泪纵横。"在古人眼中，夷狄同于禽兽。孔夫子之后——唉！"老人容易激动，讲得上句不接下句。他陪我进入会客室，室内全是中国传统式的家具和摆设，正中壁上悬挂着徐悲鸿手书的诗幅，内容是：

　　急雨狂风势不禁，放舟弃棹迁亭阴。
　　剥莲认识中心苦，独自沉沉味苦心。
　　小诗录似，少陵道兄。悲鸿

　　这首诗在很多本徐悲鸿回忆录中皆未有，在其他各种资料中也没见。我一见当即断定诗是徐悲鸿的真迹，但内容不像是给王少陵的，似乎是给他所心爱的一位女性。我便向王少陵询问，王先生说："你看得对，这首诗本是写给孙多慈的。"接着他便从这首诗谈起。他说："大陆有人否认徐悲鸿和孙多慈的恋爱关系，这是不合事实的，徐悲鸿和孙多慈二人都承认是恋爱关系，当时人无人不知二人是恋爱关系。二人分离多年还情书不断。当年我从大陆回到美国，临行前向悲鸿告别，悲鸿当时正在他的画室内写这首诗，听说我要走，马上要给我画张画作纪念，我说来不及了，这首诗送给我吧。他说这诗是写给孙多慈的，内容不合适。但我当时急于去赶飞机，又想得到他一幅手迹，就硬叫他落上款带走了。后来，孙多慈每次从台湾到美国，都来见我，每次见到这首诗，她都落泪，说："这是悲鸿师送给我的诗。"孙多慈后来嫁给许绍棣，十分后悔，孙、许二人从来没有感情，年龄悬殊二三十岁，经常吵架。许绍棣就是那位呈请国民党中央要求通缉"堕落文人"鲁迅的党棍。在其妻生病期间，他又看上了郁达夫的妻子王映霞，后来公开携王映霞去碧湖同宿。郁达夫痛苦地离开浙江，后来死在苏门答腊，也因此事引起。许绍棣原答应王映霞和郁达夫离婚后，和王结婚，但王映霞和郁达夫离婚后，许又看上了更年轻美貌的孙多慈。孙多慈爱徐悲鸿，但徐却没有决心和蒋碧微离婚。这时许绍棣的元配已死，孙多慈便和许结了婚。结婚前，孙以为许一定是位很有学问的人，婚后方知许十分无知，仅仅是个党棍。但孙是个传统女性，嫁鸡随鸡，嫁犬随犬，后来，便随许到了台湾，她看不起许，就更加思念徐悲鸿，经常借故从台来美。孙多慈来美大多住在吴健雄家，吴健雄是著名的女物理学家，也喜画。孙多慈每次来美，也必到我家，每次见到徐悲鸿这首诗，她都落泪，感叹很久。1953年9月，孙多慈又来纽约参加一个艺术研讨会，画友们见面，格外高兴，正在这时，却传来了徐悲鸿逝世的消息，孙多慈听了当时就昏厥过去，当她清醒时一直痛苦不止，面色惨白。她一生只爱徐悲鸿。她当时表示要为徐先生戴3年重孝，后来果然当着许绍棣的面为徐悲鸿戴了3年孝。由于长期悒郁，孙多慈不久也就染病，1962年病死在美国。

（载《文艺报》1993年5月29日）

八、吞吐宇宙的艺术——傅抱石研究

绪言

傅抱石是江西新余人，其祖先傅瀚和唐寅伯虎有点瓜葛：唐伯虎是"明四家"之一，曾考中南京乡试第一，世称唐解元，次年(1499)，他又赴京参加全国大试，本拟又得第一名，如果唐伯虎考中状元，他在仕途上的热闹之状，是不难想见的。可是，这时朝中有一位官员傅瀚，出来打破了唐伯虎的美梦。据《明史》《明实录》《明史稿》等记载：傅瀚，字曰川，江西新余人，天顺八年(1464)进士，选庶吉士，除检讨，直讲东宫，擢太常少卿兼侍读，任礼部侍郎。他和一位官位略高于他的同事程敏政有矛盾，程敏政学识渊博为当时第一，当年任主考官。傅瀚为了打倒程敏政，便指使给事中华昶（世称华太师）弹劾程敏政，罪名是程敏政预先把试题透露给唐寅的同伴徐经，徐经（大旅行家徐霞客的先祖）又告诉了唐寅。傅瀚是皇帝的老师，此事引起"天子震赫"，于是把程敏政、唐伯虎、徐经等全部逮捕下狱。从此，唐伯虎便断了仕途之念，但却成就了他成为一位大画家。程敏政被弹劾，唐伯虎下狱，当时朝中人皆知是傅瀚所为。唐伯虎虽恨傅瀚，但他后来被罚为吏，最终只是靠卖画为生，怎敢和朝中要员傅瀚对抗。

傅瀚除了这一件事对不起唐伯虎外，其它方面——政绩、学问等皆颇为时人称道。他嗜学强记，善诗文，官至礼部尚书，还通考古、能鉴定，并提倡节俭（傅抱石颇类之），死后赠太子太保，谥文穆，颇得皇帝的赞扬，名列《明史》列传中。

1921年，贫穷中的傅抱石为了借钱读书，曾回到祖籍新余，第一次见到家乡"十伦堂"的傅氏宗祠，古老而雄伟的石牌坊，砖雕华饰的门墙，气派不同寻常。他当时已十八岁，世代贫穷，而无充腹之食，看到傅家这些宗祠，暗暗吃惊，知道自己的先祖曾有过十分兴盛的时期，这些石牌坊决非普通的官员所能有，非朝廷大官不可。但傅抱石并不知道傅家的先祖就是当年东阁学士、太常少卿兼侍读、礼部尚书傅瀚。

然而，天道之数，至则反，盛则衰，高岸为谷、深谷为陵，历史、人世、物理皆如此。曾经盛极一时的傅家，后来便渐渐衰落下去了。到了傅抱石的前几代，已经贫无立锥之地了。傅家再一次振起，等待着傅抱石的诞生。

（一）生平和艺术道路

1、出生南昌　家世苦难

清光绪三十年甲辰八月二十六日，即公元1904年10月5日，傅抱石出生于江西省南昌市。但这里并不是他的乡籍，而是他的父母沦落之地。

傅抱石的父亲傅得贵是江西省新余县人，就是那个"十伦堂"傅氏宗祠的传人，但其祖辈已世代务农了，抱石的祖父傅开五当了一辈子长工，中年才娶到一位黎姓人家的贫苦女儿为妻。生得贵时已近五十岁，不久，开五便患了肺病去世。妻子改嫁，得贵随之。因为贫困，得贵十来岁便给地主放牛，地主家恶少经常欺侮他，并用五齿钉耙在他背上扎了五个洞，差一点死去。得贵体弱又坚持繁重的劳动，不久也染上了肺病，继父无力养活他，无可奈何之计，母亲借四吊钱的高利贷，让他去南昌治病加谋生。

得贵到了南昌，先在新余会馆当伙夫，后因体太弱被开除，从此，他流落街头，苦不堪言。偶然一个机会，他在街头碰到一位修伞的老头，这老头白发苍苍，体衰又挑着补伞的挑子，摇摇晃晃，犹如风中之烛。得贵便迎上去帮助老人挑了一会。老人知道得贵无法生活，便收他做个徒弟，得贵待师如父，二人相依为命，老人尽以修伞各种技巧传授给得贵，得贵从此得到一门糊口之技。老人临死前，把所有遗产——一个赖以栖身的破木棚、一副修伞挑子及一些零星工具，全部传给得贵。得贵安葬了老人后，便成为这修伞小棚的主人。

三十一岁那年，傅得贵遇到一个十五岁的农村女孩，这女孩姓徐，从小给人家当童养媳，因性格倔强，不甘虐待，只身逃跑，两个苦命的人便结了婚。得贵中年得到一个比自己小十六岁的妻子，自然十分高兴。妻子也全心照顾协助他，生活一天比一天好。婚后每年生一个孩子，生了七个孩子，除了一个长女招弟外，中间的都相继死去。最后一个男孩不但生存下来，而且后来成为闻名世界的艺术家，这就是傅抱石，因怕再夭折，所以取名"长生"。长生从出生直至满月，双眼紧闭，父母以为他是一个瞎子。到了满月第二天清晨，长生的双眼忽然睁开了。

五六岁时，长生穿着短裤在街上走，腿上露出一颗朱砂痣，被一位相士看到，大为惊奇。相士告诉得贵：朱砂痣是大贵之相，这孩子将来必成大名，他是圣僧投胎。得贵十分高兴。长生的母亲想这孩子命运好，将来也许能当个警察。

2、邻人相助　读书学艺

傅妈妈人缘好，管理这条街的一个警察姓陶，岗位就在傅家修伞铺附近，常到傅家串门，傅妈妈便讲出让孩子当警察的心愿。陶警察看出

　　长生十分聪明，小小年纪便能描摹出瓷器上的各种绘画，十分逼真，便建议叫孩子识字。可傅家哪有钱供孩子读书呢？陶警察也知道傅家贫困，便说："当警察也要识字，总不能连地名、门牌号都不认识啊。"于是，从此陶警察便每天义务教长生两个字，谁知长生聪明，记忆力特好，由每天两个字到每天八个字，一个月后，陶警察便无字可教了。

　　陶警察又凭借手中权力，送长生到一家私塾去读书。这家私塾主人姓俞，原是前清秀才，又是酱园老板，教书开店皆为赚钱。见长生不交学费来当旁听生，十分不高兴，但碍着警察的面子，只好勉强收下。这年是1911年，长生七岁，开始在私塾里读《四书》《五经》。私塾先生对长生不交学费耿耿于怀，一次遇到他调皮，便用戒尺对准他的脑袋狠狠一击，直打得他鲜血直流，同学们都吓坏了，有经验的学生赶紧找来香灰掩住伤口，可是疤痕却永远留在他的头上。

　　长生不是懦弱之徒，挨到夜晚，他带着石块，摸到了俞家酱园，用石块对准缸底，把酱缸全部砸毁。当老财迷看到他的酱淌了一地时，心痛得号啕大哭。老财迷估计是长生干的，但又拿不出证据，便大骂长生，不准再进学堂。

　　长生又流落街头，何以谋生呢？他见到街头小贩卖甘蔗，本钱不多，却马上得利，便在几个小朋友帮助下，每人凑点钱，每天贩一捆甘蔗。长生聪明，卖甘蔗时剥得又光又净，生意特好，赚了不少钱。傅妈妈原以为孩子还在上学，后来发现他在卖甘蔗，心痛得哭了。母子俩都是倔强之人，不愿求那位老板先生。但贩甘蔗卖并非长久之计，还不如回家帮助修伞。

　　长生记事不久，其父就因肺病去世了，这时，修伞糊口只靠傅妈妈一人，长生在家为之帮助。就在伞铺东邻，有一家刻字摊子，一郑姓老板坐在这里为人刻图章，引起长生的兴趣。郑老板喜爱长生聪明，便教给他很多刻图章的知识，并翻开刻章所用的《康熙字典》中的篆书给他看，抱石后来靠亲人帮助，也搞到一本《康熙字典》，他开始学刻图章。

伞铺西邻有一家裱画店，店里天天挂着当代画家的原作，也挂有古代名作的仿制品。店里还雇佣五六位画工和一位书法先生，专门复制古人的画作。画工中有一位左师傅，专门复制石涛的作品，对石涛也颇有研究。长生常来店中看画，一看就是半天。左师傅见长生看得认真，就带他看一些古代真迹，而且给他作了很多讲解，从此，长生又迷上了画。画店中人于不够，长生也常跟着帮忙，老板高兴，常给他一些纸笔墨，让他临摹一些名画。长生画好了，便拿给左师傅看，左师傅一一给予指点，由是技艺大进。

长生从左师傅处知道清代大画家石涛，从郑老板处知道清代大篆刻家赵之谦，并搞了一套残破的《二金蝶堂印谱》，模仿其中印样，仿刻几能乱真。从此，他既画画，又刻印，乐此不疲。左邻右舍见之，颇为惊奇。有人建议他到景德镇瓷店去当学徒，将来可以画瓷碗。

但瓷店不易进，邻居们为了帮助长生，一齐凑了四块大洋，备上礼物，又托人找一家瓷店，请求他们收下这孩子，声明三年内分文不取，三年后，只发给一点剃头洗澡费就行了。这样，瓷店才收下长生。从此，长生便在瓷店中当学徒。长生满以为这里熬上三年五载，以后便会有个饭碗。但事与愿违，他每天干的是扫地、擦桌、收拾店铺等杂活，还要替老板买菜、烧火、倒尿壶、抱孩子，给顾客倒茶递烟，更要在早晨卸门板，晚上上门板。门板十分笨重，长生当年才十一岁，身体又瘦弱，如何吃得消？勉强干了一年，不但没学到画，还累得常吐血，最后又感染上祖传三代的痨伤肺病，老板见状，便无情地辞退了他。也许是大艺术家的位置在等待着他，这里不可久留。

艺没学成，钱也没赚到，又染上了肺病，回到家中，母子抱头大哭，但坚强能干的傅妈妈下定决心，多赚钱，为孩子治病。于是她在补伞之余又兼为人洗衣服，不但生活熬过来了，而且一年后，长生的病也渐渐好转。

同样的物体，得到外力支持和提携就可以上升，得不到外力者，就只有在原地不动。同样的人才，得到别人支持和帮助者就有可能成功，得不到者，就可能被埋没。成功的人才总有各种机遇和外界因素。抱石在成功的道路上每一次遇到困难，都有人出来帮他解决，每一次走投无路时，都有人出来为他指引迷津，使他顺利地到达目的地。长生已13岁了（1917年），他如果不能继续上学，问题便严重了。这时，傅家所居街道的一位邻居——江西省第一师范附属小学主任教师张先生，既爱才，又富同情心，便要长生到他的小学去读书，不收费，傅妈妈当然十分高兴。张先生给长生取了一个学名叫傅瑞麟，插在四年级班中听课，并为他补数学课。瑞麟发愤读书，初小四年级后，他又考入高小。高小读了三年，毕业时，名列全校第一。而且，他在完成学校的课程之外，还坚持刻印，画画儿。这年他已17岁了。

　　江西省第一师范学校是省最高学府，附小第一名可不参加考试直接升入师范。而且，师范是免费的，还供给膳食，住宿也不收费。但为防止学生半途而退，凡学生一入校必须交十元学费，五元服装费，共15元大洋。傅家靠补破伞为生，哪来15元大洋啊。

　　眼看又要辍学，帮助他的人又来了。张先生看不见自己得意的学生来报到，便估计到傅家拿不出这笔钱，15块钱，断送一个聪明孩子的前途，实不忍心。于是，张先生便拿出自己一月的薪水十八元，全部送给傅家，一家人对张先生感激不尽。十七岁进入师范，年龄大了些，但贫困问题更大。母亲又染上了肺病，瑞麟要养活妈妈，他虽然在学校做零活赚点钱，但仍不能养活妈妈并为之治病。他忧愁不已，且走投无路。即使不上学，又如何赚钱呢？

　　这时，又有一人为他指引"迷途"。这人乃是给学校看大门的工友老张。老张曾经给城里几家富绅人家当过差，知道这些绅士家都收藏古物，尤好收藏古印章。他又知道这位傅瑞麟善刻印，尤其是仿赵之谦的能逼真，便悄悄找到瑞麟，叫他造几块假古印，由他拿去设法卖给这些富人。瑞麟走投无路，为了养家糊口，只好孤注一掷。他很快地摹制了一批赵之谦印，老张拿去，向这些富人们绘声绘色地讲述如何购得赵之谦印的经过，果然被这些阔人们认定是真物，给了很高的价钱。老张将卖假赵之谦印所得的四分之一交给瑞麟，这对于一个穷学生来说，已经是一笔十分可观的收入了。所以，他十分开心，伪造一批后，因为卖得顺手，他又伪造一批。老张又拿去卖了，价值还不停地上涨。他把卖假印所得的钱交一部分给母亲治病养家，剩下的钱用于学习，买了很多纸笔墨色。他特爱石涛的画，更爱石涛的画论，于是便自号"抱石斋主人"，后来干脆改名"傅抱石"。

时间长了，收藏印章的人发现，哪来的这么多赵之谦的印呢？加之，抱石又好讲，他常控制不住地向朋友透露自己造假印而卖得好价钱的喜悦，终于事情败露了。收藏假印的人当中，有些是议员和地方官僚，便告到学校。大难降临了，但保护者又出现了，就是那位爱才的校长，他再三圆说，终于把事端平息下去了。加之，主要责任者是老张，但老张闻风即逃走了，他把卖假印收入的四分之三的钱携走，这已足够他花销的了。校长给抱石说："既然造赵之谦的印能乱真，以后就用自己的名义去刻印，不是很好吗？"但抱石表示，因无名气，恐怕无人理睬。校长就以自己的名义向社会推荐，并帮抱石在报上登一个启事。当时的校长有很高的社会地位，何况这位校长又是留日回国的。他叫抱石先取一个雅号，抱石就公开打出了"抱石斋主人"的号。治印每字五角。消息公开之后，人们知道这位抱石斋主人就是造假赵之谦印能乱真的学生，又加上议员官僚们抗议等事件，反使抱石出了名，于是抱石一开始收件，求印的人就很多。从此，他摆脱了贫困，这年他十八岁，是他生活上的一个转折点。

"知之者不如好之者，好之者不如乐之者"。刻印，不但是抱石用于谋生的手段，更是他的一种乐趣，他自称"印痴"，并刻"印痴"印自娱。

3、苦尽甘来　成家立业
世界上没有一个大才华的人把自己的一生仅献给一项小小的专业，抱石更大的志向是开拓绘画领域。他刻印之余，更学习绘画技巧，尤注重绘画的历史和理论。他从图书馆中借回很多理论书籍，阅读、抄录，《历代名画记》和《苦瓜和尚画语录》两书，他用毛笔小楷工整地全部抄下（此二书50年代犹存），抄多了，摘录多了，他对中国画的源流和发展有了清晰的认识。当时社会上还没有一本系统的绘画史著作，于是抱石花了七个月的时间，撰写了一本几十万字的《国画源流述概》。这是他平生第一本绘画史著作，当时他仅21岁。这本书虽未能出版，但从此，他对美术史产生了浓厚的兴趣，他又挑选了画史上大画家石涛、梅清、程邃以及"元四家"等人的画一一临摹。同时，师范学校所规定的各门课程，抱石都名列前茅。1926年秋季，抱石20岁，顺利地从师范学校艺术科毕业了。因成绩优秀，就留在师范附属小学当教员，月薪60元，相当于傅家向往的警察工资的四倍。这一年，他完成了《摹印学》一书。抱石在小学教了一年书，生活颇安逸。但上帝要造出一个杰出的人物，就不会叫他在安逸中消沉下去。第二年春节，校长登门送来了退聘书，原来校长要安插自己的亲信，必须辞退一人，抱石是唯一没有后台的人。失去了工作，不禁忧从中来。实际上，更好的机会在等待着他，同时，月下老人也投来了赤绳。江西省立第一师范改为第一中学，需要美术教员，曾经保护抱石的校长在教务长廖季登的推荐下，请回了抱石。抱石到母校教书，教授艺术科国画、篆刻及理论，薪水比在小学更高，月薪140元，比警察月薪高9倍。

高中艺术科有一个女学生罗时慧，可谓名门闺秀。其父罗洪宾，字丘阜，原系奉天检察长，因不满孙中山先生的革命，辞官回故里南昌，他购建房产，广置妻妾，安享天年。时慧是他第三房姨太太所生，她身材虽不高，却很苗条，肤色白润，眼大而有神，爽朗而天真。听了抱石的课后，十分钦佩他的才华，又同情他的遭遇，于是便把抱石带到家中，成为罗家的房客。接触多了，由钦佩到爱慕，二人准备结婚，只是因门户不对，且罗丘阜早已把时慧许给一位富商的孩子，于是坚决反对她和抱石结合。但时慧义无反顾，不听家庭意见，终于在1930年初春，和抱石正式结婚。从此，抱石在事业上又有了得力的助手。时慧的生母一直是赞同她和抱石结合的；其父和嫡母也都知道抱石颇有才华，所以，也不再反对他们，抱石又住岳父家中。但早在抱石和罗时慧结婚之前，因抱石没有大学学历，遭到一批大学专科毕业的教师攻击，认为他不够资格充当高中教师。这批人一直告到教育厅，抱石被迫离职。失业的不幸又降临了，生活没有保障，他东西奔波，当过临时工，画过广告牌，……但更大的幸运又在等待着他，帮他大忙的人即将到来。

4、徐悲鸿相助赴日本留学

1931年，徐悲鸿应江西省政府邀请至赣，下榻在江西裕民银行大旅社。行长是廖国仁，廖国仁之弟廖季登是第一中学的教务主任，因为欣赏抱石的才华，又同情他的遭遇，于是慌忙赶来告诉他：著名画家徐悲鸿教授到了南昌，应该设法一见，也许会得到他的帮助。抱石颇高兴，即带上自己的作品，去见徐。徐悲鸿一见，大加赞赏，交谈甚久，晚上，抱石特为徐悲鸿治一铜印，徐悲鸿十分高兴，次日，又到抱石家回访，给抱石画了一幅白鹅，上面几笔芦草，右下方题曰："辛未（1931）初夏，薄游南昌，承抱石先生夜治铜印见贻，至深感荷。兹以拙制奉赠，即希晒纳留念，自愧不相抵也。悲鸿。"悲鸿对优秀人才的帮助和提携一向是不遗余力的。为了抱石，他特去访问了省主席熊式辉。熊式辉听说悲鸿去访他，也十分高兴，一见面便说："徐先生，你这次来本省，本主席感到十分荣幸。"但徐悲鸿开门见山地说："我来拜访你，是因为我发现了你们江西省的一个人才。"接着他向熊式辉介绍了傅抱石的才华和现在失业的窘境，希望熊式辉能送抱石去法国留学。可是熊式辉却说留学名额太少，此事不易办到。但碍着徐悲鸿的面子，不好完全回绝。悲鸿为他画了一幅奔马，最后熊式辉决定以江西景德镇改良陶瓷为任务，送抱石去日本留学。1933年秋，抱石赴日前回到家乡新余，家乡父老听说本乡一位穷人的孩子要去日本留学，个个惊奇不已，人人奔走相告。为了表示祝贺，同时也为抱石饯行，大家集资，摆了六十多桌酒席，新余十村姓傅的族长、士绅都参加了宴会，章塘村的父老兄弟将本村共有的一山全部松树变卖光，又筹了款，共得百余银元，赠送给抱石，以助留学费用。抱石对此感激不已。

抱石离开家乡后，于1933年秋乘船到日本，进入东京日本帝国美术学校研究部，主攻东方美术史，老师是日本著名学者金原省吾。抱石初到日本尚不通日语，和金原等人以笔交谈。同时，抱石也兼学雕塑，并继续学习研究篆刻和绘画。这期间，他不懈地刻印、作画，加上从国内带去的一批绘画作品，于1934年5月，在日本东京举办了书画篆刻个展，作品一百七十余件，其中有《渊明沽酒图》《瞿塘图》等。画展影响颇大。金原省吾赞之曰："君于艺术才能，绘画、雕刻、篆刻俱秀，尤以篆刻为君之特技。君之至艺将使君之学识愈深，而君之笃学，又将使君之艺术愈高也。"（见傅抱石译金原省吾《唐宋之绘画》1934年商务印书馆，金原序）在当时，日本的画家们正提出一个响亮的口号：发扬旧传统，开拓新画风。产生了横山大观、竹内栖凤、小杉放庵等具有特色的画家，抱石也注意研究他们的作品，并吸收为己用。在日本，抱石又认识了当时正流亡日本的著名人物郭沫若，从此二人成为挚友，这对提高抱石的知名度，以及晚年对抱石的保护起到重大作用。

抱石在日本学习期间，还翻译了日人梅和轩著的《王摩诘》以及金原省吾的《唐宋之绘画》等书。他编著的《苦瓜和尚年表》，也于1935年3月在日本发表。抱石仅在日本学习两年，1935年7月，因其母病笃，不得不匆忙赶回，本来准备于安葬亡母后再返回日本完成学业，但时局变化，愿望落空。他还有很多画和金石等物仍留在日本，至今仍保存在武藏野美术大学（前身即帝国美术学校，大部分由金原省吾捐送）。

5、执教中央大学　避兵宣城新余

抱石从日本回到祖国，他虽然并没有正式毕业，也没拿到毕业文凭，徐悲鸿仍然立即聘请他到南京大学美术教育科任美术史讲师。当时他三十一岁，正是年富力强。他的著作不断地问世，回国后第二月，所著《中国绘画理论》就出版了；再二月，《论顾恺之至荆浩之山水画史问题》发表。1936年仅一年中，就编译出版《基本图案学》《日本法隆寺》《石涛年谱稿》《论秦汉诸美术与西方之关系》、译作《郎世宁传考略》、编著《基本工艺图案法》《印章源流》。7月份，他还在南昌举办一次个人画展，作品一百多件。次年，他又出版了《石涛丛考》《中国美术年表》《石涛再考》《民国以来国画史的观察》及译文《中国文人画概论》，并完成了《大涤子题画诗跋校补》《石涛画论之研究》、《石涛生卒考》《六朝时代之绘画》等等。

时局变化，使抱石不但不能返回日本完成自己的学业，也不能坐下来研究学问。1937年8月，日寇进攻上海，南京危在旦夕，就在南京大屠杀之前，傅抱石先把夫人、岳母及二子托人送回南昌。他独自一人离开南京，去安徽宣城。这里是唐代诗人李白的常游之地，又是抱石所喜爱的明末画家宣城派之首梅清避清兵的隐居之地，是石涛向梅清请教绘画，并共同游山的地方。抱石在这里一则避兵，二则遍游宣城地区的名山胜水，积存了不少画稿。不久，他回到南昌。次年正月二十六日，又携带全家回到新余故里章塘村。于是村庄又沸腾起来，家家杀鸡设酒，欢聚一堂，一时忘却了纷飞的炮火。抱石忙着为乡亲们刻印作画，直到1939年夏，战争的炮火烧到江西，抱石才携家在乡亲们护送下离开故乡，千里迢迢赶往重庆，投身抗战。

6、投奔三厅宣传抗战　回到中大教书作画

抗战时期，有一个由陈诚主持的政治部，下设三厅，第三厅负责宣传工作，由郭沫若主持，开始在武汉，后又辗转迁到重庆。

抱石在赴重庆途中，即看到了郭沫若招聘的广告。他是单身一人先赴重庆的，家属随后才到。抱石到了重庆，在三厅任秘书，至今我们还能查到很多由抱石起草的抗日宣传材料。当时他寓居在重庆西郊金刚坡下，自署其居为"金刚坡下山斋"。同时，他仍坚持中国美术史的研

傅抱石　井冈山

究。刚到重庆的5月份，他就出版了《中国明末民族艺人传》，郭沫若为之作序。6月，又完成了《中国美术史·古代篇》《关于印人黄牧父》。1940年4月抱石发表了他的名著《晋顾恺之画云台山记之研究》，并作《云台山图卷》，郭沫若为之题四绝。8月份，政治部三厅改组，郭沫若离职，抱石也离去。这时，中央大学也迁到重庆沙坪坝，他回到中央大学任教。从此他又潜心于艺术史的研究，完成了《中国篆刻史述略》《木刻的技法》《读周栎园<印人传>》《石涛上人年谱》等。据秦宣夫教授说：抱石到中大后主要研究和教授中国美术史，虽曾在南昌举办过画展，但在中大却不肯轻易将作品示人，以致有很多人认为他根本不会画。抱石当然不能容忍这种局面，初到重庆，他就在"金刚坡下山斋"中认真钻研绘画，技法大进。他当时的处境颇窘迫，所谓"金刚坡下山斋"，实是租借地主的几间门房。据他自己在《壬午重庆画展自序》中记实：门房用稀疏竹篱隔作两间，每间不过方丈大，高三四尺，全靠几块亮瓦透点微弱的光线进来。写一封信，已够不便，哪里还能作画？不得已，只有当吃完早饭之后，把仅有的一张方木桌，抬靠大门放着，利用门外来的光线作画。画后，又把方木桌抬回原处吃饭，或作别的用。这样，必须天天收拾两次，拾废纸、洗笔砚，扫地抹桌子，所以，半年多，妻子和三个孩子，都被弄得无可奈何。当抱石作画时，又非请他们到屋外竹林里消磨五六个小时或八九个小时不可。而且每周还要到中大上课，来回六十里路，全靠步行。但他终于创作了近百幅作品，又加上一些旧作，于是1942年9月，他的"壬午个展"在重庆开展，展出作品一百件，其中有徐悲鸿题识为"元气淋漓、真宰上诉"的《大涤草堂图》，及郭沫若题诗的《屈原》《陶渊明像》等名作。1943年又在重庆和成都举行第二次个展。从此，他的画名才大振。

抗战期间，国立艺术专科学校也迁到重庆，坐落在嘉陵山东岸，校长是陈之佛。抱石办画展，陈之佛曾在经济上给他很大支持。陈之佛本来不愿当校长，当时，教育部三番五次地督促他上任，都遭他拒绝，抱石知道后，反复敦劝陈之佛上任，因为国立艺专是艺术专门学校的最高学府，能任此职，说明社会地位很高。抱石并答应担任陈之佛的秘书，为他解除困难。陈之佛上任后便聘抱石为校长秘书，又聘他为美术史教授，在此之前，抱石只是讲师。但抱石忙于创作，至于教书，主要还在中央大学。他几乎每天都翻山越岭，渡江跨河，日行数十里。在重庆近八年，看尽了蜀地山山水水。这对他的山水画无疑是有力之助。他的研究重点，也由美术史转移到中国画创作。这期间，他不但又举行了第三次"傅抱石画展"，还在昆明举行了"郭沫若书法、傅抱石国画联展"，名声远播。

抗战胜利后，1946年10月，中大迁回南京，抱石也随之回到南京。同年，又与徐悲鸿、陈之佛、吕斯百、秦宣夫在南京举行联展。1947年，他又在上海举办画展，展出作品一百八十余幅，山水人物各半。1948年，南京形势紧张，国共几大战役胜负已决，南京朝不保夕，很多人纷纷逃离，很多学校的教员也都弃职而去，一些学校的课都停了。抱石委托学生把夫人孩子先送到南昌，他自己又收拾一些物件，委托人看管好傅厚岗的房产，于是经苏州、上海到了杭州，他游览了各地风光，又办了一些事，然后从杭州回到南昌，寄居在其友徐谷生办的江南中学。当时通货膨胀，物价飞涨，入不敷出。这一年冬，他又在南昌举办画展。1949年8月中大艺术系改为南大艺术系，1952年又改为南京师范学院美术系，抱石仍回到这里继续任教。

7、继续执教南师　坚持传统中国画

据说徐悲鸿赴北平仟北平艺术专科学校校长时，曾告诫当时美术系负责人说："傅抱石只宜教美术史，他的画虽好，但不宜教学。"傅抱石确实是一直教授美术史，但也常举办一些中国画讲座，不但在美术系办，也在院里办，也在南京市办。1951年时他就被推选为南京市文联常委，1956年又被增补为全国政协委员，中国美术家协会南京分会筹委会成立时，他又任主任。他的讲演生动洪亮，深入浅出，深受学生、教师和艺术家们欢迎，每次讲演都座无虚席。而且，他还首次在大陆教学中使用幻灯片教学，当时是1954年，他到照相馆请来照相老板，由他亲自选定图片，翻拍成照相底片，再由底片制成幻灯片。以后，此法在全国逐渐推广。

可是，这时，从北京刮起了一阵否认中国画之风。北京的最高美术学府是中央美术学院，院长是徐悲鸿。徐氏生病期间，实际权力控制在副院长江丰手中，徐逝世后，江丰即代理院长。江丰又负责全国美术工作。他一直看不起中国画，要坚决废除中国画。于是，各大学美术系都改中国画为彩墨画。所谓的"彩墨画"，被他们认为是优秀之作的，也只是用毛笔画的西画。中国画传统的精华不存在了。抱石对此十分恼火。早在20年代至30年代初期，有人提倡中日绘画结婚，或中国画和欧洲画恋爱，将会生出一个"宁馨儿"，对此，抱石是最反对的。他说："还有大倡中西绘画结婚的论者，真是笑话。结婚不结婚，现在无从测断。至于订婚，恐在三百年以后，我们不妨说得近一点。"中国绘画"真可以伸起大拇指头，向世界画坛摇而摆将过去，如入无人之境一般"（转引自《中国画论争三十年资料摘编》，《中国美术报》1986年2月3日）。抱石砥柱中流，力排众议，坚决主张中国画的名字不能改，传统更不能丢。当时很多老画家也都反对"彩墨画"这一新名词，当然更反对废除中国画这一荒唐之举，但又害怕因违抗上意而获罪，皆敢怒而不敢言。抱石一带头，言辞又激烈，大家跟着附和，连一些平时和抱石不太友好的教师也赞同他的意见。于是，南师美术系是当时全国唯一保持中国画名称且又坚持传统教学的美术系。到1957年，江丰因所谓坚持民族虚无主义以及其它一些原因，被撤消党内外各种职务，各大学美术系以及美术学院又都把彩墨画系改为中国画系，中国画的名称又恢复了，南师美术系为此而感到自豪。现在很多老先生回忆起来，都说："那是抱石先生的功绩，当时没有他出来讲话，谁都不敢坚持的。"

8、身负重任　筹建画院

50年代，一个运动接着一个运动，每一次运动，抱石都是重点被打击的对象，但最终皆因郭沫若的保护，都闯了过来。1957年，国务院总理周恩来建议，要在南京建一所国画院，抱石被提名为筹委会主要负责人。同年5月至8月，他又奉命率中国美术家代表团访问了罗马尼亚、捷克斯洛伐克。在这两个国家，他画了不少异国风光，后来出版了两种画集。这一年，他还出版了《写山要法》（编译）和《山水人物技法》等著作。

1958年，中国美术家协会南京分会筹委会改为江苏分会筹委会，抱石仍任主任委员。这一年，他的著作《中国的绘画》出版，年底《傅抱石画集》出版，郭沫若为之作序题签。这期间，他除了继续在南师美术系教书外，更多的时间是奔波全国各地写生作画，以及筹备画院的成立。

1960年，江苏省国画院正式成立，抱石任院长。但抱石的传统思想甚重，他对画院颇有些看不起。因为中国历史上的画院都是为皇家服务的工具，画院画家缺乏独立的人格，他们秉承皇帝的旨意作画，属于工匠性质，名声都不太好。明代一些宫廷画家，皇帝所给的封号，他们都不要。一些老教授回忆说：当时美术系教师没有人愿意去画院。傅先生如果不是去当院长，他也决不会去。但是，傅先生当时在美术系只是一个教授，很多事受制于人。他要忙于教课，运动来了，又受到斗争，无休止地检讨认罪，不断受到难以忍受的侮辱。到画院去，他是一院之首，可以全力以赴地画画。所以，从长远眼光看，他还是去了。但他仍有一个条件，继续担任南师美术系的教授，兼任画院院长。画院建立后一个月，江苏美协成立，抱石担任主席。同年8月，他又被推选为中国美术家协会副主席、全国文联委员。当时加入中国美协的资格审查甚严，由于抱石的关系，南师美术系的老师全部顺利地加入了中国美协。

进入画院，是抱石一生又一转机。当时的院址是原来孙中山先生任临时大总统办公的地方，颇幽雅。现在成为著名画家的钱松喦、亚明、宋文治等人，都是由抱石当年发现而提携的。钱、宋等人当时是一般的中学教师。亚明也只是一个地方报的编辑，后来成为副院长的著名工笔花鸟画家喻继高，只是南师毕业不久的学生，也是抱石要来的。抱石走马上任，点将布兵之后，便率领画院画家们进行了二万三千里的旅游，足迹遍布祖国的名山大川。回宁后，举办了"山河新貌"画展，并出版《山河新貌》画集。这一次长途旅行，对抱石和江苏省的中国画发展都是一个重要的里程碑。

由于抱石长期在外写生，1961年6月至9月，他又到东北地区写生作画，在北京、南京举办画展，南师美术系的美术史课就不能及时讲授。据黄纯尧教授告诉我，当时担任美术系副主任的秦宣夫教授找到他，并说："傅先生说是继续教课，但他长期在外，靠不住啊！"于是聘请了黄纯尧先生教授美术史。抱石虽然还挂有教授职衔，实际上，他已把全部精力用于画院中，用在他的中国画创作上。

9、得意的晚年　早逝的英才

抱石的晚年（相对于齐白石、黄宾虹来说，抱石晚年的年龄只是他们的中年，甚至只是青年）生活可用一句话概括：全力创作，奔波全国各地作画。"文革"前，是知识分子较得意的几年，抱石尤为得意。他到各地作报告，到全国各地去游览，上级还安排让他去休养，画家休养仍然是画画。他在浙江休养期间，就画了《新安江印象》《三潭印月》《虎跑》《九溪》《龙井初春》等等，出版了《浙江写生画集》。除了出版画集，还发表美术史论文。很多外国朋友都羡慕地说："国家拿钱让画家常年在外游览、写生，这可只有社会主义才能办得到啊。"

60年代初，也是抱石名气又一次提高的时期，他被郭沫若等人誉为"南北二石"（北有白石、南有抱石），而当时"北石"已去世，只有"南石"健在。当时的李可染、钱松喦等画家名气皆不太显，抱石已成为当时公认的画坛之首。国内外艺术界人士慕其名而来访者愈来愈多，他原来居住的傅厚岗6号住房也就益加紧张，政府又特别照顾，把汉口路一所别墅让给他住。1963年，抱石全家搬到这所别墅。别墅在南京师范学院北面，原来是国民党政府中一位要员的住房，据说在清代是著名文学家袁枚的"小仓山房"旧址。这地方不但安静而且幽雅。从南京师院北门略向东，过了马路登山，在一座不高的小山上，古柏森森，雪松阴阴，山花灿烂，碧草映阶，楼周围原来还有一排长长的葡萄架，真是城市中的山庄。除了家人居住的房间外，抱石还有会客室、休息室、画室书房，楼下还有接待外宾和众多来客的相聚处。他的画室门前上悬郭沫若题写的"南石斋"，室内东壁挂有一幅清代乾隆年间被称为"西泠八家"之一的黄易书写的对联。

左壁观图　右壁观史
无酒学佛　有酒学仙

这也正是抱石的生活写照。

1964年，他又被推选为全国人民代表大会代表，并于9月赴京参加国是讨论。士为知己者死，知识分子都有一种报恩的思想，他们并不需要钱，但需要别人对他的尊重和理解。抱石得到了，所以他的心情特别愉快，身体也愈来愈胖了。由于心情愉快舒畅，他笔下的线和墨也特别流畅清润，以往苦涩急怒的情绪皆随之烟消云散了。他晚年的画风表面上没变，但内在的变化却很大，细心的读者应该观察到。从北京回宁后，他即动手创作中国画《虎踞龙盘今胜昔》，这幅作品于1965年1月参加了全国美展。9月份，上海虹桥国际机场建成，上海市委特邀请抱石为机场作画。9月28日，华东局负责人魏文伯还设宴招待了他，他也会见了上海文艺界一些朋友，并作了画。因为要过节，他要暂时回南京一次，过节后，再回上海完成这幅巨作。朋友们为了使抱石高兴，让他喝足了酒。上海国际飞机场为能得到抱石的作品而感到格外的光荣和高兴，为了讨好抱石，他们特地用飞机送抱石回南京。回到南京的当天，他精神和身体都显得很正常，还接待了客人，询问了画院的工作。第二天早晨，他感到身体有些不舒服，他的夫人罗太太便让他继续睡觉，并说："如有客人，我替你挡住。"客人来了，罗太太在楼下接待，送走客人，已11

点钟了。罗太太上楼看望抱石，只见他鼻鼾不止，但已昏迷。从此抱石便没有起来。他得了脑溢血症，在昏迷了一段时间之后，便离开了人间。他由一个街头补伞匠的穷孩子，到瓷器厂的徒工，到当中学教师都不够资格，到留学生，到大学教授，到著名的美术史家、驰名世界的大艺术家，他一步一个脚印，从最低谷奔向山顶。突然的去世使他并无遗憾，但后人却为他遗恨，他年仅六十一岁，英才早逝，他还有很多事未做，他的画应该继续发展，然而，一切遗恨都是多余的，盈虚之有数，造物之安排，不合理也无不合理。抱石归去了，他的遗体化为骨灰，安葬在南京雨花台公墓。广播向中国、全世界报道了他逝世的消息，多少人为之悲伤，葬礼也十分隆重。然而不久，他的坟墓又被砸毁，他变成了反动权威、黑画家，他的子女变成了反革命和叛国分子，被逮捕、被劳改。过了一段时间，他的坟墓又被重建，他被誉为人民的艺术家、一代宗师！子女也成为艺术家，并活跃在国内外艺坛。

　　1985年，抱石逝世二十周年，为了纪念这位曾经影响一代的大艺术家，江苏省和全国美协组织了纪念他的学术活动，国内外友人参加了这次活动，他在汉口路的故居也被辟为"傅抱石纪念馆"。

10、豪放直率笃实

　　要了解抱石和他的画，还要进一步了解他的性格、习气、嗜好和人品。

　　抱石的得意作品上常钤有一块图章，文曰："往往醉后"。他的好画皆是在醉后画成的。有很多人看到他作画前必须一瓶酒下肚，甚至画一会儿就要喝几口。1960年前后，国内因各种灾难，供应十分紧张，粮食都成问题，酒就更难。傅抱石于1959年7月9日与关山月一起正应邀在北京人民大会堂创作《江山如此多娇》巨幅山水画。买不到酒，抱石作画十分困难。他自己说，没有酒，笔都拿不动，更挥不开。给人民大会堂作画是十分严肃而又慎重的事，何况他的画又是最重要的一张，很多国家元首都将在这里照像合影，故马虎不得。不得已，他写信给周恩来总理，周总理特地派人给他买来了好酒，他才把这幅巨作完成。但因开始的情绪不好，这张画，并不代表他的水平，抱石自己并不满意，他当时就准备重画，但因酒不多精力不足而作罢。到了1961年，国家好转，抱石得到了好酒，他去北京提出重画《江山如此多娇》的要求，但周总理说："抱石年龄大了，画这样大画太吃力。我看算了吧，这一张已经很好。"于是安排抱石去东北写生三个月，这张画就没有重画。有人曾陪他坐车，从南京出发，到了北京，他的卧铺下都堆满了空酒瓶。历史上很多贫困的画家皆好酒，唐代的大家吴道子、明代的大家陈洪绶，都是非酒不画的。酒成就了他的艺术，也损害了他的健康。

抱石本来就豪爽、直率，酒又助长了他的这种性情。他和人讲话是无所顾忌的。有人去他家访问，只要他不画画，他是十分健谈的。天南海北，古往今来，人间天上，无所不谈。有传说他作画保守，不给人看，其实是一种误会。他作画不是绝对不给人看，只是大部分作画时不愿给人看，主要是有人在旁影响他的注意力，分散他的精神，加上作画时解衣盘礴，有时忘乎所以甚至用嘴吸墨，形象颇狼狈，所以，不愿人看，并非出于保守。他不但不保守，也不能保守，这是他的性格决定的。

50年代开始，各种运动不停，先是镇反，再是三反五反，接着是思想改造，接着又是向党交心，再接着又是反胡风、反右派、反右倾机会主义。一个运动没结束，知识分子余悸未消，另一个运动又兴起。每一次运动，知识分子都胆颤心惊。所以，大家讲话都格外小心。但是抱石却不然。他什么都讲，有时并无目的，只要是真话，他毫无顾忌。他和郭沫若的关系，他大讲；但他和张道藩、陈立夫的关系，他也大讲。因为张道藩在重庆和南京期间曾组织文化运动委员会，拉抱石去做了秘书，二人感情甚笃并经常来往。但在思想改造等运动中，这都是极大的罪状。他必须长期作检查、交待，大会批判他时，他必须"认罪"，而且其他人也要出来揭发他和张道藩等人的"罪行"。在斗争他时，大部分教师虽然尊重他，但也不得不虚张声势地"斥责"他，"揭露"他，否则就会被认为是"抱石同党"，自己也被批判。系主任黄显之（留法画家）虽然和抱石感情甚笃，校长和省内一些官员和抱石关系也不错，但无法出面保他，保也保不住。每一次运动来了，他都要为此而付出很大的代价。开始他还不怕，后来，他渐渐地害怕了。他的一位朋友比他的"问题"还轻得多，就被逮捕坐牢。他一贯是开会时呼呼大睡鼾声震天，这时也不敢再睡，每天上班时，认真写认罪状。他的"认罪状"比他发表的论文数量还多。但运动一过，他又毫无顾忌地讲了起来。别人都为他担心，他却谈笑风生。有一次他到扬州讲演篆刻艺术，他讲到齐白石为蒋介石刻印，"蒋中正印"四个字刻得好极了。当时人听后都吓得一身冷汗。他的学生董庆生（现为江苏国画院画家）问他为什么敢举这个例子，他说："我是谈那印章的艺术啊。"抱石就是这样一个毫无顾忌的人。我们从他的画上正可看出这种性格。

"士穷乃见节义"，前面谈到抱石的朋友被捕之事尤能见抱石为友之笃实。这位朋友就是宋征殷教授，曾在日本留学，40年代回国后，在上海美专任教授，后来在南京开办一个艺术研究所，当时名叫"阿特里社"。张道藩组织文化运动委员会，下设美术组，由吕斯百（中大艺

傅抱石 西陵峡

术系主任、教授）任组长，宋征殷任副组长。宋比抱石年轻，但才华横溢，油画相当出色，精通美术史论，一向爱才的傅抱石对宋十分欣赏，二人遂为知交。50年代初，宋也在南师任教，在思想改造运动中，以前的问题被揭发，尤其对他组织阿特里社十分重视。"阿特里"是法文画室的意思，但被硬说是特务组织。于是，宋教授便成为揭发和斗争的重点对象，写了很多"交待材料"都不能通过。这时候大家都不敢和他接触。而抱石先生每天傍晚都到宋征殷家中，帮他看交待材料，和他商量，应该如何写才能通过。抱石自己是常写交待材料的，根据经验，提出意见，应该用什么样语言才能过关，同时还安慰他，为他壮气。后来在千人大会上，宋教授上台交待问题，抱石坐在第一排给他打气。为了使宋教授振作精神，集中注意力，抱石竟在众目睽睽和震耳欲聋的口号声中，给宋教授递上一盒清凉油，并打开了盖子。而在当时，一般人为了减少麻烦，避之犹恐不及。抱石这一举动不仅使所有人感到震惊，也使宋教授终生难忘。宋教授今年已七十岁，多次给笔者谈起此事，感慨不已。但在"肃反运动"中，宋征殷教授还是因"阿特里社"问题被逮捕，关押了一年零三个月，后来实在查不出什么问题，才释放。这一次逮捕宋教授，其目的在整肃抱石，抱石给宋教授递清凉油等皆成为大罪状，在这次残酷的斗争中，抱石被迫每天写材料和认罪状。后来还是郭沫若出来讲了话，才不了了之。

　　抱石生活简朴、不拘小节也是出了名的。他除了有烟酒嗜好外，吃饭穿衣皆不讲究，衣着很随便，不修边幅。睡觉有时和衣而卧，鼾声如雷。他住旅馆、宾馆，不要高级房间，很多人挤在一间房中睡觉都可以，有时候甚至几十个人睡在一个浴室中。很多跟随他的人，都希望和这位大名人在一间房中睡觉，但被他的鼾声震得无法入睡，次日便纷纷离去。他有时在接待客人时也睡觉，宾主寒暄之后，其他人还在谈话，他的鼾声便响彻全屋，弄得大家不好意思。甚至在他主持会议时，别人在作报告，他就在主席台上睡觉，一睡觉又鼻鼾如雷。因为他不拘小节，有时又太直率刚毅，得罪了不少人。其实，他是一位大度而又热心的人。早在30年代，他经济稍有宽裕，就帮助过很多青年，他不但把自己的藏书、藏画拿出来供学生们学习，还把房子让出给学生居住。有学生生病了去世了，他代付医疗费，直至安葬。香港一位酷爱他的绘画而无力购买的唐遵之先生，和他素昧平生，只写一封信，他便把画寄去，因为寄去的画不合收藏者画框，他又画一幅寄去，且都分文未收。其他求画的人收到画后，有人觉得不符原意，抱石知道，不但不以为忤，反而马上复信"容日后刻意图之，乞转致歉意，至祷至祷"。不久又重绘寄出。有人伪造他的画出售，被他发现，虽然十分恼火，但知伪造者迫于生计，也不深究。他的长女益珊，常年生病，为了替女儿治病，他在海内外采购药物，在海外卖画所得，自言皆为"小女之健康也，其他非所计矣"。有人说：爱女之心如此急切的人，心肠绝不会坏，这是确实的。抱石爱己女，亦爱他人之子女。据亚明回忆，1960年抱石率团外出旅游写生，至郑州，了解到中原人民之困难，抱石深为感叹，他和主人谈话之间，忽然发现窗外老榆树上，有黄脸学生，知为饥饿所致，同情之心油然而生。于是抱石告诉亚明："我们一定要发扬艰苦朴素的精神，我有点辣椒就行。"到了西安，著名画家石鲁接待，抱石急于赴延安，石鲁陪同，车至铜川，大雨滂沱，无法行驶，又无处安身，主人石鲁心急如焚，冒雨四处寻找宿地，最后只寻到一妇女浴室，还须营业完毕，方可入内。抱石等人很高兴，进入浴室后，方见室小无窗，黑而脏，气味难忍，而且仅有几条长板做床，但抱石仍很满意，毫无怨言，他和衣而卧，依然鼾声大作。抱石坐车也不计较，有车就行。在乐山碰到一辆大卡车，经商量，其他画家坐卡车上，抱石坐驾驶室内，但到发车时，一位满口粗话、捏紧拳头的壮汉坐在驾驶室内，谁也说服不了他下车。抱石摆摆手，便爬上装满化肥的卡车上，卡车行驶百余里，灰尘迷漫，颠簸跳跃，他却谈笑风生。

抱石是万事不放在心上的豁达之士，笔者常听到有人抱怨他，说他忘了自己，不尊重自己等等，其实抱石亦非对人不尊重，只是他大大咧咧，对细节不太拘泥的性格，决定了他的为人，当然也决定了他的艺术风格。

（二）傅抱石的绘画艺术

下面，我们要看看抱石的画了。其实抱石在艺术上最早成功的是篆刻艺术，我们这里先谈他的画，篆刻艺术留待异日另外介绍。抱石山水、人物（以仕女为主）、花鸟样样皆画，他的人物画特佳，而且始终见出他的传统功力十分深厚。不过，他对画坛影响大的还是山水画。

1、山水画

抱石的山水画，一生有六变，较大变法三次。早年以师法古人为主，入日本一变，入蜀金刚坡下一变（此变最大），南京师院时一变，二万三千里写生一变（后三者变化皆很微妙，但很说明问题）。他变法的特点用的是：加减法，即每次加进一些新的形式，减去一些旧的形式。但旧的形式不完全减去，所以，每一次变化，新的形式很突出，旧的形式也很坚固。以下分而论之。

一、早期以师法古人为主的作品，时间大约在1925年前后，前面说过，抱石十几岁时学画，就受一位专门复制石涛画的艺人之影响，学了很多石涛的画。同时他也看到当时的山水画更多的是"四王"末习作品，皆柔弱萎靡，毫无生气。而且这种画被目为"正宗"。从此，他更觉得石涛的画奇纵恣肆，生机勃勃，于是便对石涛的画十分钦佩，及至看到石涛题画所云："古人未立法之前，不知古人法何法？古人既立法之后，便不容今人出古法。千百年来，遂使今之人，不能出一头地也。师古人之迹而不师古人之心，宜其不能出一头地也，冤哉。"又看到："此道见地透脱，直须放笔直扫，千岩万壑，纵目一览，望之若惊电奔云，屯屯自起，荆关耶？董巨耶？倪黄耶？沈文耶？谁与安名？余尝见诸名家，动辄仿某家，法某派。书与画天生自有一人职掌一人之事，必欲实求其人，令我从何说起？"他十分激动。从此，他一意于石涛，正如他自己在《石涛上人年谱》中所言："余于石涛上人妙谛，可谓癖嗜甚深，无能自已。"正如前所述，他连名字都改叫"抱石"。抱石欣赏白石，也是他创新的精神。他屡屡说到白石老人是不顾一切地打破历代所谓印学的清规戒律，开辟了新的天地。老人自己说过："余刻印不拘昔人绳墨，而时俗以为无所本，余尝哀时人之蠢，不思秦汉人，人子也，吾侪亦人子。不思吾有独到处，如令昔人见之，亦心钦佩。"这个"蠢"字用得极好。骂尽了一切保守主义者（《白石老人的艺术渊源》，1958年4月2日《文汇报》）。但抱石师法石涛并不是持守于石涛的技法，而是得力于石涛的绘画精神，师其心不师其迹。他敢于破除古法，敢于自立新法，敢于放笔直扫，敢于"借笔墨以写天地万物而陶泳乎我"（石涛语），直抒胸臆，而不为法所障。

如果仅学石涛一家，那也是违背石涛原意的，凡有可取，抱石都学习，他尤其对安徽的画家如梅清、程邃等，学之甚多，这在他的画中皆可见到。为了研究梅清的画法，他还曾于炮火纷飞的年代，到梅清隐居的宣城去观察真实山水，以作比较。抱石的画中始终有一种清润感，即得力于梅清。抱石的画迹中有一幅《松崖对饮》，作于1925年，其上自题："程邃号江东布衣，画宗北苑，以枯渴之笔成山水，余喜其雄朴而拟之，抱石。"抱石学程邃的画很多，但从这一幅观之，他也只是师其心而已，程邃用枯渴之笔，颤曲的线条，而抱石用的是锐利的线条，散乱的笔法，二人方法并不相同。只是皴点差不多，但也有一枯一润之别。然而其迹不似，其神却相同。只要把抱石和程邃的画迹一对照，便知端的。

抱石的《竹下骑驴图》也画于1925年，又用米点法，其上自题："学米者惟高克恭称后劲，董思白以天纵之明崛起云间，日世之宗米以墨点堆成，浑无分合，未为得也，抱石。"米芾、米友仁以点笔作云山，全不用线，湿墨横点，一片含糊。高克恭学米法，又参以李成、董源笔意，勾皴之后再加以米点，董思白（其昌）学米法在高克恭基础上又加湿润笔意，三者全不同，而抱石用米点，又完全不同以上三家。他用线条勾出山石的结构，然后加以清晰的横点，横点如排列，稀稀疏疏，毫不模糊，别有趣味。

抱石这时期（1925年）的作品还有《策杖携琴图》《秋林水阁图》等，皆一眼可以看出是师法古人的，也皆一眼可以看出不似某一古人。因他一学古人时就流露出自己的精神状态，所以借用古人笔法时，就不必求其似了。

二、1932年至1935年在日本留学期间，抱石注意研究吸收日本人的画法，其中以横山大观、竹内栖凤、小杉放庵等人的作品为主。这三个人的画都在坚持传统的基础上，开发了新的风格，大片的墨色，飞动的线条，但大片的墨色里面又有丰富的内容，而不是空空洞洞的一片黑墨，所以画面显得生气勃勃。抱石在日本期间所画的画大部分留在日本了。但他吸收日本画家的画法却一直保持到晚年。他画中大片墨色横刷纵抹，或勾线后，略加乱皴，然后以大片颜色敷盖，都是从日本画中得到的启示。比如他的名作《丽人行》（现为郭沫若纪念馆收藏）背景中的大片树叶以几笔颜色刷出，而不是用笔勾出、点出、撇出，这种方法在他赴日本前是不多见的。但他用大片的黑色不仅不显平板，且特别生动，这又归功于他的传统用笔方法和他的精神气质。他对传统画法都不生搬硬套，对日本画法更是如此。如前所述，他不过是从中得到一点启示而已。所以，他的画法还是中国式的，不过新一些而已。有人说他的画不是传统的，而是日本画，其实他的画和日本画完全异趣。确切一些说，既不是传统的，也不是日本的，而是傅抱石的。抱石留日，是他作画冲破传统的起点。

三、入蜀八年，是抱石画风大变的时代，也是他的绘画成熟即风格形成的时代。他后来的变化都是在这个基础上，因精神状态的不同而有所波动而已。因而，了解抱石这一段绘画，便基本了解了抱石的绘画。他的这一段绘画之成功，主要是蜀地雄奇苍秀的山水对他的熏染。正如他自己说的："画山水的在四川若没有感动，实在辜负了四川的山水。"（《壬午重庆展自序》，原连载重庆版《时事新报》副刊《学灯》1942年10月8、12、30日，后编入《傅抱石美术文集》。下同）中国的山水，北方固有雄壮的太行山、泰山等，但北方所居住的人家大部分处于平原或高原上，水草、植物、花木不如南方秀丽。除了春夏之际，很多地方是一望无际的黄土。而江南水乡虽美又乏于雄奇的山峰。四川，可以说是一个美丽的大花园，到处是奇山秀水，就连铁路旁，都有丛蕉竹林，真是无处不美，无处不奇。一般人所说的"峨眉天下秀"，其实峨眉山本有北方雄壮的山骨，而被秀美的外衣所盖，所以，人们只见其秀，而忽视了雄奇。一般人所说的"青城天下幽"，其实，青城山本是群山大壑，因南方的雨水多，植被浓郁，气势被幽雅所掩。四川之地，除了峨眉、青城等处外，即使是一些无名的地方，也都有一种莫名其妙的美，都能使你的心胸得到梳洗和新的充实，致使你庸思俗虑烟消云散。所以，美丽的山水能改变人的精神状态，甚至改变人的习性。但出生于蜀地、生长于蜀地的人也许会熟视无睹。而外地人初到蜀地，那惊人的美却会顿启人的心灵，冲动便会油然而生，不可抑制。画家在这种地方不但会生发出不可遏制的创作欲望，且因师法自然，心胸的变化，技法也会随之而丰富。抱石自己也说过：

"以金刚坡为中心周围数十里我常跑的地方，确是好景说不尽。一草一木，一丘一壑，随处都是画人的粉本。烟笼雾锁，苍茫雄奇，这境界是沉湎于东南的人胸中所没有、所不敢有的。这次我的山水的制作中，大半是先有了某一特别不能忘的自然境界而后演成一幅画。在这演变的过程中，当然为着画面的需要而随缘遇景有所变化，或者竟变得和原来所计划的截然不同。许多朋友批评说，拙作的面目多，几乎没有两张以上布置相同的作品，实际这是造化给我的恩惠。并且，附带的使我为适应画的某种需要而不得不修改变更一贯的习惯和技法。"（《壬午重庆画展自序》）"我乘滑竿到柏溪分校去上课，从大竹屹过了嘉陵江，沿着江边逶迤起伏的小岗峦前进，距柏溪不远了，忽见巍然块石，蹲立江滨，向前望去，薄雾冥茫，远山隐如屏障，我想："若把这块石作中心，画一人坐向远山眺视，下半作水

景，不就是苦瓜诗意吗？高兴！高兴！回家后，即如法炮制，下午四时许便题印完了。"（同上）

　　抱石这两段自述已把很多问题都说清了。蜀地的风光美给予画家一是创作欲望的启示，一是奇特粉本的供给，尤其是习惯和技法的修改变更。不到四川，山水画这三个重要问题是很难解决的。所以，他的画到蜀地金刚坡下是一个大变。但是有一点抱石说得还不太清楚。作画风格的形成最根本的一条是人的精神气质的形成，蜀地山川充实人的心胸，潜移默化人的精神。这一条是看不见的，甚至画家本人都不知道的，但却是最重要的一条。当然，不读书的人（对于画家来说读书之外，还要通画理和技法），心灵的大门关闭着，再美的山川对之也是无益的。抱石的画到了四川一大变，他有师法传统的基础，有日本新画风的启发，加上蜀地山川的熏陶，他的精神充裕了，他的风格成熟了。

　　他的《云台山图》，画于1941年，虽然是根据顾恺之的《画云台山记》而创作，但其景却是四川常见之景。这幅画已和早期山水画大不相同了。但抱石个人突出风格尚未显示出来。1945年所作《潇潇暮雨》（现藏南博）是抱石的代表作之一。据画面分析及其亲友学生讲述：他画这类画，先把纸贴在墙上，或放平在桌上，凝神静思，似乎把画看出来了，然后忽地站起，扔掉烟头，抓起大笔，猛刷激扫，把风雨的大气势画出来，接着再用墨笔在纸上迅速地东勾西皴，左盘右旋，大体的山势一气呵成。然后停下来，又点燃一支烟，细细观察。再以墨笔增补，使之具体，再以色墨渲层次，候稍干，再画细部。最后再一次认真收拾。大笔挥刷是十分关键的，决定这幅画的成败，但收拾也十分小心。这一幅《潇潇暮雨》，上面有一个戴蓑笠的小人物，据说，抱石曾在另纸上先画了一个小人物，然后用剪刀剪下来，试放在山顶，山中，最后觉得放在下面最合适，于是画在下面。画毕后，在右上角题："乙酉夏五月东川金刚坡下山斋，新喻傅抱石"，又打上两颗印，即告完成。他的画气势磅礴，如雷鸣电闪，风急水旋，小处又精细耐看。这一时期的作品大抵皆如此。如早一年所作的《万竿烟雨图》，气氛也和《潇潇暮雨》差不多。只是其雨点是先用白矾粉甩出来的，然后再用大笔蘸淡色斜刷几道，风雨的气氛也很强烈。抱石最爱画风雨图，一直到晚年，这类题材仍很常见。这和他容易激动的情绪有关，画风雨图，横刷竖扫，猛烈激荡，产生一种强烈的气氛，也易于平息和满足抱石激烈的情绪。可以说，也是他精神的需要。

《听瀑图》也是抱石1945年所作，此图两幅，一存南京博物院，一存傅抱石纪念馆，后一幅似乎未彻底完成。观其法，乃用秃而硬的狼毫笔，先点一片墨，似石又似草坡，把笔头上的墨水点去一些后，即来回横刷几笔，画出一个山冈，再以略淡的墨笔画后面的山，也是上下刷扫。再以湿墨点树叶，赭色渲染。树下亭及听瀑的高士则属小心收拾的工作。这幅上题："乙酉大暑东川金刚坡下写，傅抱石成都归来之翌日记。"是画奔放淋漓，仍反映一种急烈的情绪。景色也是蜀地常见之景，而不是"四王"末习从摹古的画中得来之景，所以给人的感觉特别亲切。

《大涤草堂图》也是抱石爱画的题材。早在1942年，抱石即根据自己的想象创作了《大涤草堂图》，徐悲鸿为之题曰："元气淋漓，真宰上诉。"又有小款曰："八大山人大涤草堂图未见於世，吾知其必难有加乎此也。"这幅画画两株突出的大树，下有一个草堂。大树干用大笔泼墨，树是墨色交融，真是"元气淋漓"。画地放笔横扫，唯草堂内人物和周围丛竹用细笔画出。画法雄放浑朴，但不像1945年所作的几幅画那样激荡猛烈，且介乎《云台山图》和《潇潇暮雨》之间的一种风格。1945年所作《大涤草堂图》，就和上一幅大异其趣了。其用笔减去了一些浑朴，增加了一些激荡，近处几块石头，他猛地用笔圈了几下，这方法正变自石涛。几株大树，也用浓淡墨乱点，密密一片，中有一草堂，上有远山，主要以墨画成，罩一些淡赭而已。远山空了几块不渲染，显得很随意。右上题"大涤草堂图乙酉正月六日重庆金刚坡下，新喻傅抱石"。这一幅似乎不如前一幅，也许前一幅是好手偶得，这一幅并非得意之作。但后者却正如乙酉年所作的很多画风格一致，从中正可看出抱石画风在几年间的变化。

抱石的画总的性情是一致的，但作画的方法并不完全相同，风格也略有异。《虎溪三笑》中，他用大片湿墨泼出背景，再加以淡赭色冲晕，粗看似一片模糊，细观墨赭的变化融浑丰富。乙酉年所画的《金刚坡麓》，也用泼墨，前浓后淡。它不像《潇潇暮雨》那样猛烈激荡，却湿润苍秀，浑化一片，别有趣味。这当是他的性情有所变化时所作。

四、南京师院时期一变。抱石于40年代在四川形成的这种画风，一直保持到50年代初，总的面貌还是如此。但到了50年代后，他的画风在原有基础上又增加了厚而重，且稳而滞，减去了一些急愤的情绪，他开始收敛了。如他的《风雨归舟图》（1955年作，现藏南博，上题：抱石金陵作）同样是表现风雨，却没有以前画的风雨猛烈有气势。大树的墨色也老实得多，生动不若以前，但浑厚却过之。这时他又画《听瀑图》以及题为"抱石一九五五年十月金陵作"的《山水图》，形式上和1945年所画的《听瀑图》差不多，但急激的情绪都没有了。他有时又根据毛泽东的诗词作画，用笔又显得较拘谨细小。他最爱作的风雨图，如1955年所作的《风雨归牧》傅抱石家人藏）画万竿风竹，牧童骑牛而归，雨点用矾水甩出，反复渲染，也不如以前锐利，气势更不如以前猛烈。他的《秋兴图》(1956年作，现藏南博)，则细秀如水彩画。50年代初，运动一个连一个，他忙于认罪状，忙于检讨自己，经常担惊受怕，又为群小所欺，"何以至今心愈小，祇因以往事皆非"。心细了，豪气减了，胆魄也不足了，加之年龄也大了，画如之。他的很多作品除了增加一些浑厚外，反而不如以前，显得迟滞一些。他有时也想恢复以前的气势磅礴的画风，如南博所藏的《千峰送雨》，中国美术馆所藏的《九歌图》，仍是乱笔刷扫，但因心境不一样，情绪不一样，表现出来的不是猛烈激荡，而是零乱烦躁。据他的老朋友说：50年代初直到他调到画院之前，他画画很少。偶尔拿出一两张，也不太惊人，他自己也常为此而叹息。

他是著名的画家，又不能不拿画参加展览，他画了很多人物画，也不满意。有一次他拿出一张根据毛泽东词意而画的《蝶恋花》，然后讪讪地给王达弗等教师说："我这画和蝴蝶牌牙粉上的广告差不多。"因为当时这种牙粉盒上只画一个美人头。可见他的精神是很苦闷的。他这一时期较优秀的作品要数《平沙落雁》（1955年，傅抱石家人藏），画的是平远之景，一人望大江之浒自在地弹琴，似在向大江和天空诉说胸中苦闷。天空三排大雁落下，画面非常简单，而作画愈简愈难，愈简愈高。他所表现的平坦江面，空旷辽阔淡远，前无古人，览之惊心动魄，因为特别得意，他画了好几幅，其中一幅是送给郭沫若和于立群的。他的心远而静，画这类画是比较合适的。

1956年，他所作的《龚半千与费密游诗意》，效果和形式也与《平沙落雁》相同，只是将两个弹琴的人换成两个站立的高士而已，左上题："台高出城阙，一望大江开。丙申冬写半千与费密游诗意，抱石南京记。"这个题材是抱石常画的内容，不过，这一次，他画得格外宁静，也是他的难得佳作。

江苏国画院所藏他的《四季山水图》四张，也属这一类稳而静的作品，画得老老实实。

这一时期，他的佳作皆不太大。以上的画基本上都是小方块形的。《西风吹下红雨来》（1956年作，抱石家人藏）也是这时期的佳作。画的是一人行舟峡中，两岸桃花落下如红雨。他作此画时，心情当是很好的，虽然没有以前那种磅礴的气势和激情，但画面也显得沉稳浑厚，意境也特美。画面也不太大。

从1956年开始，他的画又开始增多了一些，出现了一些较好的作品。这一年，他被整肃的灾难基本结束，被增补为全国政协委员，又被选为江苏美协的负责人，心情应该是好一些。1957年，他奉命出访罗、捷等国，写生和创作一些小品，显得特别的精致。大规模的反右派斗争居然把他冷落了，黑道、红煞被他跃过，灾星离去，运气向他走来。

1959年，他赴京创作《江山如此多娇》，乃是惊天动地的大事，前面已述，因为无酒，加上他长期画小画，他画得并不满意。倒是他画的《江山如此多娇》的小稿比成品精致得多。他大概也意识到了这问题，所以，他参加全国美展的《龙盘虎踞今胜昔》也不太大。抱石本擅于用墨，为了迎合新形势，他开始多用青绿颜色和朱红颜色，但画得并不理想。

五、离开南京师院，他到了画院，从此，他又全力创作，尤其是1960年的二万三千里游览，历经祖国的名山大川。接着又是1961年东北三省写生，他的画风一变。他常画的《观瀑图》，这一年，又画了几幅，南京博物院所藏的一幅，纵137.3厘米，横65厘米，既是大画，又是用以前的奔放手法，画得很不错，但新的变法尚未见端倪，奔放的笔法又不似以前那么自然生动，还能见到一些强而为之的精神状态，山上还罩一些石绿色，这是他前一段时间试用青绿作山水画的结果。颜色并不太协和，但看出来他已开始发愤图强了。

1960年秋日，他画的《漫游太华》一图，新的变法已经出现了，由急烈而变得潇洒起来。他用不太湿的笔在调色盘中揉开，然后自在纸上挥洒，出现了一些细松而毛的皴，有乱有不乱，有齐有不齐，似有法似无法，然后再以色渲染（但不再用石绿石青之重色了）。年龄大了，心境变了，画法必须变，这一幅变法虽不太精，但已和以前不同了。它预兆好的苗头。

《西陵峡》（现藏在美术馆）作于1960年12月，代表他变法的又一里程牌，又代表"抱石皴"无法之法的成立。以前他的画确实是无法的，只凭一股猛气和激荡之气冲脱而出，故有一股不可一世之概，观者览之，被其气势所慑，技法便无所计较了。冷静地分析，其画本无法。但一个画家年轻时无法，可凭一股盛气、刚猛之气震撼读者，年老了，这股气清了，他的画就不可再震撼读者了。所以，有很多画家年老时的画反而不如年轻时所画，包括一些有法的画家也如此。年老时画主要靠修养，其次要有一点自己独特的法。抱石的《西陵峡》改变了《漫游太华》那种虽潇洒但有点儿单薄纤细之憾，他用雄健粗壮的笔墨上下挥洒，但并不像年轻时感情如脱缰之野马一样不可控制，他既奔放而又时时控制住，既认真又率意，故用笔既有激情又有法度。在雄壮的竖皴中又略加一些细小的横皴，笔的干枯浓淡也都既见统一又见变化。这种皴法既不属传统的斧劈皴，也不属传统的披麻皴，既不属卷云皴，也不属折带皴，故名之曰："抱石皴"。

1961年，抱石所作《待细把江山图画》（纵100厘米，横111.5厘米，藏中国美术馆）是他晚午最见特色的代表作之一，他把"抱石皴"推向一个高峰。这幅画以《漫游太华》和《西陵峡》二画之两执而取其中画成，它既不像前者那样单薄，又不像后者那样粗壮。但它既潇洒，又雄健，显示了他几年来试验变法之成功。作者在画的右上题"待细把江山图画，庚子深秋，随江苏国画家漫游太华，归来写此，并题稼轩词句。一九六一年四月，傅抱石南京记。"可知他画的还是华山。在此之前，他选画了好几幅，这是最成功的一幅。他先画近处的山，先用墨笔胡乱戳了几笔，表现出山头的草木，这时笔头的墨水已被这片草木消耗了不少，然后把这半干半湿的笔迅速拉下，刷刷几道，近处的山便完成了，用笔雄健而洗练，疏野而精神，后面一座山也用同样的方法，只是用墨更枯一些，用笔更疏一些。远处的山更见功力，依旧用较干的笔，但见悬腕屏力，笔提得起，控得住，一任情绪之游曳，竖皴为主（上下挥动），横圈为辅，乱而有法，法而不板，潇洒而健利，空旷而飘逸，着色既不浓烈，又不单调，赭、黄、绿丰富而协调，统一而有变化。它既不像早年那样貌似古人，又不像1960年那样缺乏动人的神采。它雄健而不粗壮，潇洒而不纤细，其天机之动，阳开阴阖，迅发惊绝，固无蓬愧之气，亦无蹼辙可求，使人以意测者，随求得之而无穷尽，抱石之画，至此已达绝顶。中国的医学认为，"喜伤心，怒伤肝，忧思伤脾"；伤脾而迟滞，伤肝而躁动，伤心而柔疲（实为伤神）。1960年代初期，抱石彻底摆脱了整肃之苦，他不怒，不忧思，但他刚恢复，尚未大喜伤心（伤神），他是宁静，宁静而致远，他的画已炉火纯青，登峰造极。尔后，他再也没有画出这样的精品。

这一时期，他的另一形式的精品是《满身苍翠惊高风》（1962年作，抱石家人藏），实际上是他常画的《听瀑图》之变化。这幅画虽没有《待细把江山图画》那样精致有法度，但更有精神，更率真。他的乱笔皴，虽不像1940年代那样急烈迅愤，但激情不减。1940年代的画多用直笔，直刷直扫，现在多曲笔，显示他喜悦的心境。1962年，是国家经济好转的一年，人们脸上出现了笑容。饿死人的现象似乎已过去，大部分人家已不愁衣食。抱石又是教授，当时教授不像现在这样工资低少，他的酒瘾当可以满足。有了酒，他的激情又充足了，所以，他的画动而率的成分又增多了。

这段时间，他还在不停地尝试新法，有成功的，也有不太成功的，如《不辨泉声抑雨声》（南京博物院藏）实际上是他1940年代所画的《听瀑图》之翻版，人和亭都未变，但他力图表现一种云雾迷茫的感觉，用大量的水分渲染，淡色刷扫，惜缺乏骨力，有轻滑之感。而他的《老虎滩渔港》（南京博物院藏）近处的水波，用块面点笃，一块接一块，这是古所未见的方法，效果颇佳，而且空中的红霞和水中的倒影也渲染得恰到好处。这是成功的尝试。

1960年代初期，抱石的画总趋势是向上发展，成功的作品越来越多。这时期是他创作的鼎盛期。

六、晚年去除苦涩急念而增添一些圆润的画风。抱石晚年的画风并无太大变化，只是用笔圆润多了，下笔变急猛为流畅。尤其是去世那一年给郭沫若所画的《游九龙渊诗意》，用笔松柔而卷曲，下笔不急不慢，显示出一种得意而自在的精神状态。他1964年所作的《井冈山》《井冈山茨坪》，1965年所画的《中山陵》《南京东郊》（皆藏南博），一步步走向湿润圆畅，反复渲染，往日的激清消失了，猛气消失了。尤其是那种愤怒的、苦涩的情绪完全不存在了。增加了静态、润态和少量的富贵态，磅礴、朝气、生动、神采甚至潇洒的风度都减少了不少。他晚年的画不是不好，有些画尚能保持生动雄健，但大部分画都比前几年稍逊。这一则是他晚年得意的生活和得意的心境，使他几十年来苦涩惊慌的情绪完全消失，而且在1940年代的他为生活而奔波，为抗日而呼叫的忧思和急切情绪也早已淡忘，"文革"的劫难还未临到，他享受的是甜美和满足。再则他的年龄也毕竟老了，人老则棱角自失，一般画家晚年用笔多变得圆润，抱石也不能例外。但抱石是有自省力的画家，他又是一个史论家，他的画出现了什么问题，他不久便会发觉，他会根据自己的处境、身体和精力状况，再度改变自己的画风。他的画一起一落，但总是浪高一浪。倘若天假民年，人书俱老，抱石必能再创另一风格的高峰。要知道，他去世的年龄，是齐白石和黄宾虹还没有成功的年龄。

2、人物画

我经常讲："艺术者，艺术也；艺术史者，社会科学也。"抱石作画以山水居多，山水画中颇能见出他的情绪：1940年代的激情，1950年代的迟滞，1960年代初的精神抖擞，晚年之得意，都在画中有所体现，从山水画中不但可以看出他个人的情绪，也可看出时代的气息。这就是艺术史的社会价值。但一个人长期处于激荡之中，也偶有平静之时；长期处于平静之中，也偶有激荡之时。即在激荡之时，情绪也仍有起伏的变化。当抱石扔掉烟头，抓起笔就猛刷猛扫的时候，他的情绪在激荡，他要一气呵成，就是趁着激荡的情绪把他的激情留在纸上（一个长期萎靡的人是激荡不起来的）。当他的激荡情绪发泄一阵之后，他又会平息下来，这时他才可以画一些细节和小人物，在最激动的时候，他是不能画细小内容的。所以他的人物画往往是寻找平静心境时画出来的，故不能全部代表他的精神面貌。而有些人物的内容倒可反映画家的好恶和修养，抱石喜画石涛、屈原这就说明问题。自古到今，画秦桧的就不多，画丑女图的也不多。抱石所画的《丽人图》，据说也是讽刺当时的权贵人物。但专门的人物画家所画的人物画不论题材、风格都能见出社会的精神状态。本文暂不论这些，因为抱石不是专门的人物画家。

抱石画人物自己声称：一是为研究绘画史，二是为山水画服务的。他在《壬午重庆画展自序》中说：

　　"我原先不能画人物薄弱的线条，还是十年前，在东京为研究中国画上'线'的变化史时开始短时期练习的。因为中国画的'线'要以人物的衣纹上种类最多，自铜器之纹样，直至清代的勾勒花卉，速度压力面积是不同的，……我为研究这些事情而常画人物。"其次他说："我为了山水上的需要，所以也偶然画画人物。"

　　否则就会"牺牲若干宝贵题材"。

　　抱石虽不是专门画人物的画家，但他画人物画最能见出其传统功力。老实说，我对他的人物画之偏爱甚至超过大部分的山水画。就传统式的中国人物画而论，当时还无人能超过傅抱石。当然以新法作人物画的有一位蒋兆和。不过，我不想举太多的例子作比较，以免压迫其他的画家。

　　奇怪的是，抱石画人物一生都没有太大的改变，甚至完全没有改变。我们看他1945年所画的《柳阴仕女图》（抱石家人藏）和他1965年所画的《湘君涉江图》，不但用笔差不多，而且脸型、发式、衣着也都完全相同，连双眉间那个红点和红色的耳环都没有丝毫改变。其他的人物也都这样。我反复对照他的各种人物画，断定他的人物画只有同时期或不同时期因兴趣和情绪不同的变化，而不像山水画那阶段式的变化。

　　另外，他的人物画造型大同小异，有的完全相同。比如他1943年在重庆金刚坡下画的《山阴道上》（现藏南博）四个人物，和他1947年在南京所画的《山阴道上》四个人物，有三个完全相同，画法也没有什么区别。1945年，他画的《陶渊明携酒图》（南博藏）中的陶渊明像就是《山阴道上》最后一人的形象。还可以举出一些例子。我的猜想可能抱石心里有几个人物形象，他一画就是这几个。

　　他1961年所画的《二湘图》有很多幅，仕女的脖子略去一些，也颇有精神。其中一幅篆书"二湘图"下款"一九六一年大暑写湘君湘夫人，傅抱石南京并记"。构图显然受了明代文徵明《二湘图》的影响，但人物造型比文氏画美得多，而且画风更近古意。

抱石的人物画显然是学六朝的，而且愈到后期愈忠实于六朝的画风。抱石自己在《壬午重庆画展自序》中也说：

"我对于中国画史上的两个时期最感兴趣，一是东晋与六朝（第四世纪至第六世纪），一是明清之际（第十七、十八世纪），前者是从研究顾恺之出发，而俯瞰六朝，后者我从研究石涛出发，而上下扩展到明的隆万和清的乾嘉。十年来，我对这两位大艺人所费的心血在个人是颇堪慰籍。东晋是中国绘画大转变的枢纽，而明清之际则是中国绘画花好月圆的时代，这两个时代在我脑子里回旋，所以，拙作的题材多半可以隶属于这两个时代之一。"

抱石的画人物确是以六朝和明清之际最多，前者如《七贤图》《陶渊明图》《山阴道上》《兰亭图》《恒玄洗手》等等，除此，还画有大量的《九歌图》及其作者屈原像等。其中尤以《二湘图》最多，这是受郭沫若的影响，因为在重庆时，郭沫若正研究屈原及其《九歌》，而且编写了这方面的戏剧。

傅抱石 屈原图

傅抱石 二湘图

抱石所画的《二湘图》，就我孤陋寡闻所见已有十余图之多。还有《湘君图》《湘君涉江图》《湘夫人》等则是二湘之一。其画法如前所述，基本上出于六朝时代，尤其是顾恺之的画法。绘画和书法，就格调而论，以六朝尤其是魏晋时代最为高古，汉之前的绘画，一般说来还不太成熟，而且还处于不自觉时代，魏晋绘画已处于自觉时代且已成熟，一般说来，艺术成熟之始即是最好的时期，唐宋及其以后的人物画虽在六朝基础上有所发展，但就格调高古而论，是不及六朝远甚的。六朝大画家顾恺之的画还不算最高明，但目前仅有他的画遗世，其《女史箴图》至今尚存英国大不列颠博物馆。其线条圆而细，被称为"春蚕吐丝"也叫"高古游丝描"，即像蚕吐出的丝一样，线条细长柔劲，绝无粗细轻重的变化且无方折。画这种画时心情要平静，稍一激动，就会在笔下留出痕迹。衣纹转折处皆作弧形圆转，六朝人长袍大袖，宽裙曳地，这种圆转细线最见情趣。抱石的人物画用的就是这种画法，其《二湘图》中二女拖下的长裙，如倒牵牛花形，以及长袖博带等，也完全和《女史箴图》中冯媛、班婕妤、女史等仕女图一致，甚至人物造型，除掉个别仕女图画得略丰满外，也基本上来源于《女史箴图》，服饰衣着则更明显是出自《女史箴图》和《洛神赋图》，加上他的早期研究奠定的基础，使他终生受用不辍。

六朝高古的人物画发展至唐宋元明，格调一代不如一代，至明末方有陈洪绶堪能继承。抱石对陈洪绶也是十分佩服的，但能继六朝的画家，毕竟太少，因之，我们很少能见到这种古意爽人的作品，抱石的人物画颇存古意，故我们也颇喜爱。

绘画作品最难得的是：新鲜，不同流俗，做到这一点不容易。其方法一是创立新法，超越当代，做人所不能；二是反过来向上追溯。古雅二字总是相连的，古不同于今，凡古大抵皆雅。上追一千多年前，这古就是新，而且是更令人亲切的新。向前超越，虽新未必雅（当然也未必不雅）；向古追溯，新而必雅。抱石的山水画是超越当代，向前发展的新，它代表一代山水画的新潮，格调高古，最为文人雅玩，故吾特爱之。

抱石山水和人物向两个相反方向发展，这也只有在一个史学家身上才能实现。抱石的人物画之所以有古意，乃基于他对传统的理解，否则，很难把六朝画学到手，甚至根本不知道学六朝画，乃至于把六朝画送到面前还看不出其好处。

抱石画的人物画中也有些不完全用圆转的线条，如他为郭沫若画的《九老图》中，左边立起展卷的二人就有方折的线条。还有1954年3月所画的《湘夫人》，以及《九张机》，虽然也用圆转的线，但并不像"春蚕吐丝"之细劲，有点毛苍，这都是他偶然率意为之，其根底仍是六朝的。

抱石的人物画设色当然是新的。六朝的人物画"迹简意瞻"而雅正，以线为主，设色极淡。抱石的设色虽新，也仍离不开六朝法度，他每每以淡淡的颜色一点即收，有的画额鼻下巴都留空白。衣着的设色也多古雅，很少浓烈的墨彩，更无焕烂求备的意思。

以上谈到的《二湘图》，这里还要谈一点我的看法。抱石的《二湘图》，画的是两位年轻美丽的少女。"二湘"是屈原名篇《九歌》中的《湘君》《湘夫人》二文中的主人公。抱石根据郭沫若的解释："二湘"是舜的二位妻子，尧之二女娥皇、女英是也。这种解释唐代即有，李贤注《后汉书·张衡传》引《列女传》云："舜陟方，死于苍梧，二妃死于江湘之间，俗谓之湘君、湘夫人也。"其实汉《列女传·有虞二妃》记"有虞二妃帝尧二女也，长娥皇，次女英"，并未说她们叫湘君、湘夫人，只是据传闻附记了一笔。影响最大的是唐代韩愈《黄陵庙碑》，其云："尧之长女娥皇为舜正妃，故曰君；其二女女英自宜降为夫人。"韩愈是大作家，但不是大学者，他的话不可信。旁证皆是次要的，我们还是看"正证"。最权威的说法是《九歌·湘君》与《九歌·湘夫人》本文。二文内容和娥皇、女英完全无涉。湘君是男神，湘夫人是女神，这是一对恋爱的神，或者说是一对配偶神。《湘君》一歌中表达了湘夫人盼望夫君湘君到来的情感，其云："君不行兮夷犹……望夫君兮未来，以参差兮谁思。""横流涕兮潺湲，隐思君兮陫侧。"这都是女人"望夫君""隐思君"(暗暗地思念夫君)的口气。昭昭明甚，

《湘夫人》一歌中表达湘君思念夫人(或情人)心情："帝子(指湘夫人)降兮北渚,目渺渺兮愁予,袅袅兮秋风,洞庭波兮木叶下。登白薠兮骋望,与佳期兮夕张。""闻佳人兮召予,将腾驾兮偕逝。"这都是男思女的口气,也是明白如火的。因之,"二湘"应是一男一女,而且不应画在一图中。宋代李公麟是一位学者型的大画家,他画《九歌图》就未按韩愈的解释画成二女,而且画成二图,湘君是男,湘夫人为女。李公麟的原作已不见,但元代画家张渥临写李公麟的《九歌图卷》尚可见,男女二神,一愁一望,颇合屈原原意。根据《山海经》《列女传》《史记》等书记载:娥皇、女英确是帝尧之女,并嫁给舜为妻,协助舜处理好弟弟、父母及四方大臣间关系。郦道元《水经注·湘水》中云:"大舜之陟方也,二妃从征,溺于湘江,神游洞庭之渊,出入潇湘之浦。"但这和湘君、湘夫人并无联系。《九歌·湘君》《九歌·湘夫人》更和娥皇、女英无关(我很早曾写过一篇专门文章考证过,忘记发表在哪一本杂志上了)。

画《二湘图》为二女者,并非始自抱石,前已有之,皆上了韩愈的当,但这并不影响抱石人物画的艺术水平。

抱石人物画中还有众多的《观瀑图》《煮茶图》《围棋图》《杜甫像》《李白像》《赤壁图》以及上面提到的《九老图》《竹林七贤》《山荫道上》等等,这些画还有一点是人所不及的,即不仅服饰是古人,意态神韵亦是古人的。不比其他画家画古人,实是今人着古人服饰,或加一点长髯而已,神韵意态皆不似古人。古人是什么样子?我们没有见过,也不可能见过,但艺术形象中的古人神态,我们意识中都是有的,像与不像,必须符合艺术的标准。正如今人画李白像,屈原像,今人评之,有的像,有的不像,这标准就在艺术中存在着。抱石画古人,神态(气韵)似古人,其根源正出自他对艺术史理解之深,包括对古人画研究之精透,以及他能真正地神与古人游,画亦因之。抱石的花鸟画也很佳,然而不是他作画之主科,只是偶尔为之,故略而不论。

（三）几点探索及评价

抱石的绘画之成功，有很多因素，其中有一点要注意，就是他精通美术史。他最早出版的是美术史著作，他去日本留学学的是美术史，回国教了一辈子美术史，他在《壬午重庆画展自序》中说：

"近十年来，可说十分之七的时间用在美术史、画史和画论的考察，很少时间握笔作画。"作画可以说是他的业余，但他却成为领一代风骚的大画家，其中原因值得探索。

几年前，我曾在一次全国美术理论研讨会上提出一个问题：古今第一流大画家没有不通美术史的，最早一位有画迹存世的画家是东晋顾恺之，其主要成就也在美术史；其次如荆浩、郭熙、董其昌、石涛，无不是大史论家。古人的情况有很多我们不了解，且举近现代几个例子吧。近现代被公认的大画家有四人：黄宾虹、齐白石、潘天寿、傅抱石。黄宾虹七十五岁之前，主要成绩在美术史，著名的《美术丛书》就是他和邓实合编的，他在上海也是以教画史、画理为主，他从事编辑工作也是以美术史为主，他至今还有几百万字美术史论著手稿尚未出版。潘天寿二十多岁到国立艺专也是教中国美术史的，他最早写出一本《中国绘画史》的著作，尔后直至去世前，他都没有放弃中国美术史的研究、教学和著述。傅抱石，我们已介绍过，更是地道的美术史留学生，终生任美术史教授。只有一位齐白石，没有正式教过美术史，可是我们从他的诗文题跋中，可知他对中国美术史是何等熟悉。我的发言过了几年，张大千去世了。有人找我说："你以前那个讲法并不是绝对真理，张大千就不懂美术史，不也照样成为大画家吗？"张大千的画如何，我们且不评论，但是他是以造假画而闻名于世的，这是众所周知的，他造的假画从六朝张僧繇开始，到宋朝的郭熙、梁楷，一直到清代石涛，他伪造的古代作品遍及全世界，蒙过了多少鉴赏家，他不通美术史行吗？他不但通美术史，而且通得更精更细，他不但要知道画家的朝代行踪，还要知道画家的用笔用墨方法习惯及其艺术风格，甚至连纸绢墨印泥都要细心研究，可以说张大千的功夫主要在美术史。无数人终生手不停笔地学画作画，心无旁骛，甚至拜了名师，直到白头，成功者甚稀，而把大部分精力花在美术史上的人却成为大画家。这问题就颇奇且严重了。艺术固然是以技术为基础的，但却不是以表现技术为目的，技术不过是表达画家性情的一种工具，而且这种工具还要靠人的知识修养去控制。手不停笔地学画，实际为学技术，那么，取法乎上，仅得其中；取法乎中，仅得其下，所以，仅就技术而言，无不每况愈下。从美术史入手，广究各家画法，撷取历代精华，这就不会得其下。而且是从研究入手，不是从临写入手，这不是得其形，而是得其心、得其神。从技术入手，犹如低头看路，看来看去，只不过是巴掌大的一块，且心胸愈窄，眼光愈短；从美术史入手，犹如登上高山之巅，俯视天下，群山万壑，山川大地，无不尽列眼下，心胸愈广阔，眼光愈长远，居高临下，高屋建瓴，其势自不同一般。得于目、会于心不同，应于手、现于纸当然也就不同了。

美术史是学术而不属于技术，以学术启发技术，即以精神掌握技术，点石成金，技进乎道，庶几不惑，当即可以进入艺术宫殿。以技术启发技术，结果仍是技术，如果要变成艺术，还必须有一段脱胎换骨的工夫，这工夫还要从技术之外求。所以，历史上，过于早熟的画家最后成功者甚少。

最重要的是，美术史作为学术能丰富人的精神，充实人的心胸，提高人的品质，增益人的学问。蒋骥《传神秘要》有云："人品高，学问深，下笔自然有书卷气，有书卷气，即有气韵。"刘熙载《艺概》云："钟繇笔法曰：'笔迹者，界也；流美者，人也。'右军《兰亭序》言：'因寄所托'，'取诸怀抱'，似亦隐寓书旨。"艺术就是人的怀抱之寄托，精神的形态流露，心的外现，学问的结晶。这是技术所不能达到的。

以上问题似可继续探索下去，至少写上二十万字，不成问题，我这里暂时停止。下面再探索抱石"往往醉后"问题。

　　真的艺术出于作者之真性，虚伪出不了真的艺术。傅抱石生于清末，饱受贫困和战乱之苦，他经常借酒排遣忧愁。后期他在南京师院美术系任教期间，因为已成为权威，经常遭到错误的政治攻击，心情更加苦闷。他和吴道子一样的"好酒使气"，每作画必以酒助兴，久之成习。吴道子"每欲挥毫，必须酣饮"。张彦远总结云："是知书画之艺，皆须意气而成，亦非懦夫所能作也。"（《历代名画记》）傅抱石作画"往往醉后"正与之同。有人解释抱石的"往往醉后"，是对大自然的陶醉之后而作画，其意固美，然绝非抱石的本意。"醉后"就是酒醉之后，人于酣饮（不可过醉）之后，借酒之力，涤荡了胸中的愁闷和不顺之气，尘世中一切浸至人身的非纯、非朴、非素之累，得以暂时的消泯。《庄子》云："既雕既凿，复归于朴"。所以要雕凿，就是要去除被凡俗所浸附的华伪，使之归于本来的朴，《老子》云："复归于婴儿。"画家借酒之力，驱除一切华伪，保留了人本性的纯真率直，这时候，美的意识也最容易显现，又借酒之力，开张胆魄，然后援笔挥毫，浩浩沓沓，"不滞于手，不凝于心"（张彦远赞吴道子语），不知然而然。一任真精神之流露，其画必是真画。这就是《庄子·列御寇》所说的"醉之以酒而观其则"。醉了酒，才能露他的真实面目。人在尘世中混得下去，时间长了，必有伪诈，伪诈出于思想，思想本身无法排斥自己，故需借助酒的力量。俗云："酒后吐真言"。这是"真"的艺术出现之最基本的条件。但出尘离世者却例外，出世者隐于深山丛林，不与世俗打交道，他们看透了人间之丑恶，毅然抛弃了功名利禄，乃至抛弃俗伪的人世，隐居求高，澄怀观道，心无杂念，寄怀抱于笔墨，故其情流露于画也必真。真隐士者作画必清高超逸，以酒使气者作画必狂放磅礴。所以，历史上大画家多为此二种，一是吴道子、梁楷、徐渭、傅抱石一类"好酒使气"者，其画"当其下手风雨快，笔所未到气已吐"。一是宗炳、王微、王维、倪云林、渐江一类隐居高逸之士，其画"萧散简远，若淡若无"。盖人的气质、思维不同，形之于画亦不同也。

　　以上说的是"往往醉后"指酣饮之后，酒足胆张，伪去真存之时，但若酒量太过，连"真"也被麻醉，又不行矣。所以，酒也不能无限制地饮。抱石曾给黄苗子谈过他在重庆"金刚坡下山斋"中大醉作画的事：有一年除夕，抱石晚饭后开始饮酒，一面饮一面摊纸作画，画的是一幅山水，直到深夜，他觉得这一次画得非常成功，山峦云树的皴染得心应手，而且层次越染越分明，大幅度的泼墨更是淋漓尽致得未曾有，于是他在天明前方入睡，醒来后第一件事，便是看一看自己这一幅"平生得意之作"，可是桌上、墙上、地上到处找，都找不到了，他一直为这幅"杰作"的丢失痛苦懊恼。忽然有一天，在打扫卫生时，他在纹帐顶上发现了这幅画，不过是一片黑墨而已。原来他大醉之后，越抹越黑，最后被他揉成一团，扔到蚊帐顶上去了。

酒的作用能抑制人的思想中的伪诈以及理智，而使人的本性更好地显露出来。如果连本性也被麻醉，感觉就完全失去控制，"真"也就模糊了。

关于非饮酒不能作好画（以及吟诗）问题，西方学者更作过科学的研究。美国Kennesa Wastate学院的教授Patnickl·Taglor·Ph·D曾邀我一起参观傅抱石纪念馆，他对我的研究颇有兴趣，并告诉我，他的博士论文就是研究这个问题的。西方学者认为，人的右脑是负责形象和感觉的，左脑是负责语言和理性理智思维的，但理性太强则能掩盖抑制感觉。而酒又是麻醉左脑的，使左脑处于抑制状态，也就是抑制理性。理性受到抑制，感觉得到解放，右脑的功能就会提高，形象的东西感觉的东西便会清晰地显现出来。所以，诗和画非酒不精，非酒不放，豪放派诗人和画家的作品中都有一股酒气。Patinickl·Taglor·Ph·D声明这不是假说，也不是他的发明，而是有科学根据的，美国科学家Josephe、Bogca和Roger Sperrg曾经以实验证实了这个问题，并获得1982年的诺贝尔奖。他不过将医学上的研究成果移用于绘画艺术而已。其实，感觉特好的画家早发现了这一现象，康定斯基曾把画倒过来看，发现颜色笔触更鲜明，因为这时候，完全是右脑起作用；正过来看，画面上形象情节便会引起左脑的思维，右脑的活动就受到干扰。

西方学者的研究和我的解释并不相悖。理性和理智中包涵有伪诈的内容，甚至美国人的礼貌，见到人就客气地问候祝愿，这种文明的表现，有人也认为是一种虚伪。弗洛伊德的"本我、自我、超我"的理论中，只有"本我"属于人的原始本性，抑制"自我"和"超我"，而使"本我"真实地显现出来，即《庄子》的"醉之以酒而观其则"。上面说的抱石大醉作画反而失当，即是连"本我"都迷失了之故。

抱石作画值得探索的地方很多，尤其是他本性真率、直爽等，皆是他成功的重要因素，我在上面或隐或现地写了不少。而且我还把抱石和唐代画圣吴道子并提。张彦远评吴道子画云："合造化之功，假吴生之笔。"吴道子的画是封建社会兴盛时的产物，傅抱石的画则是民族即将复兴的气势之显露，可谓"合造化之功，假抱石之笔"。吴道子与傅抱石皆出身贫穷，历经磨难，作画时皆酗酒助势，画风皆气势磅礴，不可一世。傅抱石的画是"宇宙的精神，自然的生命"。他的精神里融会着时代风云突变的精神，他的生命涵溶着民族奋发的跃动的生命。他历览大江上下，飘泊西南东北，支离东洋西欧，胸中蓊蒙苍郁的丘壑，依靠他的精神鼓足干劲，借助他的笔端喷薄而出。他的画，初时还不为守旧派欣赏，被讥为"没有传统""不是中国画"。但不久即被整个时代认可，正是民族审美心理一致所向的结果。

我在《中国山水画史》一书中说到：中国近现代的山水画振起于黄宾虹，黄画苍厚浓密，到了傅抱石，其画又奋跃飞动，二股力量彻底摧毁了"四王"的阵垒，完全改变了明清以降所谓清柔淡疏、静谧冷寂而实则甜俗萎靡的气氛，显示了民族振奋跃动的活力。从黄宾虹到傅抱石的山水画，正是近现代山水画的代表趋势。

附记

一、傅抱石先生的朋友、同事、学生在南京师大最多，很多老先生和他共事几十年，本文写作时承宋征殷、罗时慧、傅二石、傅益玉、秦宣夫、王达弗、杨建侯、徐明华、尉天池等先生供给大量第一手资料（讲述为主），深表谢意。

二、1991年6月，沈左尧先生发表了《傅抱石的青少年时代》，这次修改时，于第一节参阅了他的大作，特此申明，并致谢意。

三、本文初稿写于1989年3月，此次，修改于1994年3月。原题为《宇宙的精神——傅抱石的生涯和艺术》，连载于台北《艺术家》1990年第9、10、11三期。

附录：傅抱石年表

1904年   10月5日生于江西南昌，祖籍江西新喻。取名长生。

1908年   相士见其腿上朱砂痣，告其父："此子将来必大富贵。"父母决心尽力栽培。

1910年   街道警察教其识字。

1911年   经介绍，入私塾旁听。

1915年   入景德镇瓷器店作学徒，一年后患肺疾被辞退。

1917年   入江西第一师范附属小学四年级就读，学名傅瑞麟。

1918年   考入高小。

1921年   入江西省第一师范读书。为筹钱养家糊口，首度回新余祖籍。

1922年   迫于生计，伪造赵之谦印。后公开收件，改名抱石。

1925年   撰《国画源流述概》。作《策杖携琴》《竹下骑驴》《秋林水阁》，以及《松崖对饮》等图，开始以抱石署名。

1926年   从江西省立第一师范艺术科毕业，留任该校附属小学教员。著《摹印学》。

1927年   春节，被小学辞退。但又为第一中学（原第一师范）聘为初中部艺术科教员。

1929年　　聘为高中部艺术科教员。著授课讲义《中国绘画变迁史纲》。

1930年　　初春，与高中艺术科学生罗时慧结婚。

1931年　　《中国绘画变迁史纲》出版。

初夏，与徐悲鸿相会于南昌江西裕民银行大旅社。徐悲鸿大力奔走，省主席熊式辉答应送傅抱石赴日本留学。

1932年　　长子小石生。

回新余老家，并准备赴日留学。

1933年　　秋，乘船至日本，入东京日本帝国美术学校研究部，师事著名学者金原省吾，主修东方美术史，兼学雕塑，并继续研习绘画、篆刻。

1934年　　在东京举办书画篆刻展览，作品170余件。译金原省吾著作《唐宋之绘画》，由商务印书馆出版。

与郭沫若订交。

1935年　　3月，编著《苦瓜和尚年表》在日发表。

7月，母病危，中断学业赶回南昌。因时局变化，未能于安葬亡母后回日本完成学业。

8月，著作《中国绘画理论》出版。

9月，任中央大学美术教育科美术史讲师。

10月，发表《论顾恺之至荆浩之山水画史问题》。

1936年　　次子二石生。

编、译著有《基本图案学》《基本图案工艺法》，以及《日本法隆寺》《郎世宁传略》《印章源流》等文，相继发表出版。

在南昌举办个人书画展，作品百余件。

1937年　　独游安徽宣城，遍访李白、梅清、石涛旧踪。发表《石涛丛考》《中国美术年表》《大题画诗滁跋校补》《石涛再考》《民国以来国画史的观察》《中国文人画概论》（译作）、《石涛画论之研究》《石涛生卒考》及《六朝时代之绘画》等。

1938年　　正月下旬，携全家回新余章塘。

1939年　　辗转前往重庆，任政治部三厅秘书，寄居西郊金刚坡下。

编著《中国明末民族艺人传》出版。完成《中国美术史·古代篇》《关于印人〈黄牧父〉》。

1940年　　长女益珊生。

4月，发表《晋顾恺之画云台山记之研究》。

8月，回中央大学任教。

9月，著《中国篆刻史述略》。《木刻的技法》一书出版。

1941年　　发表《读周栎园<印人传>》。完成《石涛上人年谱》。

1942年　　9月，在重庆举办"壬午个展"，展出作品百件。被国立艺专校长陈之佛聘为艺专教授兼校长秘书。

1943年　　分别在重庆和成都举办画展。

1944年　　次女益璇生。

在重庆举办"傅抱石画展"。在昆明举办"郭沫若书法、傅抱石国画联展"。

1946年　　10月，随中央大学由重庆迁回南京。

12月，在南京香铺营文化会堂兴办"徐悲鸿、陈之佛、吕斯百、傅抱石、秦宣夫联合画展"。

1947年　　三女益瑶生。

发表《明清之际的中国画》《中国绘画之精神》。

10月，在上海中国画苑举办"傅抱石画展"，展出作品180余幅。

1948年　　出版《石涛上人年谱》。

冬，在南昌举办个展。

1949年　　幺女益玉生。

1950年　　到南京大学任教。

1951年　　当选为南京市文联常委。

著《初论中国绘画问题》。

1952年　　任南京师范学院教授。

1953年　　发表《南京堂子街太平天国壁画的艺术成就及其在中国近代绘画史上的重要性》。作品《抢渡大渡河》《更喜岷山千里雪》参加全国第一届国画展。

1954年　　出版《中国的人物画和山水画》。

1955年　　在第二届全国美展中展出《湘君》《山鬼》。

1956年　　增补为第二届全国政协委员。

被推选为中国美术家协会南京分会筹委会主任委员。

1957年　　被提名为南京国画院筹委会主要负责人。

5月，率中国美术家代表团访问罗马尼亚、捷克，作画50幅，后出版为两本画集。

编译《写山要法》，著作《山水人物技法》出版。

1958年　　发表《白石老人的艺术渊源》。出版《中国的绘画》《傅抱石画集》。在北京举办"江苏省国画展"，展出新作《蝶恋花》《雨花台颂》。

1959年　　"中国画展"在巴基斯坦卡拉奇开幕，以《四季山水》及《罗马尼亚——车站》参展。到长沙、韶山写生，出版画集《韶山》。

在北京人民大会堂作巨幅山水《江山如此多娇》（与关山月合作），毛泽东亲题画名。

1960年　　3月，江苏省国画院正式成立，任院长。出版《中国古代山水画史的研究》。

4月，中国美术家协会江苏分会成立，当选为主席。

8月，当选中国美术家协会副主席，全国文联委员。

9月，率江苏省国画院画家旅行写生。出版《山河新貌》画集。

1961年　　发表《思想变了，笔墨不能不变》。5月，"山河新貌"画展在北京举行，《待细把江山图画》《枣园春色》参展。6月至9月，到东北写生。

11月，"傅抱石东北写生画展"在南京展出。

1962年   2月，发表《郑板桥试论》《郑板桥·前言》。

10月，赴浙江风景区度假、写生。

1963年   1月，在杭州与何香凝、潘天寿合作绘画。

3月，为驻缅甸大使馆作《华山图》。

11月，赴井冈山、瑞金写生、创作。

1964年   9月，当选第三届全国人民代表大会代表。

1965年   1月，作品《虎踞龙盘今胜昔》参加全国美展。

9月29日，因脑溢血，病逝于南京汉口路家中，安葬南京雨花台公墓。

九、张大千卖画报国内幕

　　张大千是个大收藏家，他收藏的众多名画中，尤以南唐顾闳中的《韩熙载夜宴图》，南唐董源的《潇湘图》最为名贵。这两幅画，现在在故宫博物院的藏画中也是宝中之宝。关于这两幅画加上另一套宋人册页，50年代由张大千卖（让）给祖国的消息，各报刊刊登不少。最近读到包立民大著《张大千艺术圈》（1990年辽宁美术出版社），其中《张大千与叶浅予》一章也谈到这个问题。包先生是著名记者，这消息出于他对著名画家叶浅予的采访，他说："五十年代初，……他（张大千）决定迁居南美洲的阿根廷，为筹措一笔搬家费，他忍痛从行箧中取出三件钤有'别时容易见时难''大风堂珍玩''南北东西只有相随无别离'收藏章的名迹，一件是南唐顾闳中的《韩熙载夜宴图》，一件是五代董源的《潇湘图》，还有一件是宋人册页。他将这三件名迹交给香港一位古玩经纪人，并告诉经纪人说，优先让给中国。消息传到当时的文物局局长郑振铎耳中，郑振铎当即拍板，派人去香港接洽，终于以四万元人民币的价格，使三件从故宫散出的珍品，又回到了故宫博物院，此事使郑振铎很受感动，有一次见到叶浅予，他悄悄地说：'张大千不错嘛，他还是爱国的！'"据我了解，真实情况并非完全如此。我第一次看到这个消息是1986年至1987年之间（具体日期忘了），当时我在美国堪萨斯大学任研究员。堪萨斯大学在劳伦斯市。有一次我去堪萨斯市的纳尔逊美术馆看画，遇见前任老馆长、著名中国美术史研究家席克曼(LaurenceSickman)先生，他和我谈了一些宋画问题之后，便对中国有些作者不顾事实写文章胡乱发挥感到恼火，他说："最近看到一篇文章说张大千出于爱国之心，把几张名画《韩熙载夜宴图》《潇湘图》等让给中国，是为了让这几张名画归还中国，免得失落在国外，这真是鬼知道。实际上，张大千一直想把这几张画卖给美国。谁给他钱多他就卖给谁。他知道我们馆以收藏宋画闻名，就把这几张画送来，开始索价很高，我们准备叫他减些价买下，他也准备减价，但当时中韩战争刚结束，中国人在韩国（朝鲜）和美国人打仗，双方大伤和气，所以美国政府多次下令，拒绝接受中国文化，各地不得收买中国艺术品，所以我们不敢买。以后听说他又拿到香港去卖，最后被中国收去。"席克曼一直为失去这几张名画而痛悔，但他们当时不敢违反政府的明确规定。和席克曼谈话当天，我回到劳伦斯市我的住房中，接受了中国大使馆早已寄来的《人民日报》（海外版）。正好读到这篇文章，文章中大谈张大千爱国，对新政府有深厚的感情。说他在海外游荡，唯耽心随身携带的几件名宝失落他乡，于是决定捐送给中国故宫博物院，以了却他的心愿，同时表达他对新中国的热爱。但他又恐怕遭到台湾当局的迫害，于是收了很少一点钱，明卖暗捐云云（大意如此）。我回国后，读到很多类似文章，其重点皆是宣扬张大千捐画给中国是出于爱国之心。

张大千是否爱国，我并无研究，不敢臆断。我相信他的一方印"游戏人生"和一副对联"百年诗酒风流客，一个乾坤浪荡人"。事实胜于雄辩，美国限制中国文化的政策一解禁之后，他收藏的中国名画就不停地卖到美国各大博物馆。现在在纽约大都会等博物馆中常能看到钤有张大千收藏印以及他的最后一位妻子徐雯波的收藏印的中国名画。此外，纽约王季迁家中也有一部分藏画原是张大千的收藏。据王季迁告诉我，这些画大多是张大千押在他家，后来张大千无钱赎回，只好出让。在这期间，他就没有卖过一张画给中国，因为中国大陆不可能出太高的价钱。

现在再谈1950年代，张大千为什么卖画给中国大陆的问题。也许席克曼一个人的话不足为凭，但可以为之证明的人尚很多，且皆健在。看到《人民日报》上刊登的张大千爱国捐画的文章之后，我又到了堪萨斯纳尔逊美术馆。这次，由纳尔逊美术馆东方部主任何惠鉴设宴招待我。我便向何先生谈起此事，何先生也告诉我，张人千当时先把这几张画拿到纳尔逊美术馆出卖，因美国的政策不准许收买，于是他又拿到克里夫兰美术馆出卖，何先生当时任克里夫兰美术馆东方部主任，为该馆收购了很多中国名画，但当时碍于美国政府的政策，也不敢收买。张大千当时急需一笔钱，香港是文化沙漠，一般不会出高价买画；台湾的经济尚未起步，也无力出高价收买这几张画；日本是战败国，更无指望买他的画，他实在没办法，只好拿到香港托人卖到中国大陆。完全是为了钱。堪萨斯大学美术史系讲座教授李铸晋是位德高望重的著名学者，他的话颇有分量。他告诉我的张大千让画给中国大陆的内情也和席克曼、何惠鉴二先生所述相同。李、何二先生都健在，读者如果对我的话怀疑，可向二位先生打听。

包立民写的张大千为置办搬家费，忍痛出卖名画，基本符合事实，但他不知道在此之前，张大千是准备卖给美国美术馆的内幕，其他文章大谈张大千因爱国而把名画明卖暗捐给中国，皆是想当然之说，与事实根本不符。

（载《美术之友》1991年4期）

补记：

最近笔者又读到很多文章，披露了张大千死前，承认他卖给大陆的《潇湘图》是假画。如上海书店1991年出版的《谢稚柳系年录》第255页，"十二月三十一日，客人来访，与稚柳谈及江南画派董源，稚柳曰：张大千逝世前的两个月，托香港的王南屏带口信给我，说：

"你告诉稚柳，董源的《夏山图》《潇湘图》和《夏景山口待渡图》
都是假的。"关于张大千说《潇湘图》是假画，很多报刊上都报道
过，他也给不止一人说过，特别说到《潇湘图》是假画。谢稚柳也曾
多次面告笔者。据余辉研究，《韩熙载夜宴图》也是假画。当然，
《潇湘图》是否假的，不是张大千一锤可以定音的。但他本人明知且
认定是假画，还要当真画卖给新中国，当时，新中国刚成立不久，百
废待兴，钱都是老百姓的血汗钱，都是国家建设和巩固急需用的钱。
张大千把自己认定的假画拿出来，换去国家急需用的钱，他爱国爱到
这种程度，爱得也太可以了。

（载马来西亚《南洋商报》1995年9月25日）

十、潘天寿研究及联想

（一） 潘天寿和20世纪几位大家之比较

由于潘天寿的绘画风格之独特及其艺术成就之高，研究他的专家和论著也越来越多。关于潘天寿研究的各个领域都已有人谈过。我这篇文章实际上是从潘天寿的艺术引发出的问题，正确的题目应叫《从潘天寿艺术谈起》，但又不尽然，姑以"研究及联想"名之。

时下的中国画坛状况是：小家增多，大家减少；小家越来越强，但仍是小家，一些所谓"大家"有其名而无其实。潘天寿之后的画家还没有一人能和潘天寿相比。所以我只能把潘天寿和他同时或稍前一些大家相比，从而排出潘天寿在20世纪中国画坛中的地位。

1、潘天寿和吴昌硕之比较

潘天寿的画早年是学吴昌硕的，并受过吴昌硕的指点，他早期的画一度逼似吴昌硕。宁海文化馆收藏一幅潘天寿早年画的荷花，乍一看，就会误认为是吴昌硕之作。据潘公凯研究这幅画"笔墨构图均是吴派画风，估计是认识吴昌硕以后的练笔之作，故未落款。据说九年以后，他为了跳出吴昌硕风格的笼罩，凡是下笔见出吴派影响的，就立即撕掉，足见决心之大。①"他说的"吴派"不是明代的吴派，而是吴昌硕派。当时的画家王个簃、诸乐三、吴弗之等人都是学吴昌硕的，其他不太著名的画人学吴昌硕者更多，一见便知是吴派弟子。这些画人学吴而不及吴，即使完全似吴，按潘天寿后来的说法，不过是水印木刻师傅而已。所以，要独立门户，首先要摆脱吴派影响。在当时，即使学八大的人也比学吴强，因为学吴的人太多，学八大山人尚不是太多。潘天寿也确实学过八大山人，从现存《潘天寿册页·鲶鱼》来看，其上自书"背临个山僧，寿"，连书法都似八大山人。但潘天寿要成为一代大师，岂能随人俯仰，他《题张书旆花卉集》诗云："不道徐黄旧心法，极波涛处竟龙蛇。"②也是他的"夫子自道"。

　　吴昌硕的画有笔有墨，气势磅礴，以传统书法入画，有篆隶笔意，雄浑厚重，也就是说他的画有骨有肉，骨肉均匀，线条灵活多变，很少有直线。而潘天寿学吴却力求"强其骨"，他的画大的方面基本上由直线组成，这也是传统的文人笔法所忌讳的，董其昌强调"但画一尺树，更不可令有半寸之直，须笔笔转去"。③所以董其昌及其后继者们用笔都一定是圆转而柔和的，潘天寿却反其道而行之，尤其是他的山水画和石头，都尽可能地用方而直的线勾写成大大小小的几何体，再加上浑重的苔点，这就和吴昌硕拉大距离。"少则得，多则惑"。王个簃、诸乐三等人对吴昌硕都得了，结果"多则惑"，潘天寿则求"强其骨"。《老子》三十九章云："天得一以清，地得一以宁，神得一以灵，谷得一以生，侯王得一以为天下正。"潘天寿在"骨"这一点上加以强调，也就是"得一"，结果他的画得了（不是得到吴，而是得到了他自己应得到的一切），成了一代大师。

─────────────

①潘公凯：《潘天寿绘画技法简析》，中国美术学院出版社，1995年版，第19页。

②《潘天寿诗存》，浙江美术学院出版社，1991年版。

③ 董其昌：《画禅室随笔》，文物出版社，1982年版。

2、潘天寿和齐白石比较

齐白石的画也曾受过吴昌硕的影响，但他又学徐青藤、八大山人、金冬心、石涛等，加之他的性格和思想情操不同于吴，画也不同于吴。吴画浑厚，齐画则清新，吴画苍老沉着，齐画则天真自然。白石的诗亦清新，比如常见的《不倒翁》："乌纱白扇俨然官，不倒原来泥半团，将汝忽然来打破，通身何处有心肝。"又如《雨耕图》诗："逢人耻听说荆关，宗派夸能却汗颜。自有心胸甲天下，老夫看惯桂林山。"都是十分鲜明清新的。而且白石作画，花卉、禽鸟、鱼虫、山水、人物，样样皆能。我曾评过这几位大画家，曾说有新文人画，第一齐白石是新文人画，第二潘天寿是新文人画。齐白石新在思想情操异于旧文人；潘天寿新在笔墨构图异于旧文人。潘天寿和齐白石正好是两个极端，潘画方正谨严，一丝不苟；齐画率易潇洒，随意自然。潘画是"刻意经营，复归于朴"，齐画是"清水出芙蓉，天然去雕饰"。我们看吴昌硕的浑厚之后，要看齐白石的清新和自然，然后再看潘天寿的威严刚健，方有不同的感受。学齐的人很多，都没有树立新的形象，潘天寿和吴昌硕拉大了距离，同时也和齐白石拉大了距离。一般论著说潘天寿是继白石之后的又一个高峰，乃是正确的。潘天寿这一高峰是别人代替不了的。其他大部分吴派画家和齐派画家都在吴、齐画风的笼罩之下，在画史上只是陪衬人物。潘天寿则是独立门户、创立新境的画家，是任何人不可替代的"独诣"画家。

3、潘天寿和黄宾虹

黄宾虹，晚年和潘天寿同在一校教书，但比潘大32岁。两人的绘画道路和对绘画的认识也不尽相同，却都对中国画的发展作出了巨大贡献。黄和潘都是从研究中国画史入手，但黄盛赞新安诸画派，而对南宋院体和扬州八怪画评价较低；潘天寿则对南宋院体李刘马夏等给予很高的评价。他们对某些具体的问题更有不同看法，但每人都对中国画史有

潘天寿 交公粮

一个总体的把握。因为看法有不同之处，加之个性不同，经历不同，所以，两人发展的方向不同。

黄宾虹是在传统基础上积累加厚，潘天寿却在传统基础上出奇制胜；黄是顺着传统向上走，潘却和当时的传统拉开距离；黄是群山中的高峰，潘是群山外的独秀峰。黄宾虹对传统理解得太多，他用笔讲究"平、圆、留、重、变"（五笔），用墨讲究"深、淡、破、泼、渍、焦、宿"（七墨）"，他的笔墨效果是"浑厚华滋，笔苍墨润"。而潘天寿却不要这么多讲究，他仍然是"强其骨"，他反复地说："落笔须有刚正之骨，浩然之气"，[①]"强骨、静气"。[②]在强其骨的基础上，加以积累，以增其厚重之感。潘天寿"得一以为天下正"，特色特醒目。黄与潘，一以"浑厚华滋"胜，一以"刚正之骨"胜。各具面貌不可互代。如前所述，潘天寿是20世纪中无人能替代的、绝对"独诣"的伟大画家，他在中国画史上的地位不但不能抹杀，而且应该十分突出。

（二）关于写传统

二十世纪的中国画坛中最大事件便是传人西法，于是画界出现了两股大的势力，其一是借鉴西法，但仍然以中国的笔墨去表现；其二仍然在传统的基础上去发展，拒绝西法。前者开创了一代新风，可以说是为中国画增加了一个新品种，其功不可没，但这一派至今尚未出现杰出的大师级人物。至少说其中最出色的画家地位远远赶不上后者的最出色画家。吴昌硕、齐白石、黄宾虹、潘天寿、傅抱石，是中国画坛中公认的最杰出大画家，他们都是从中国传统中发展起来的，根本和西法无关。

那些融合西法画中国画的画家，其中最著名学者，不但中国画家不认为他们的画十分崇高，外国人也并不承认他们。可以说，融合西法出

---

①潘公凯：《潘天寿绘画技法简析》，中国美术学院出版社，1995年版，第113页。
②潘公凯：《潘天寿绘画技法简析》，中国美术学院出版社，1995年版，第113页。

现了成功的画家，但基本上没有出现成就十分高的画家，至少说，没有出现像齐白石、黄宾虹、潘天寿这样十分杰出的大师。

林风眠任国立艺专校长时，把国画和西画并在一起学，而潘天寿任校长时，则把中、西画分开学，潘天寿更强调中西画要拉大距离。他学画从《芥子园画谱》入手，后学吴昌硕、八大山人等，最终创造出自己的独立的风格，他的画中是完全没有西洋画的成分。齐白石晚年说：如果年轻三十年，一定要学油画，学素描。如果他真的学油画，学素描，他是否能成为一代大师，就难以逆料了。

但真正的中国画大师，决不会太年轻，因为传统的功夫必须长期的磨炼，"书人不可以无年矣""画人也不可无年矣"。融合西法，其实主要是融西洋的造型表现力，而造型表现力一般说在三四十岁时最强，年龄太大则每况愈下。现在的年轻人急于成名，所以乐于借用西法，真正在传统上下工夫的人就不多了。

在理论上更加混乱，很多人认为，传统的包袱太重了，必须丢弃；传统太伟大，我们无法超越，重复传统，永远不能发展，不如另起炉灶；此外，还有所谓传统是前人创造的，我们应该创自己的传统，我们不需要前人的传统，我们要反传统等等。

其实，传统固然是前人创造的，但艺术发展到今天，必须借鉴传统。也没有一个人完全不借鉴传统，你用毛笔画画，就是国画传统，你用油画笔画画，就是油画的传统。当然，对传统的理解有深有浅，理解太浅的人无法创造出高明的艺术。

这正如学语言文字，语言文字是前人创造的，你要表达自己的思想，必须学会前人的语言文字，前人语言文字越丰富，就越能正确地表现我们现在的思想。如果以前人语言文字太丰富为由，而拒绝学习，那你就不能很好地表达自己的思想。你另起炉灶，另创一套语言文字，你决不能成为语言大师，不但别人听不懂、看不懂，你自己也无法表达自己的思想。哑语当然是不同于正常的语言，但仍然是长期形成的，笔者不懂哑语，但可以断定，哑语必有哑语的系统，你要借鉴哑语创造出不

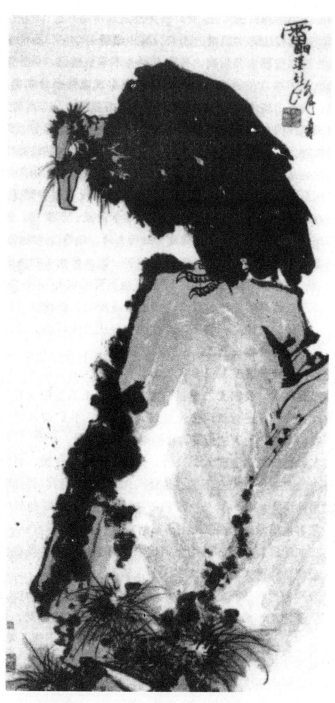

潘天寿 雄视

同于正常人的语言，也必须下工夫学哑语，但即使学得很好，其表现力也不会太高。语言是必须学的，决不会因为传统语言太伟大、太丰富而妨碍你表达自己的思想，你可以不用传统语言表达自己的思想，形成自己的"语言"。画家有了自己的思想，就可以用传统笔墨表现自己的思想，形成新的艺术风格。齐白石、黄宾虹、潘天寿都是如此。

那么融合中西，如一个人学会了两种语言，一句话中同时用两种语言不更好吗？其实未必好。笔者写到这里，正好来了一位通点外语的先生，他带来了一个女孩子，告诉我"她今年才six岁"，又说"她很有music才能"。在座的中国人和外国人都听不懂，我只好作了两次翻译，我先给中国人翻译说："她今年才6岁"，"她很有音乐才能"；又给外国人翻译："She's only six years old"，"She has agenius for music"。他那种中西融合的语言中国人听不懂，外国人也听不懂，而且其表现力也未必丰富。所以，不如干脆用汉语或用英语讲。当然融合如果是一方把另一方吸收了，也不是完全不可，如卡车、模特儿，本是外国的语言，现已变成中国的语言。这不是融合而是吸收。

但语言问题和艺术不同，学习一种语言，不要太多的时间，所以，一个人可以很好地掌握两种语言。但一种艺术，要达到很高的水平，非终生努力不可，荀子曰："艺之至者不能两"。所以要想同时掌握中西两种不同的艺术，是非常困难的，本身都没有掌握好，再谈融合，真是谈何容易。

而且，一般说来，油画画得很好的人，不会再去努力于水墨画，顶多是偶尔画点好玩。同之，中国画画得很好的人也不会努力于油画。一般公认的油画家以前有吕斯百，现在有徐明华、张华清、靳尚宜、全山石等，他们都是不画中国画的。董希文出国访问时画过几张中国画，恐怕也是出于某种需要，他绝不会努力于此。我所熟悉的吕斯百、徐明华，一张中国画都不画，他们的油画却在某一方面独领风骚。现在的中青年画家，凡是油画画得很好的，也很少去碰中国画。中国画画得非常好的，齐白石、黄宾虹、潘天寿、傅抱石，也绝不画油画。真正的艺术家作画为了抒发自己的感情，调和内部情绪，表达自己的思想，任何一种画如果掌握得十分好，都足以达到自己的目的。是否需要中西调和，还需要再研究。

中国画的优劣，必须中国的专家评价才算数，中国的专家认为：调和中西，融合中西，结合中西，至今还没有出现令中国画家十分服气的杰出大师。

当然，以上只是我对中国画史一些问题的总结而得出的结论，以后是否需要融合，是否能出现杰出的大师，甚至世界一流的大画家，则需以后再作讨论。

（三） 潘天寿和浙派

我在《论大师》一文中说，大师的画必随性而出。一个人有一个人的性格，一个地区大抵有一地区人总的性格，画家学画应选择一种符合自己性格的风格去学习和创作。吴地人多数是性柔而温和的。因之，吴派画的风格总的来说是柔曲温和的。北方人的性格是刚硬的，风格上也是刚硬的。浙江人的性格近于北人而不近于吴人。所谓吴人，指的是以太湖为中心的一个大区域，常州（西吴）、苏州（东吴）、湖州（中吴），西至南京、镇江、无锡，东至松江，其间除了太湖之外，还有长满湖、宸湖、阳澄湖、淀山湖等。董其昌曾奇怪：元代时，赵孟頫、王蒙、吴镇、黄公望都在浙江地，而未形成浙派。国朝（明）戴文进一人而形成浙派，不知何故？这个问题，我曾作过研究，赵、王、吴、黄四大家虽属浙江人，但都处太湖地区，其性格属于吴人，他们的画都是柔和温润的，他们传的都是江南画风。所谓江南画风，董源、巨然时已形成，米芾《画史》云："颍州公库顾恺之维摩百补，是唐杜牧之摹寄……其屏风上山水，林木奇古，坡峰皴如董源，乃知人称江南，盖自顾以来皆一样，隋唐及南唐至巨然不移。"古人说的江南指的就是"吴地"为中心地域，不包括浙江。唐人张彦远《历代名画记》

卷二记："江南地润无尘，人多精艺，三吴（常、苏、湖）之迹，八绝之名，逸少右军，长康散骑，书画之能，其来尚矣。"《淮南子》云："'宋人善画，吴人善冶'，不亦然乎？"他说的"江南"也和米芾的江南相同，他说"吴人善冶"，又解释"冶赋色也"。吴地培育了吴人的性格，倪云林、董其昌等人的先辈都是北方迁到吴地，结果变为吴人性格。浙江流域，尤其是杭州以东地区人的性格是刚硬的，这里的绘画传统始于南宋院体，北宋有画院而无院体，《四库全书总目》卷一一三子部《艺术类》有云："南宋自和议既成以后。湖山歌舞，务在粉饰太平，于是仍仿宣和故事，置御前画院，有待诏、祗候诸官品，其所作即名为院画。如李唐、刘松年、马远、夏珪等，有四大家之称……"南宋绘画中心在浙江杭州，在这里形成了刚硬的线条和苍劲的皴法，后人学院体即是学南宋画风而不是学北宋画风。当朱元璋打着"反元复宋"旗号灭元建明后，便要恢复宋法，绘画上，他也不喜元法而提倡宋法，保持宋画（南宋）传统的画家都在浙地，其次在福建，所以浙江画家兴时，大量进入宫廷，形成浙派，所以，元朝四大家都在浙，而未形成浙派，明朝仅戴文进一人而有浙派之目，戴文进是浙人而不地处吴境。

吴昌硕是安吉人，有人考证他实为孝丰人，孝丰后来并入安吉，实距安吉不远。安吉地属浙江西北，距太湖不远（但比湖州距太湖为远），距杭州较远。所以，吴昌硕的画风既不属道地的吴派（指吴地）的画风，也不属道地的浙派画风，其画刚柔相济，处于吴浙之间而兼有两者之长，这是安吉之地给予他的灵气。

潘天寿出生于宁海，乃是纯粹的浙人的性格，刚硬厚直，完全不是那种软体的性格，我曾评潘天寿"为人朴实，性简寡言，体貌镇重，不严而威"。所以，他成功的画风正同于他的性格，也同于浙地一向的传统风格，这一派风格，基本上都用刚而直硬的线条勾写山石或花木的形体，突出线条，强其骨。潘天寿也是如此，而且用的都是硬笔勾线，苍劲刚硬，骨硬如铁铸。只是潘天寿的画更加苍劲，更浑厚，更敦厚，所含有的人文精神更多。浙派画风自南宋形成以降，至潘天寿已达到至善至美的高峰，他的艺术水平和人文价值都是史无前例的。这和他的学养有关，也和他的精神气质、个性品格有关。画的风格必出于人的性格，才可能达到最高的境界，以潘天寿的性格，如果学吴派柔弱温和、曲软润淡的画风，恐怕不会达到很高的境界。后学者是否可以从中得到一些启发呢？

（四）　一对矛盾的提法

潘天寿出版过美术史著作《中国绘画史》《顾恺之》等，还写过很多美术史方面的论文，他是一位美术史家，他以史家的思维提出了"混交论"。他说："历史上最光荣的时代，是混交时代。何以故？因其间外来文化的侵入，与固有特殊的民族精神，互相作微妙的结合，产生异样的光彩。原来文化的生命，互为复杂、成长的条件，倘为自发的内长的，总往往趋于单调。倘使有了外来的营养与刺激，文化生命的长成，毫不迟滞的向上了。"他还说："民族精神，是国民艺术的血肉，外来思想，是国民艺术的滋补品。"无疑，他是主张中国画吸收学习西洋画，"互相作微妙的结合"。

但潘天寿更是一位伟大的画家，作为画家他又强调："中西绘画，要拉开距离。""中国绘画如果画得同西洋绘画差不多，实无异于中国绘画的自我取消。""我向来不赞成中国画'西化'的道路。中国画要发展自己的独特成就，要以特长取胜。""号召世界主义文化，是无祖宗的出卖民族利益者。""今后的新文化，应从民族遗产民族形式的基础上去发展。"[1]这里，他又十分反对"混交"，强调"拉开距离"，他坚持"从民族遗产民族形式的基础上去发展"，既不再提"混交"和"外来营养与刺激"，更不提"互相作微妙的结合"。考察潘天寿，早年的画还不成熟，还处于"落叶满空山，何处寻行迹"的阶段，他以史

---

[1] 《潘天寿谈艺录》，浙江人民美术出版社，1985年版。

实为基础，提出"混交"论。但他后来创作中国画，渐出风格。从"空
山无人，水流花开"到"万古长空，一朝风月"，他走的皆是民族形
式，同时，出于对中国文化的责任心，他提出"拉开距离"，避免文化
殖民主义，他的理论无疑也是正确的。"混交"和"拉开距离"是矛盾
的，但前者是论史，后者是论今，且是个人感受之言，又并不矛盾。当
然，潘天寿这一对理论是不是矛盾的，是否另有意义，还值得深入研
究，结合当时的社会背景，个人思想意识，美术现状，细细分析，也许
能得出更深刻的结论。所以，潘天寿研究还必须继续下去，很多问题至
今都拿不出理想的结论。

　　值得注意的是，画家而兼史论家这类"矛盾"还有不少。傅抱石也
是一位美术史家，一般人都知道他是一位大画家，其实，他到日本去是
学美术史，回国后，在中央大学、南京师范学院都是教中国美术史的。
他研究美术史时，在《道家思想盛行和外来影响并发的汉代》一文中
说："西方文化的输入，自对中国周秦等传统的美术，给了相当的影
响、冲动和感化。"但在后来，他以创作的经验又坚决反对外来影响，
当时有很多人提出中西绘画调和、融合、结合，他都十分不满，但提出
者多是同行好友，有的也颇有势力，他只好忍了。后来一位叫圣清的作
者在《论国画》一文中提出中国画和"欧洲的艺术来恋爱，将来共同产
生一种世界的艺术"。在此之前，也有人提出中西绘画"结婚论"，傅
抱石再也按捺不住了，他气愤地加以嘲讽："还有大倡中西绘画结婚的
论者，真是笑话！结婚不结婚，现在无从测断，至于订婚，恐在三百年
以后，我们不妨说近一点。"他还说："中国绘画根本是兴奋的，用不
着加其他的调剂。""中西在绘画上，永远不能并为一谈。""中国绘
画既有这伟大的基本思想，真可以伸起大指头，向世界画坛摇而摆将过
去，如入无人之境一般。"①

---

① 傅抱石《中国绘画变迁史纲》，1931年版。

潘天寿　秋晨

潘天寿　黄山古松

很明显，以史家眼光看，傅抱石承认"外来影响"的作用，中国画需要"西方文化的输入"，但从创作家眼光看来，他又反对"结婚"，认为中国画"用不着加其他的调剂"，这一矛盾也是十分尖锐的。

陈师曾也是一位大史论家兼大画家，他出版过一本《中国绘画史》，最后他提出："中国之画往往受外国之影响，于前例已见之。现在与外国美术接触之机会更多，当有采取，融合之处，固在善于会通，以发挥固有之特长耳。"

1919年，徐悲鸿赴法国留学，临行之际，北京大学为徐举行欢送会，陈师曾到会演说："东西洋画理本同，阅中画古本其与外画相同者颇多……希望悲鸿先生此去沟通中外，成一世界著名画者。"

前一理论，写于在国立北平美术专门学校时，后一演讲则在北京大学画法研究会中，但后来，陈师曾的观点也彻底改变。

在大总统徐世昌的支持下，在北京组成了中国画学研究会，以保存"国粹"为宗旨，金城、林纾等人都是这一研究会的，他们坚决反对一切外来因素。金城是该会会长，他著文说："吾国数千年之艺术，成绩斐然，世界钦佩，而无知者流，不知国粹之宜保存，宜发扬，反靦颜曰：艺术革命。"[1]"谨守古人之门径，推广古人之意"而坚决反对输入西洋画法。陈师曾也加入了这一"国粹派"，他的观点已很明了，他又写了《文人画之价值》一文，对文人画大加称赞和推崇。当时革新派、改良派、调和派等都是反对文人画的，同时力主输入西洋画，陈师曾独推崇文人画，观点也很明了。对于徐悲鸿等人提出的"维妙维肖"和西洋写实之妙，陈师曾却攻击"直如照相器"，"岂可与照相器具药水并论耶？""且文人画不求形似，正是画之进步"。"国粹派"的中国画学研究会都是坚决排斥和反对融合任何西法的，陈师曾是这一派中的重要人物，已足以说明他的态度了。他这一态度也和他以前要求"沟通中

---

①金城：《画学讲义》，收入《画论丛刊》，人民美术出版社，1989年版。

外"的理论矛盾。

徐悲鸿一生提倡写实主义，后来又郑重声明"素描为一切造型艺术之基础，草草了事，仍无功效，必须有十分严格之训练……"[1]但徐悲鸿欣赏的画家齐白石、傅抱石、黄宾虹以及潘天寿等人都不会画素描，[2]都不是以"素描为一切造型艺术之基础"，恐怕也不是"写实主义"。

画家理论和创作之矛盾，理论与欣赏之矛盾，还可以举出一些，也可以举出更具体一些。我也曾对这一问题加以研究，得出一些更深层的结论，但因事忙，时间太紧，未能细加斟酌，故暂不发表，这里仅提出问题，留作更多的研究家进行研究。

（载《潘天寿研究》第二集，中国美术学院1997年3月版）

---

[1] 《徐悲鸿艺术文集》，宁夏人民出版社，1994年版，第151页。

[2] 徐悲鸿1936年4月19日在南京《中央日报》上发表《中国今日之名画家》，所评中国今日几位名画家中有潘天寿，对其人品与画品评价皆高，可见徐氏对潘天寿之欣赏。

十一、集众所善，专为一家
——记黄紫霞及其诗画艺术

20世纪开始以来，画家不少，诗人也不少，实业家更多，但既是画家、又是诗人、又是实业家者就不多了。黄紫霞便是这样一位业跨数行、身兼数任的人物。

（一）黄紫霞的生涯

黄紫霞，字德奕。于清朝光绪二十年十一月五日诞生于福建南安埔头乡。这一年是公元1894年，农历甲午年。

甲午年前后，正是中国多事之秋。黄紫霞出生的前几个月爆发了历史上著名的甲午中日战争；先生诞生时，举国上下，战火硝烟正浓，志士仁人流血未止；先生诞生后数月即1895年4月，康有为领导了有名的"公车上书"运动，资产阶级改良思潮正在高涨，影响所至，北京、上海、湖南、广州、天津等地都在大力开办学堂、创办报刊、组织学会、大力宣传变法图强的舆论。福建省随后也开办了学堂。黄紫霞少时就在新学堂中读书。这期间，中国经历了戊戌维新运动、义和团运动、八国联军的武装进犯、兴中会的惠州起义、日俄战争、同盟会、光复会领导的多次起义，直至1911年的辛亥革命，清朝灭亡，民国建立，这一切对黄紫霞有着一定影响，而且都留下深刻的印象。1915年，他顺利地毕业于省立十一中学（今之泉州五中）。其时，黄紫霞已二十二岁。

黄紫霞自幼即喜画，开始时多临摹一些古装人物，如麻姑仙人、弥勒佛、花木兰等，继而亦作翎毛花卉及山水等，多方涉猎，触类旁通。继之又学诗，中学毕业后，他即在家习画作诗，打下了很好的功底。常为亲友作画，名气渐渐传开，亦渐为社会名流所知晓。其中侨界巨擘黄奕住对黄紫霞的才华特别欣赏，于是在1920年委托黄紫霞创办南安斗南学校，开办小学及师范科，并任首任校长。他担任这个职务直到1924年。其间他又赴江浙等地考察教育，到处延聘名师至校任教。空暇时，他仍习画吟诗不辍。

1925年，更多的实业等待着黄紫霞去办，于是他不得不辞去斗南学校校长的职务。这一年开始，他先是参与筹集巨资合股创办枫角、泉永德、泉漳厦长途汽车运输公司。其后，历任经理、董事长等职二十余年，负责侨资运输事业。他一直苦心经营，为便利交通、推动发展地方经济做出巨大贡献。

1925年始，黄紫霞同时又在泉州创办泉山书社及印刷所，也连任经理、董事长近三十年。三十年间，他负责经营上海等地各种图书杂志和文教用品，承印各类书报图册及商标广告；特约经销上海商务印书馆教科书，供应本地区各中小学使用；又附设文教用品厂，生产蜡纸油墨；又开设礼品供应社和代理中央储蓄会等。其目的在于发展便利教育事业和文化事业。

几件实业办成之后，黄紫霞名望更重。1926年，黄奕住捐献巨款修缮泉州东塔，特聘请黄紫霞主持工程。这是因为他既通晓文物，又有一定的名望，且有办事能力。

1929年，热心于教育事业的黄紫霞出任厦门慈勤女中校长。次年，他又出任厦门兆和罐头厂经理，经营侨办企业。同年，他因善画，被上海商务印书馆约编绘学生训育及新生活挂图两套。这两套挂图在上海印刷后，发行全国，影响颇大。尔后，他因脚疾赴日本就医，同时在日本各地考察艺术一年，眼界更为开阔。

20年代后期，是中国内战最为激烈的时代，黄紫霞却热心于实业和教育事业，多方奔走，埋头苦干。30年代初期，国内内战依旧在延续，日本军国主义铁蹄却踏向中国。1931年"九一八"事变，日本侵占了中国东北；1932年"一·二八"事变，日本军进攻上海；1933年2月，日本军又侵热河、进攻长城要塞，中国民众奋起反抗。宣传抗战，是一切正直知识分子的职责，黄紫霞基于爱国热情，愤然创办《爱国画报》，文与画并刊，鼓舞国人团结御侮，在当时影响颇大，画报销路大增。

1935年，黄紫霞举办个人画展，并义卖，将全部得款捐献，支援抗战。

1937年7月7日，芦沟桥事变爆发后，中国民众也开始了全国性的抗战。当其之时，有钱者出钱，有力者出力，有智者出智；黄紫霞则钱、力、智并出。他于1939年，出任《南光日报》董事长，并于他的实业中赞助了印刷机器等重要设备，使宣传抗战的报纸得以顺利出版。

黄紫霞于闲余时间仍然作画吟诗，1941年，又一次举办义卖个展，并将全部收入捐献给抗战事业。他的事迹和赤诚的爱国之心广为人们所颂扬，也为政府所注目。1942年，他被任命为福建省政府谘议。

为了宣传抗战，激励民众，1943年1月1日黄紫霞又创办了著名的《一月漫画》，每逢月首出版，他自任社长，自己主编、主笔又兼发行。漫画内容反映了中国人民的苦难，揭露了德、日、意法西斯侵略者的罪行，预示其必败的下场。同时颂扬盟国军队的正义和胜利。画刊名为省教育厅长郑贞文书，陈立夫为画刊题词："抒我精神唯一笔，发人深省可千秋。"该画刊影响颇大，民众争相购买，福建、四川、广西、广东、江西、浙江、陕西、甘肃、贵州、湖南等省均设有经销处。同时也为国际友人所注意，美国大使馆新闻处每周以其时事照片和《一月漫画》相交换。中央宣传部和教育部也两度通令全国各学校机关、社会团体采用，俾广宣传。发行近万份，居当时刊物之冠。

　　抗战胜利后，黄紫霞继续从事教育和文化事业。1945年至1949年，他任南安罗英中学董事长，捐助很多经费及图书文具，将学校办得很出色。

　　1949年后，他出任泉州文管会委员，并捐献古董数十件，尔后，在社会主义改造运动中，他的企业被公私合营。从1953年起，黄紫霞即在家开设晓峰艺室，以绘画、雕塑为业，他能作中西画、舞台布景、彩塑人像等。自此之后，他除了担任一些闲职，如政协文教组、泉州开元寺建委委员，以及参加福建省美协外，主要在家从事艺术创作，并以之为乐。尤其是1963年至1966年间，他的诗画创作皆十分丰富。

　　黄紫霞久已淡泊名利，有着出世思想。常登山临水，流连寺院，他在《甲辰展重阳登宿燕寺》一诗云："九月逢微雨，愆期兴不差，有茱簪紫帽，无酒醉黄花。人影深秋寺，钟声薄暮霞，梁空无宿燕，我意欲为家。"在《癸卯寒食节朵莲寺小集》诗中写道："磨人笔墨旧生涯，一日闲游当出家，未许诗魂消古寺，且将寒节付梨花。""廿年泥爪认莲庵，依旧山青水蔚蓝，一自昨宵分约后，杏花村里梦江南。"

　　黄紫霞对佛家的感情渐深："礼佛暂能忘世去，逢僧无法把心安。""才访弥陀复普陀，十年踪迹认岩阿，须眉影向吟边白，文字缘留劫后多。便欲明心亲佛老，忍将冷眼看山河。座中不少鸿儒在，纵醉尊前敢放歌。"他越老越爱游山访寺："作健登高老更痴，山磨双脚水谋眉。菊逢佳节催秋急，风送疏钟入海迟……年来筋力尚堪再，友鹿盟鸥总不辞。"诗中见出他晚年的超脱情怀和淡泊名利，心向大自然的心境。"不为黄花勾引出，争教白首复登临。"又可见出他的游兴。

　　世事不平，英雄失路，回忆往事，有时他颇多感慨，他在《癸卯七十自讼联》中云：

　　十载读书，八载教书，卅载卖书，今日为书累到骨。
　　少时穷我，壮时劳我，老时病我，问天生我是何心。

文革期间，黄紫霞是怎样度过的，我们一时尚无法得知……

1975年7月，这位身经三朝，历经沧桑的老人怀着无穷的遗恨离开了人世，享年八十二岁。在祖国的内地和港台以及东南亚地区，他的子孙、他的众多门生、他的仰慕者都一直十分怀念他；他的诗文、他的绘画广为流传，广为爱好者所吟诵和欣赏。

（二） 黄紫霞的画与诗

黄紫霞少年时多画人物。画法近于黄慎和上官周，又不尽然。黄慎也是福建画家，早年在家习画，以见到同乡上官周的画较多，故师法上官周。上官周是清初著名人物画家，画人物形象准确生动，线条流动飘逸，有《晚笑堂画传》遗世。黄慎早年学上官周，画风同之，晚年在扬州画法大变，用笔如行云流水，成为著名的"扬州八怪"之一。黄紫霞学黄慎画的同时也兼学其他各家，其中有些画法亦似任伯年。黄紫霞晚年以绘画、雕塑为业，早年打下的造型基本功十分重要。

黄紫霞的人物画主要出于自学，开始以临摹为主。凡是他认为值得临摹的他都临摹，故能广师百家，集众所善。又以学黄慎画风较多，所以他的画大体类黄慎，却又不完全似黄慎，而有更多传统在内，其用笔苍劲，用色朴淡。所作人物不但形象准确，且气韵生动。一般的文人画家鲜作人物画，偶尔作之，也只求大概，以"逸笔草草"炫示于人。而黄紫霞是道道地地的文人，其作人物画却能以严谨的画风准确的造型独立于世，在当时尤其是在福建诚为难得。

黄紫霞中年以实业为主，所作人物画不多，以花卉翎毛名于世。他的花鸟画也和人物画一样，并不专学一家，因为所学者多，故风格也多，但反映出他的性格却是一致的。这就是我常说的：大画家作画风格的多样化必统一于性格的同一化之中。此外，还有性格相近则易于相通问题，学习传统，有的久学而无所得，有的一触即通。黄紫霞早年学花鸟以学任伯年最有所得，如他在庚戌年（1970年）所画的《秋江泛凫图》，不细审，往往会误认为任伯年的作品。直至晚年，其画中仍以任伯年画风居多，但又显然有异于任伯年。任伯年的画潇洒自如，随意自然，勾写、点簇、渍染、分披、泼墨诸法交替使用，生动活泼，清新鲜润。黄紫霞继承了任氏的长处，又加入其他各家的优点，着色更厚重，施墨更灵活，用笔更爽快，虽内容有别，而给人的直观感觉更雄健。这方面他又受了岭南画派的影响，如他画的《喜报春回图》，就显然有任伯年和岭南画派两家风格。用笔清晰爽利，单纯而直快，形象准确生动，一直是黄紫霞作品的重要特点。

长于用粉是黄紫霞作画的另一特点。他常常在有色纸绢上作画，用白粉点花，或用白粉加色画花卉，有时画鸟也用粉点或用粉渲染。文人画以水墨游戏，最反对用粉，而黄紫霞却特重用粉，并产生特别突出的效果，这可能是受了张书旂的影响。张书旂和黄紫霞是同时代人，但张专意地画，成名较早。一九二六年张书旂二十七岁时，就任福建厦门集美学校（后改为厦门大学）美术教师，常在福建举办画展，其后又任中央大学教授。其画风爽利轻快，最擅用粉，而且用粉中见出浓淡轻重。黄紫霞画中不仅用粉类张书旂，且爽利轻快的画风亦同之，只是粉与色墨更显厚润。他的作品中《双鸡竹桃图》《喜鹊梅花图》《春光集艳图》等等皆有这个特点。黄紫霞晚年喜画松鹰，其鹰的用笔方法与张书旂有些相似，但其墨色却有异，张画以轻快见长，黄画却以润重取胜。张画轻缓，显得文秀；黄画猛急，显得更有气势。

黄紫霞亦喜爱画松鹤，这是中国画中常见的题材。现在能见到他丙午年（1966年）和甲寅年（1974年）画的几幅鹤，前者多渲染，骨鲠不足，润腻有余；后者则吸收了清末海派画家虚谷的画法，减少渲染，以线条皴写为主，清刚而骨鲠，传统画意更浓。真所谓人画俱老，可见，黄紫霞的画到了晚年还在变，而且，功力愈深，笔墨愈精。

黄紫霞大部分作品并不类某一家，因为他并不专师某一家。但他的画中又有多家的影子，因为他广师百家，最后形成了他自己的风格。他的风格虽然多样，却都有清新、润雅、直快、利爽、速猛、清晰的特征。

诗画结合，是黄紫霞作品的又一特征。如他在丙午年画的《白菜图》上题："莫嫌此淡薄，淡薄能持久，海味与山珍，两者不常有。"这是一幅赠送朋友的画，上面的诗是在咏白菜，实则寓意朋友的关系，用诗画阐述"君子之交淡如水"（庄子语）的道理。人与人的交往不应以利益为重，以利益为重，关系就浓重了。不以利益为重，即淡薄，这淡薄不是感情淡薄，而是利害关系淡薄，唯此方能持久。因而，这幅普通的《白菜图》，题上这首具有哲理的诗，价值就不同寻常了。又如他所画的《白头翁图》上题："年少曾画汝，而今与汝同。拈毫重有感，羡汝竟称翁。"既幽默，又诙谐，又画出了人生的感慨。如果画上不题诗，只不过是一幅普通的花鸟图而已。

他在《题墨花》一诗中云："叶绿根香嫩嫩芽，生来滋养重家家。看他万紫千红遍，得济苍生有几花。"诗画结合，表现了诗人欲济苍生的心境。在另一幅《题墨菜》诗中云："泼墨作白菜，不食亦不卖。赠子作传家，清白示后代。"以菜和画皆清白二色，激励后人为人清白，则画之意义又不同一般矣。

黄紫霞的诗功力颇深。他早年曾入泉州韬社诗会，与当时许多前清进士、举人酬唱，颇受前辈诗人赞赏。尔后，终生吟咏不绝。黄宾虹评黄慎："诗高于画，画高于书（字）。"黄紫霞的诗造诣很高，不逊于画，只是为画所掩而已。

就内容而论，黄紫霞的诗多触景生情，当场酬唱或题画或赠友，很少有专门的为作诗而作诗。因内容不同，感怀不同，风格也有别。如他在韬社诗会时写的社题十二首，其中"船家儿女随家浮，秦晋联姻未过舟。水上相逢但一笑，含情无语各低头"显示出一种轻快和明朗的情调。抗战时期，黄紫霞车过戴云山，见日军飞机轰炸沿海地区，他写下了"驱车临绝顶，空际一身浮。越壑旋天地，穿云摘斗牛。众峰齐俯首，万木渐成秋。极目狼烟起，悲歌痛国仇"则有慷慨激昂的情调。抗战时期，他于社题所作《雨花台》写下了"虎踞龙盘旧帝家，高台雄峙一江斜。神僧去后腥风起，雨血何曾见雨花"具有一种悲壮的气氛。和平年代，他游天游峰，写下了"穿云蹑磴上天游，绝壑危峰神鬼愁。到此吾怀堪放纵，山光水色一齐收"显示了喜悦、清新的情怀。送友人出国其诗有"……尊前尚耸微吟骨，劫后难安欲老身，今日送君南国去，新诗毋忘寄来频"，显示了对友人的真实感情和期望，诗风也特别轻松自然。《寿内六十》诗："举家团聚喜盈门，草草安排帨礼存。垂老倡随敦伉俪，半生甘苦共寒温。累君臼臿蓬双鬓，愧我艰难欠一尊。种寿何须持吉语，但凭清白付儿孙。"则流露对妻子深深情义和半生甘苦的回忆。《喜宋省予画家见访》诗："十载蹉跎须已丝，艺坛深悔识君迟。何人闽海称三绝，一面温陵类故知。文字有缘通肺腑，酒浆无力上须眉。殷勤劝我重濡笔，齐放争鸣不合时。"则感慨和记事并重，表示了文人相亲、互相称颂的雅量和高贵品德。

其次，还有前面提到的纪游诗和题画诗，或寄托自己的情怀，或寓意深深的哲理，皆不同一般。

黄紫霞的诗风和他的画风一样，也是广师百家而又有偏重，他既继承了唐宋以降的豪放的诗风，又师法了宋元以降自然流畅的手法。晚年诗更趋向了平淡萧散，对元遗山、袁枚、龚自珍尤为倾心。他的《步韵题陆亡姬遗像》诗"见说玉箫今再世，不须炼石补情天"，初读之，几疑为龚自珍《己亥杂诗》中之遗句。

黄紫霞晚年诗虽愈趋平淡，但诗律也愈细，对仗尤为工整，如"出郭云悬双塔健，入山风送一身轻"；"园静最宜秋士隐，时清尽让外人游"……

60年代至70年代中，国画家能写旧诗者已非太多，能写得好者更是凤毛麟角，黄紫霞以画家而兼诗人，尤为难得。

最后还要重提黄紫霞的漫画。

黄紫霞是一位爱国的画家和诗人，他的很多诗和画都流露出他的爱国情怀。他主编的《爱国画报》《一月漫画》都是在国难当头、民族危亡之际，激于爱国的义愤，为唤起民众，鼓动士气，愤而创刊的。在打败法西斯的斗争中，黄紫霞的漫画也同样起到一定的作用。

他在《一月漫画》的"征稿简约"中说："线条要简明，意思重幽默。"他本人的漫画正是这样。如他的《天来轰雷，魔人死窟》漫画，画的是"开罗会议"和"德黑兰会议"，犹如两道闪电袭击一骷髅，骷髅两只眼洞里的希特勒与东条英机显出惊愕无奈。《整容》一画中，又要将法西斯的乱发污垢除去。黄紫霞并没有专门学过漫画，他主要用国画形式，以毛笔宣纸以及他平日的画风，画出漫画的内容，却更有特出的风格。

在中国漫画史上，黄紫霞具有不可磨灭的业绩和突出的地位。

"其人虽已没，千载有余情。"黄紫霞虽已没世十数年，然而其诗其画，其人品道德却永为后人所怀念。

（载香港《收藏天地》，1993年第2期）

十二、学者型画家——谢稚柳

（一）谢稚柳的生活道路

谢稚柳生于公元1910年5月8日，农历是庚戌年三月二十九日。他出生前，清政府内外交困，在革命党人的攻击下，岌岌可危。他出生的第二年，辛亥革命成功，清王朝也就灭亡了。孙中山当了一个月临时大总统，又让位给袁世凯了。但这些事似乎和他无关，他的出生地是江苏常州天王堂弄。常州又称武进、毗陵，历来是文人墨客荟萃之地。仅就绘画而言，明末清初的邹之麟、恽向、唐荧等皆是一代大家。以恽南田为首的常州派（又称武进派、毗陵派）更是画史上最富盛名的画派之一。

谢稚柳的祖上几代也皆是当地的文人，多有诗文集遗世。其父谢仁湛，号柳湖，举秀才，以诗词见长，著有《瓶轩词钞》和《瓶轩诗钞》各一卷。谢稚柳原名稚，因其父号柳湖，他又是谢家兄弟姐妹中最幼的一个，遂号稚柳，后以号行。稚柳之兄勤虞，字玉岑，也是颇有名气的文人。稚柳的表叔钱名山（名振锽）中过进士，更是江南著名的学者。钱名山的父祖辈也都是当地的有名文人，钱谢两家是多层的姻亲。谢稚柳生长在这个环境中，对他的成长大有益处。但不幸的是，稚柳出生之次年，其父和伯父母相继因病去世。又次年之终，家遭大火灾，稚柳由其母抱着逃出，谢家数代收藏的字画、书籍、文物以及其他财物都被烧为灰烬，房子也被烧坏，于是举家由天王堂弄迁至北门斗巷，家道从此败落，一贫如洗。钱名山见谢家遭此大难以及如此贫困，遂把稚柳之兄玉岑（长稚柳十二岁）接去其家读书，后又将女儿嫁给他。

稚柳仍居斗巷家中，六岁时由祖母教读唐诗，七岁入塾读《四书》《五经》。八岁时，受其兄玉岑影响，习书法，摹汉碑。九岁，开始习画，没有老师教，便找些印刷品临摹。他学画入迷，家中墙壁上、院内砖地上、桌子上到处皆画。手脸常被墨汁染黑。有一次老师见他书包里装有画稿，十分恼火，狠狠地打了他几戒尺，并把他的画稿全部撕毁。他并不因此而中止绘画，回去后，又画了更多的画稿，兴趣益增。同时，他也学诗。十一岁时，他写出第一首诗："野塘花落妙生情，闻有狂歌咳唾成。清水沧浪缨可濯，凄凉千载楚骚声。"

少年时代的谢稚柳没有虚度。他学画、学诗、学文，闲时游览当地古迹，凭吊先贤。他登齐高祖时所建之文笔塔，入唐永徽年间所建之天宁寺，游唐末所建之红梅阁，访苏东坡系舟处之舣舟亭。十四岁时，其家由北门斗巷迁往观子巷。但这时，他已不愿再读《四书》了。十五岁时，他到常州邮电局办的英文补习学校三一社学习英文。秋季开学时，他又进入肖溪专科学校学习。这是一家学堂，学习课目为国文、英文、数学、物理、化学，他的数学成绩不佳，但国文颇出色。十六岁时，稚柳又被钱名山接入寄园去读书，寄园在常州东郊，是钱名山读书和讲学处。从此，他拜钱名山为师，认真地学诗文、书法和绘画，为他日后的成功打下了坚实的基础。以前的老师反对他画画，钱名山却支持他画画，而且还指教他。十九岁时，谢稚柳画了一幅《梅花》，钱名山看后说："你这张《梅花》画得太散了，没有疏密，要知道哪里要疏，哪里要密，这在画面上是最重要的。"这对稚柳启发很大。这一夜，钱名山做了一个梦，梦后告诉谢稚柳："我梦见我的灵堂里挂的全是你的画。大概到我死时，你就会出名了。"而且名山还对开纱厂的刘国钧说："这个人（谢稚柳）将来能取得成功。"刘国钧是常州名人，又是大收藏家。后来。名山做梦事传到稚柳祖母耳中，祖母对稚柳说："你今后不要再画画了，再画下去，要损你老师阳寿的。"其兄玉岑也叫他不能再画，但稚柳还是画下去。倒是玉岑生起病来，玉岑当时在上海的南洋中学任教，稚柳常去探望他。

二十岁时，稚柳离开寄园，到了南京，经族叔谢仁冰介绍推荐，入国民政府财政部关务署，从事管理档案工作。在南京，稚柳眼界大扩，他经常到中央博物馆看画，又能买到很多珂罗版印刷品，回去精心临摹。

玉岑在上海和张大千、张善孖兄弟友善，来往甚密，据郑逸梅《艺林散叶》第一九五六条记："张大千作画忙，谢玉岑为之代撰题句。"稚柳因常去上海看望玉岑，也就认识了张大千和张善孖。1930年，张大千在上海举办画展，稚柳由南京到上海参观，他发现张大千对石涛的艺术下了很大的工夫，十分惊叹，难怪大千写石涛能乱真。从此，稚柳和张大千二人来往交谈，更加了解，成为好朋友。

南京的中央博物馆这一年举办古代绘画展览。稚柳在画展中见到明代陈洪绶（号老莲）的作品，其线条清圆细劲，力量气局超拔磊落，格调高古，渊雅静穆，真可并驾顾陆，稚柳从此迷上了陈洪绶，而且，老莲和稚柳又正相对，他积钱买了一张陈老莲的《梅花图》，回去认真地临摹。而且，只要听说哪里有陈老莲的画，他就千方百计去观看，他学老莲画，也学老莲书法。后来，他又通过在北京故宫博物院任职的朱家济，常到故宫去看画，有时也可以到博物院的库房里去看画，这不仅对他学画大有长进，更为他日后成为大鉴定家打下了基础。

1932年，谢稚柳看到巨然的《秋山问道图》后，见其笔墨秀润，布景天真，烟岚气象，平淡趣高，又开始临摹这幅山水画。当然，他对陈老莲并没有移情。可是这一年3月，玉岑妻钱素蕖产后逝世，他也便回到常州，协助其兄料理素蕖丧事。次年春，谢稚柳又回到北京，因他爱京剧，由友人陪同，认识了梅兰芳。梅还赠给他戏装照片留作纪念。这时张大千也居北京，张兼任南京的中央大学艺术系教授，中央大学艺术系主任是徐悲鸿，经张大千介绍谢稚柳认识了徐悲鸿。夏日，谢稚柳和张大千同登黄山，徐悲鸿率学生也到这里，三人同登黄山鲫鱼背，因山陡路滑，徐悲鸿在前，到九龙坡，徐站立不住，摔倒并滑下很远，谢稚柳后下也跌倒，张大千在最后，哈哈大笑说："徐悲鸿金鸡倒立，谢稚柳鹞子翻身。"又说自己是"姜太公稳坐钓鱼台"。自黄山回后，谢稚柳作《陈老莲》一文，这是他第一篇论文，当年即在刊物上发表。1948年又重新在《京沪周刊》第二卷第十五期上发表。

1935年，玉岑病重，谢稚柳回到常州，日夜照料其兄，3月18日，玉岑卒，年仅三十七岁，稚柳即在家乡常州为之经营葬事。

1937年，第二届全国美术展览在南京举行，谢稚柳用陈老莲法作《山茶》一幅参展，画展结束后，谢稚柳和张大千、于非闇、黄君璧、方介堪同去浙江雁荡山游览，他们合作了一幅《雁荡大龙湫图》，但几个人都没带图章，方介堪是治印高手，当时便刻了一方"东西南北之人"钤在画上。因为张大千是西蜀人在西，于非闇是山东人居北京在北，黄君璧是广东人在南，方介堪是浙江人、谢是江苏人在东，故称"东西南北之人"。这件事在画界一直传为美谈。

1937年，日本军队发动七七卢沟桥事变，然后大举进攻中国，上海、南京相继失陷，国民政府中央机关纷纷迁至武汉，再迁至重庆。谢稚柳也随着机关转向重庆，住苍坪街。

1938年，谢稚柳已二十九岁，他和谢端如小姐结婚了。谢端如也是常州人，毕业于大厦大学，后任中学教师，性格颇豪爽，但不善炊事，二人即在青年会就餐。当时，钱名山的另一个女婿程沧波任《中央日报》社长，即聘谢稚柳为《中央日报》经理。重庆距眉山、峨眉山不远，任职期间去眉山谒三苏祠，并游峨眉山等处。1940年，程沧波任监察院秘书长，谢稚柳任监察院秘书，当时，大书法家于右任任监察院院长，大书法家沈尹默以及诗人汪东、叶元龙为监察委员，篆刻家乔大壮任参事。谢稚柳和这些名家在一起，经常向他们请教书法和诗词。这一年，张善孖去世，张大千在去敦煌途中闻其兄卒，即由广元赶回重庆，为善孖料理丧事，宿谢稚柳家。丧事办完后，即在谢稚柳寓所中画《荷花图》，但这幅画没画完，即离开去了敦煌。四十三年后，谢稚柳从故纸堆中捡得这张图，又补笔完成，并题曰：

庚辰十月，大千以其仲兄善孖之丧自成都来重庆，住予大德里寓楼，灯下试缅甸纸，作此一图，未竟而去。匆匆已四十三年，东西流转，此图遂失所在，三年前偶从乱纸中捡得之，如逢故人，余与大千别且三十四年，流光容易把人抛。曾作诗云："休问巴山池上雨，白头去日苦方遒"。顾瞻此图，惜其未竟，因为足之，以付装池。不独出于相知之情，亦珍惜故人笔墨之意，使他日如相见，披图共赏，为一解颐。壬戌十月，壮暮翁时年七十有三，大千八十有四矣。

谢稚柳依旧在重庆，公务之余，吟诗作画，其诗刻意学李长吉、李义山，沈尹默却告诫他不要专学李长吉，还要研究一些宋人的诗，吟咏一些自己真切的感受。这对谢稚柳启发颇大。

在敦煌莫高窟的张大千，于1942年秋给谢稚柳来了一封信，邀他去敦煌。谢稚柳即从重庆出发，乘飞机到兰州，再转乘玉门油矿局汽车，到敦煌。他到敦煌，主要为研究佛窟壁画。每日清晨，他趁着阳光的照射，进洞测量记录，下午整理资料。因资料缺乏，很多佛经故事，都弄不清，只好笼统地记下"经变"或"佛传图"而已。谢稚柳和张大千在敦煌一年多，他去敦煌的当年秋，成都举办了谢稚柳画展，这是他第一个画展，但他在敦煌也未能参加。除了研究敦煌莫高窟壁画外，他又去榆林窟考察壁画。1943年秋，谢稚柳和张大千一起回到四川，他在重庆整理敦煌石窟记，准备著述《敦煌艺术叙录》。同时，他在准备个人画展。1944年秋，谢稚柳个人画展在昆明举行，展出作品六十一幅，画风大变，他画的人物画都受敦煌壁画唐代绘画影响。这一年冬，谢稚柳又在重庆举办个人画展。他的老师钱名山在上海去世，他也无法去料理丧事。

1945年8月，日本宣布无条件投降，谢稚柳可以回上海了。这一年，他在西安举办画展，展览期间，他与大收藏家张伯驹以及潘伯鹰相遇，成为终生好友。画展结束后，谢稚柳游览华山，然后由宝鸡回成都，过张大千寓所。9月，复游峨眉山，然后便返回上海。他在上海居虹口溧阳路，和在海门路居住的沈尹默对巷而居。谢稚柳名其居为"定定馆"，取意于"定定在天涯，依依向物华"诗句。这一年8月，他在上海举办个人画展，展出作品八十余幅。其中不少竹子画得颇具奇趣。谢稚柳爱竹，在他重庆江北的寓所后面即是一片竹林，但到上海后，在小园内种竹，多不能成活，故又改居号为"苦篁斋""调啸阁"，典又出自李长吉"苦篁调啸引"。其后，他的"苦篁斋"则名满天下。

1947年，《谢稚柳画集》在台湾出版，潘伯鹰题签并作序，收入谢稚柳画十二幅。1948年，《谢稚柳画集》二集又出版。1949年《敦煌石室记》出版。那时候，国内的战争打得正激烈，谢稚柳却埋头作画做学问。1949年5月27日，中国人民解放军攻占了上海，结束了国民党的统治，百废待兴，一切都开始了新的生活。旧的东西更要有人过问，中华人民共和国成立后，上海市政府主要负责人拜访了沈尹默，商量成立上海市文物管理委员会。次年，上海市文物管理委员会成立，谢稚柳被聘为编纂，在接收和收购文物时，主管鉴定工作。当时文管会主任李亚农，副主任徐森玉，委员有张宗祥、柳翼谋、尹石公、沈尹默、沈迈士、吴景洲、顾颉刚、马一浮，都是一代名家。这一年，谢稚柳和夫人陈佩秋迁居苏州河畔的河滨大楼。

上海市市长陈毅元帅是位诗人、书法家，又是艺术爱好者，他接见了谢稚柳，谈及中国当代画家，谢稚柳推张大千为有成就的画家。陈毅问："他怎么不回来？"谢稚柳说："大千这个人自由散漫惯了，他不会回来的。"

因为谢稚柳家藏很多古代名家书画，在"三反""五反"运动中，他被人诬陷，于是遭到隔离审查，家被查抄，抄走了他藏的北宋《仙人楼观图》，元人的《竹禽图》，还有陈老莲、石涛等名家画，并被法院判刑管制一年。1952年2月19日《解放日报》以"上海文教部门打出十只'大老虎'"报道了这个消息，证明"清水衙门"没有老虎的右倾思想是错误的，报道中说"十只老虎中就有一只是'字画老虎'谢稚柳"。陈毅市长看了报纸后便来文管会问："谢稚柳怎么样？你们不要把他搞得太过分了。"但是由于各种阻力，谢稚柳的冤案迟迟不得平反，直至1984年，上海市高级人民法院才宣告"原判定罪处刑显属不当，应予纠正""对谢稚柳宣告无罪"。

谢稚柳当时虽遭受重人打击，但仍作画不止，他开始任职于上海市文管会时，即着手临摹五代时江南画派代表画家巨然的《秋山问道图》，同时又在北方派画家范宽、燕文贵和王诜画上花了巨大工夫。同时，他还写诗。他的工作又是鉴定古代字画。他未尝一日稍闲。1954年，他又完成了《石窟叙录》一书以及《水墨画》一书。1955年，《敦煌艺术叙录》脱稿。1956年，谢稚柳与夫人陈佩秋由河滨大楼迁到乌鲁木齐南路176号，他们在这里居住了几十年，合作了很多幅画。谢稚柳的著述和编写的著作更多，他的《唐五代宋元名迹》，于1957年10月由上海古典文学出版社出版。1960年，他的《唐宋元明清画选》由上海人民美术出版社出版。他还发表了众多的论文。

1961年3月，谢稚柳去北京参观故宫博物院举办的"纪念中国古代十大画家展览会"，他观看了顾恺之、李思训、王诜、米芾、米友仁、李公麟、倪云林、王绂、徐渭、八大山人的作品一百余件。秋季，他又同叶圣陶、老舍、梁思成、林风眠、曹禺、徐平羽等前往内蒙古观光，这个观光团是由全国文联组织的。他在内蒙古写了不少诗。

1962年，国家文物局组织中国书画鉴定小组，将对全国各地所藏中国古代书画作全面系统的鉴定。鉴定组成员有张珩、谢稚柳、韩慎先。韩不久去世，补故宫博物院刘九庵。他们从北京出发，经天津、哈尔滨、长春、沈阳、旅大，返往半年，所见书画万余轴。秋季，又同张珩、刘九庵至湖南、湖北，冬至广州作鉴定工作，作《北行所见书画琐记》一书。1964年，张珩卒，谢稚柳又与启功、刘九庵重新建组，去重庆和四川省博物馆鉴定书画。

这个时候"四清"运动开始，谢稚柳因购王诜的《烟江叠嶂图》遭到批判。这幅《烟江叠嶂图》曾被人认定是假画，1957年，古董商靳伯声携此卷来上海见谢稚柳，谢认为王诜的画和卷尾苏轼及王诜的长题都是真迹，即携至文管会，却被其他专家们一致定为赝品，决定不收购。谢稚柳怕此图流失或毁坏，便以一千八百元购得。"四清"运动一开始，这件事便被人重提并遭批判。

虽遭批判，他还能写文章，《论李成〈茂林远岫图〉》《论书画鉴别》等还陆续发表。"文革"劫难到来后，他就没有自由了。1966年8月1日，他的家第一次被抄，家藏古代书画及张大千等人的作品全被抄走。10月，又一次被抄。这一次翻箱倒柜，连阳台上的紫砂花盆都被推翻打碎查找，抄家人问："有金条吗？"陈佩秋答："没有。"抄家人问："你们的钱到哪里去了？""都买古字画了。""你们过去有金条吗？""'三反'时都赔出去了。"此时，谢稚柳立在一旁，已无发言权了。1967年，谢稚柳的家第三次遭查抄，这一次连书案、书橱、镜框都被抄走，只留下一张吃饭桌和一张床。12月，谢稚柳和陈佩秋都被隔离批斗、写交待。别人被批斗时，谢稚柳也要被拉去陪斗，"喷气式"站立，弯腰低头，两臂向后翘起，被折磨得苦不堪言。1968年，谢稚柳被监管在上海博物馆内扫地劳动。这一年，他已五十九岁了，劳动虽苦，但比被批斗要好得多。六十岁那一年，他患了目疾，复视，看所有东西都是两个影子。经医生检查，患脑血栓，认为他的眼睛治不好了。再过几个月去检查，被确诊为脑血管硬化，面部神经有些瘫痪。这时，他仍被监管劳动，经医生建议，才被释放回家。上海名医张镜人是他的老友，经常为他医治，眼疾渐渐好转。

眼疾好转之后，谢稚柳又准备作画了。他开始研习南唐徐熙的落墨法。他立意改变画风，所以，选择了鲜为后世所知的徐熙落墨法，反复试验，同时，他也在改变书体，又学怀素狂草、黄山谷行草，后改学张旭，从他的学生徐伯清处借得张旭《古诗四帖》印本，日夕摹写。他的书法大进于前，精到处，有人认为足与张旭抗衡。书体改变了，画法也跟着变，他学徐熙落墨法，便变工整为放浪。他在1973年自题用落墨法所作杂画册云："当五季江南徐熙以落墨为花竹写生，所谓落墨，盖以墨为格，而副之以杂彩，其迹与色不相映隐。徐熙画迹久绝于世，予奇其所创，推此画理，斟酌去就，演为此体。易工整为放浪，而不离乎形象之中。且不独施之于花竹，兼推及于山水，思欲骋其奇气，以激扬江山之佳丽，年来脑病日深，头目昏眩，手指僵颤，所得仅此。使其余年精力所许，则水击三千，六月一息，尚思有所进耳。"他虽然脑病手颤，仍坚持变法创新，以研究古画所得变革花鸟画，并推及于山水画；又以创作所得加深理论之研究。数年间，他"桑榆何物最关情，病腕难胜墨半罂"；"杂彩纷华落落匀，迷迷烟雨墨痕新。怀中梦后纤毫失，病腕犹思斲鼻斤"（自作诗）。

1974年，谢稚柳忽然得到张大千从国外赠给的一枝牛毫笔，笔杆上刻"艺坛主盟。此牛耳毫于南美得之，制成寄上稚柳吾弟试用，大千居士爱，甲辰七月客江府"。可知这枝笔是张大千在1964年（甲辰）托人带给谢稚柳，十年后才收到。这枝牛毫笔十分珍贵，其牛毫是从英国某一地区所产的黄牛耳内采集，从二千五百头牛中才能采得一磅，张大千托了人情，花重价才弄到一磅，带到东京，委托日本制笔最有名的玉川堂及喜屋两家笔店，洗挑精选，才制成五十枝，其笔吸水饱满而有筋骨，有腰劲。张大千刻"艺坛主盟"即和"牛耳"同义，因为牛毫是从牛耳中采集的，古代诸侯会盟时，割牛耳取血盛敦中，置牛耳于盘，由主盟者执盘分尝诸侯为誓，以示信守。后人因称执牛耳为主盟者（在某方面居领袖地位）。张大千把这枝笔送给谢稚柳，同时还送一枝给美国的毕加索，其意显见。谢稚柳接到此笔后，感慨系之，写了一首七律诗："十年风腕雾双眸，万里思牵到雀头。英气何堪摇五岳，墨痕无奈舞长矛。蛮笺放浪霞成绮，故服飘飘海狎鸥。休问巴山池上雨，白头去日苦方遒。"

1974年，政治气候并非太好，谢稚柳又和国内外的文人墨客唱和起来，他们吟诗作画，互相奉和，其中有启功教授、画家来楚生、唐云、文学批评家郭绍虞、画家陆俨少、书法家王蘧常等，皆一代精英。他还和夫人陈佩秋唱和或诗或画。

1975年的一日，上海博物馆派人送来一字卷请谢稚柳过目，他根据字的时代气息、宋徽宗的题签、各种印章、装裱等等，断定这就是唐摹本《王羲之上虞帖》，《淳化阁帖》据以摹刻的祖本。他高兴地写了诗："上虞希世唐摹本，淳化传镌迹久迷。重见江南旧长物，金签墨纽尽堪稽。"又写了有关《上虞帖》考证的论文。

1976年，中国真是天崩地解的一年。唐山大地震，死人数十万；河南大水灾，亘古未有；东北落下世界最大的陨石；中国政坛前三把手国务院总理周恩来、人大常委会委员长朱德、共产党主席毛泽东相继去世。接着残害全国知识分子、把中国推向落后深渊的"四人帮"被捕，举国上下一片欢腾。谢稚柳也抑制不住心中的高兴，他写下了《水调歌头》一词：

映日旌旗偃，沧海变狂澜，酸风射眼凄紧，秋色暗长安。谁念清明寒食，万萼千花无迹，化作血痕干。凝夜乌云重，城上乱鸦喧。

英雄泪，且休揾，试凭阑。八亿神州儿女，未改寸心丹。创业艰难未半。容得狗偷鼠窃，一片好江山，揽月九天手，捉鳖五洋翻。

"文革"结束，"四人帮"垮台，知识分子又恢复了在社会中的活力。谢稚柳搬回了原宅居住，友人谓之"凤还巢"。1977年9月，谢稚柳同夫人陈佩秋以及朱屺瞻、唐云、陈秋草等，应邀去北京为首都机场和北京饭店作画。他已十四年未到过北京，在京期间，他会见了老朋友，其中有文化部副部长徐平羽（原任上海市文化局局长）、李一氓、故宫博物院前院长吴仲超等人。他又到天津博物馆看宋范宽《雪景寒林图》和元钱选《花鸟四段图》。当然，作画、写文，是他的本业，他为《文汇报》主任记者郑重画了一幅《梅花小鸟》卷，陆俨少、赵朴初、俞平伯等纷纷奉和。他又发表了《从扬补之〈四梅花图〉、宋人〈百花图〉论宋元之间水墨花卉画的传统关系》《赵孟頫的花鸟画派》《元黄子久的前期画》《牧溪画派和他的真笔》等。

1978年，"法国十九世纪农村风景画"在上海展出，谢稚柳由北京回到上海参观。又在上海同友人们诗画唱和。1979年，谢稚柳七十岁了，1月份，他和夫人在广州度春节，游西樵山。2月返上海，为上海延安饭店创作两幅丈二匹相接之重彩山水画，为其一生之最大画。不久，他又率上海书法代表团去日本，参加上海与大阪书法联展。从日本回国后，于10月30日至11月16日，参加中国文艺工作者第四次全国代表大会，并作"关于中国画继承传统与创新问题"之发言。不久，他的《鉴余杂稿》一书编成，由上海人民美术出版社出版。12月8日，谢稚柳与陈佩秋又应邀去杭州参加西泠印社成立七十五周年大会。他被聘为西泠印社顾问。

1980年，香港集古斋主办了"谢稚柳陈佩秋画展"，影响颇大，香港《大公报》《文汇报》《新晚报》等都长篇报道了画展消息并介绍了谢稚柳和陈佩秋。国内报刊也发表了介绍谢稚柳的长文，香港《美术家》出版了《谢稚柳陈佩秋画集》。回上海后，谢稚柳去北京参加中国画研究院成立大会，被选为院委。又同夫人一起去钓鱼台作画。英文版《中国文学》3月号刊登了《壮暮翁的艺术》，介绍谢稚柳的生平及艺术。

1981年1月8日，谢稚柳又率中国书法代表团赴日本，参加日本二十人书法联合展。3月，又应香港中文大学之邀赴港讲学，他讲水墨画，讲敦煌壁画，讲书画鉴定。在香港又一次震动，各报刊记者纷纷前来采访。本打算在中文大学讲学一个月，后因中文大学挽留，又讲了一个月。他在港会见了中文大学校长、旧故宫博物院院长马衡之侄马临，著名学者饶宗颐教授，中大文物馆馆长高美庆女士，考古教授郑德坤以及收藏家刘作筹、何耀光、王南屏等。

谢稚柳在30年代就是名人，50年代至60年代，因政治因素，他的知名度一度遭到抑制，70年代后期之后，他的画和学术成就又一次得到举世重视。各地不停地为他举办画展。5月20日，上海友谊商店举办了"谢稚柳陈佩秋书画展"，11月11日，中国美术家协会上海分会、上海市博物馆联合举办"谢稚柳陈佩秋书画展"，盛况空前。12月10日，江苏省美术馆举办"谢稚柳陈佩秋画展"，上海人民美术出版社出版了《谢稚柳画集》。

同时，谢稚柳又主编"古代名画家全集"，《董源巨然全集》《梁楷全集》《郭熙王诜全集》《燕文贵范宽全集》《宋徽宗全集》等等相继问世，人生七十古来稀，但谢稚柳七十岁后却春风得意。

1983年4月2日，谢稚柳的老友张大千在台湾省台北市去世了。谢稚柳悲痛不已，他写了《悼大千诗》："应悔平生汗漫游，老亲乡土泪难收。何时脉脉双溪水，并向金牛坝上流。"上海书画界悼念张大千大会，谢稚柳在会上作悼念张大千的讲话，其后又主持张大千遗作展览，作品中有张大千赠给谢稚柳的《泼彩山水》《落花游鱼》《荷花》。他又作《巴山池上雨，相见已无期——悼念张大千》一文，发表在《文汇报》上。

夏初，谢稚柳偕夫人进京，为中南海紫光阁作画。原国家文物局局长王冶秋的夫人、文物出版社社长高履芳来看望谢稚柳，谈及恢复全国书画鉴定组事宜，谢稚柳即给中央领导同志写信，建议恢复书画鉴定组，到全国各地鉴定现存古代书画。中央同意了他的建议，成立了全国古代书画鉴定组。组长：谢稚柳，成员有：启功（北京师范大学教授、书画家、古代书画鉴定家）、徐邦达（故宫博物院研究员、古代书画鉴定家）、杨仁恺（辽宁省博物馆名誉馆长、书法家、古代书画鉴定家）、刘九庵（故宫博物院研究员、古代书画鉴定家）、傅熹年（中国建筑技术发展中心建筑历史研究所高级建筑师、古代书画鉴定家）、谢辰生（文化部文物局顾问）。书画鉴定小组考查全国各文物机构和文化教育机构团体所存历代书画情况；协助各单位鉴定藏品，分出精粗真伪；帮助部分私人收藏的古代书画鉴定评定；在鉴定真伪的基础上，品定等级，从而更有利于文物的保护，为美术史研究提供丰富材料，提高其研究的科学性。在各地鉴定后，凡属真迹，一律作账目式的记录，出版目录；其次是拍成黑白照片，出版附有黑白图版式的图目；再次是将最精、最重要的名作精印成大开本彩色图版，并附以说明文字。

从此，谢稚柳把主要精力投于全国的古代书画鉴定。当然，他也忙于作画，举办各种书画艺术展，但他说："画画是个人的事，鉴定书画是国家的事。不能为个人的事，而误了国家的事。"

8月31日，全国古代书画鉴定小组成立大会在北京召开。接着便在北京各机构鉴定古代书画。至年底第一期鉴定工作结束，谢稚柳返上海为和平饭店创作重彩《牡丹》，宽二丈五尺，高五尺，为巨幅精品。然后又应新加坡周颖南之请，作《黄山图》。

1984年，第二期鉴定工作又开始，谢稚柳又在北京等地看古代书画。4月份，"谢稚柳陈佩秋书画展"又在山东省美术馆展出。是年8月，第三期鉴定工作又开始。

1985年1月，谢稚柳全家由乌鲁木齐南路迁往巨鹿路，自名其居为"巨鹿园""雅须室"。全国书画鉴定组也转到南方上海等地看画。3月20日，上海博物馆藏明清书法作品赴日本展出，谢稚柳等人又组成代表团赴日本大阪市立美术馆，并参观京都博物馆。

5月，美国纽约大都会博物馆举办"文字与图像——中国的诗、书、画"国际研讨会，谢稚柳和徐邦达、杨仁恺、杨伯达被邀请参加。谢稚柳在会上作了"屈鼎夏山图之诗意及其艺术渊源"的讲演。这一次去美，应美各地收藏机构和个人之邀，去堪萨斯城的纳尔逊博物馆、普林斯顿大学博物馆、耶鲁大学画廊、大都会博物馆、翁万戈和王季迁的私人收藏馆、哈佛大学佛格美术馆、华盛顿的佛利尔美术馆、克利夫兰美术馆、波士顿美术馆等处鉴定中国古代书画。

6月5日至6月8日，又应邀去加拿大多伦多皇家博物馆看画。6月9日，经日本回国。

回国后，携夫人去青岛荣城等地避暑游览。9月，赴合肥举办"谢稚柳陈佩秋书画展"，并在当地游览，然后去芜湖、黄山、采石矶等地游览作画。

10月份，全国古代书画鉴定小组又在上海等地看画，1986年初，还在上海看画。谢稚柳编著的《燕文贵范宽全集》《梁楷全集》出版，又编毕《宋徽宗全集》。5月20日，又抽暇赴香港中文大学参加当代中国画展和学术讨论会。然后，又在江苏苏州、常熟、无锡等地看画。又担任《中国历代书法墨迹大观》主编。编著的同时，又在江苏南京、徐州、扬州、镇江、泰兴、泰州等地看画。

12月，偕夫人前往香港举办"谢稚柳陈佩秋画展"，并出版了画集。

谢稚柳太忙了，他得了帕金森症，手颤难以握笔。经香港名医黄贵权医治，方有好转。夫人陈佩秋希望他休息，并书写一联云："何愁白发能添老，须信黄金不买闲"。但全国书画鉴定工作仍要他去做，他又奔赴杭州、合肥等地鉴定古代书画。

为庆祝上海博物馆建馆三十五周年，谢稚柳又和上海博物馆同事们筹办了"渐江、石豀、八大山人、石涛绘画艺术研讨会"及"清初四画僧精品展"，当国内外学者四十五人到来时，谢稚柳又致祝酒辞。

1988年4月1日，提前一年的"谢稚柳先生八十寿辰书画艺术展览"在上海博物馆举办，国内许多著名画家前往祝贺。参观画展者达三万人次。同时出版了《谢稚柳八十纪念画集》。

第十期书画鉴定开始，谢稚柳又往济南、青岛、旅顺和辽宁其他城市等地鉴定古代书画。

第十一期书画鉴定开始，谢稚柳又率书画鉴定组前往福建、广东各地鉴定书画。其间"谢稚柳书画展"又在集雅斋开幕，《广州日报》作了详尽的报道。1989年1月，谢稚柳和书画鉴定组成员仍在广州，5月，即赴成都，鉴定四川的古代书画。又去武汉、重庆等地鉴定。《大公报》12月7日刊文说他的鉴定水平被认为是"国内第一，海外无二"。

12月9日至26日，台北赐荃堂又推出了"谢稚柳精品展"。《艺坛专讯》称谢稚柳"是近代绘画史上一个特别的画家及鉴定家"，但谢稚柳本人还不知道台北在办他的个人画展。

谢稚柳太忙也太累了，他的夫人早已到了美国，住在长子的家中。

他也在1993年10月，国内古代书画基本鉴定结束后，到了美国，和夫人子女团聚。

1994年，谢稚柳又到香港讲学，然后回内地小住。9月，又经香港，到了台湾，在台北讲学一周后，又去美国，居住在长子定琨处。他在那里，将安度自己的晚年，也许他有更多的时间从事书画的研究和创作。

（二）谢稚柳的艺术道路

前面说过，谢稚柳少时受其兄影响学习书法，摹汉碑。九岁时即开始学画，他爱画，大抵出于天性，虽然，他家中祖上藏有众多书画，但在他四岁时都被一场大火烧光了。他开始学画时，也没有老师指教，只是自己找些印刷品临摹，那时只是出于兴趣。

大凡一艺之成，莫不神于好，而精于勤。这兴趣便是"神于好"，其中也有"天性"的成分。这乃是成为画家的基础。所以，在他的老师不但不支持他学画，而且还撕毁他的画稿时，他不但没有断绝画画，而且画得更多。

第一个教他画的老师是钱名山，虽然钱名山自己并不画画，但却很懂画，既支持谢稚柳学画，又给他讲作画的道理。所以，当谢稚柳成为著名画家时，有人问他第一个老师是谁，他就毫不犹豫地回答："钱名山。"实际上，钱名山指教他时，他已经是一位青年了。

谢稚柳早期的画，现在很少见，但可以知道，他早期学画时画的画不会有什么特色，大抵是喜爱一张什么画，便画什么画，画得像而已。

严格地说，那个时候，还不算学画，他自己回忆起来，也只说是"东涂西抹，为了好玩"。怎样学，学什么，学哪家画，达到什么目的，他都十分盲目。虽有钱名山偶尔指教，也只是大而化之，且也十分有限。因为钱名山主要讲授经学和诗文。

二十一岁那年，他开始正式学习明代画家陈老莲的画。先学陈老莲的花鸟画，他自己说："找到了最好的老师"。并积蓄钱买了一张陈老莲的《梅花》。

陈老莲名洪绶，字章侯，老莲是其号。是明末画坛一位怪杰。在明末，画坛上大大小小画家都以师法董其昌为正统，而陈老莲独不随波逐流，他的画师法北宋、五代，最后上追唐、六朝。一生笔墨四变，入三境，即由妙入神，由神入化。格调高古，超拔磊落，深沉而内敛，舒缓而有气度，在明代所有画家之上。谢稚柳是学者型画家，对格调高古的画风情有独钟，所以，一见陈老莲的画就迷上了。

现存谢稚柳的早年折枝《梅花图》和《拳石梅花图》就被很多人误认为是陈老莲的作品，而且，其书法也酷似陈老莲的书法。这两幅画，学的是陈老莲中期作品，他用带有直拐的线条勾勒，然后用淡淡的颜色层层晕染，再加浓重的苔点，这正是陈老莲中期的作品风格。他画的《山禽梅竹图》，也全出于陈老莲。而且由陈老莲中期作品进入其后期，线条由方而变圆，细劲清圆，又雍容大度。总之，这一段时期，他的画皆出于陈老莲。他的《绘事十首》诗之一云：

春红夏绿遣情多，欲剪烟花奈若何？
忽漫赏心奇僻调，少时弄笔出章侯。

他明言自己少时笔墨出于陈章侯（老莲）。这是符合实际的，他早年用陈老莲的画法作画也最多最佳。陈老莲的画风一直影响到他50年代。虽然他的画后来又学宋、元、隋、唐，但陈老莲的基础仍然保留。

1932年，谢稚柳在临习陈老莲的同时，又开始学习五代时江南画派的画法，他一见巨然的《秋山问道图》便爱不释手。据《图画见闻志》记载巨然的画："笔墨秀润，善为烟岚气象、山川高旷之景。"米芾《画史》说巨然的画："岚气清润，布景得天真多。""巨然少年时作矾头，老年平淡趣高。""巨然明润郁葱，最有爽气，矾头太多。"见到巨然的原作，理解得更加深刻。《秋山问道图》是立轴，图中层峦复岭，矾头甚多，丛树苍郁。山壑中有九间茅屋，屋前一曲径通向幽处。

最下处是溪水，山中杂树灌木草竹交相掩映，《圣朝名画评》记巨然画"古峰峭拔，宛立风骨，又于林麓间多用卵石，松柏草竹，交相掩映，旁分小径，远至幽墅，于野逸之景甚备。"所记与《秋山问道图》颇相似。其画法，用长披麻皴，圆浑简朴，山头多光滑的卵石。树干勾染，树叶用墨点簇而成，水草一顺右折，皆一笔撇出。画面清淡，仅墨苔点较重，墨和笔皆整洁有序，秀润在骨，苍郁华滋而不露外强之气。稚柳反复临摹，直至彻底掌握。但是谢稚柳当时创作用的还是陈老莲的画法，他学巨然画法只是为了掌握这种传统技法，那时他以画花鸟为主，还没有正式创作山水画。后来他在画山水时，有时也对这种画法加以吸收，但并不完全应用。到了50年代前后，他又进一步学习这种画法。

谢稚柳最早创作山水画是1936年，他二十七岁时，学了巨然的画法后，一发不可收，又学习了五代至宋初画家李成、范宽以及李成的传派王晋卿，这些都是北方派的画风，和南方派巨然画风截然不同。南方派巨然的山水画用淡淡的水墨，长长的线条，轻而缓地勾写，山石的轮廓线和皴法是一样的用笔，一样的墨色，实际上无轮廓线，显示出一种柔和温润的气氛。而北方派的山水画，则轮廓线较重，多用浓墨勾写，且线条多坚硬。但同是北方派，李成和范宽的画风又不同，范宽的作品《溪山行旅图》仍在，用笔坚硬刚劲，沉雄健壮，显得气势雄浑。李成的画有《读碑图》存世，其山石的轮廓线也重而突出，但不坚硬，用墨也不十分浓黑，有一种潇洒的气度。所以，王晋卿在家中放了李成和范宽的画，把他们比作一文一武，并说，李成的画虽放在面前，如对面千里；范宽的画，虽放在远处，如面前真列。谢稚柳这时是以学北方派画为主，他创作了第一幅山水画叫《山寺松泉图》，用的近于范宽派的方法，他自己在画上题曰："王晋卿以李成、范宽画比作一文一武，此图盖出于武派。"

这时他学花鸟画，也由陈老莲而上追宋人，其画比陈老莲稳重，比宋人秀润。

1942年，稚柳去敦煌考察一年，然后画风又一变。这时他开始画人物画。1944年，他画的《观音菩萨图》就完全出于敦煌壁画中的唐画，人物造型圆润而胖，即画史记载中的"面短而艳"。他用色笔细细地勾写，精利润媚，然后用淡而净的颜色晕染肤色，用重彩画衣物，雍容华贵，都显示出唐人的气象。

而后，他的人物画师法陈老莲和唐人。但敦煌壁画的影响也一直存在。

1944年，他在昆明举办的个人画展中，就有很多幅是临摹敦煌壁画的，如《抚敦煌石室初唐飞山》《抚榆林窟初唐大士》等，沈尹默写传称赞他："三年面壁信堂堂，万里归来鬓带霜。薏苡明珠谁管得，且安笔砚写敦煌。"

当然，除了以敦煌壁画中唐人法作人物外，他还用巨然法、北宋人法画山水，更多的是陈老莲的画法。所以，沈尹默在看过他的画展后又写了《观稚柳画展归因赠》云："小谢山水亦清发，短幅点作巨然师……壁间大士示微笑，霜鬓一时尽年少。画师作画能逼真，愿君更作如花人。莫向老莲取粉本，态殊意远世人嗔。"沈尹默也说他的画来自巨然、敦煌壁画，但对陈老莲的依赖太大了。

有一段时间，他和张大千在一起，张大千天天画画，他看多了，也受了一些影响，尤其是他后来画大写意荷花，明显地看出受了张大千的影响，但并不全同于张大千。

为了"莫向老莲取粉本"，他在1944年至1947年间，着意于宋人工笔花鸟。他画的桃花、水仙，显然出自北宋院画，他的《竹石鹌鹑图》，上题"仿宋人李安忠笔，丙戌夏初，谢稚柳海上"。李安忠是从北宋宣和画院到南宋绍兴画院复职的画家，工花鸟，有很多花鸟画作品遗世，皆严谨工细而有法变。谢稚柳学李安忠的画神形皆似。

他1947年画的《山茶伯劳图》，秀润而艳丽，那只伯劳鸟显然摹自宋人李迪的《雪树寒禽图》，但宋人的花鸟画用色用墨皆严谨厚重，而谢稚柳的基础是陈老莲。陈老莲的画以轻秀淡雅为特色，所以，他的画就介于宋明之间了。有陈老莲的秀润而无其轻淡，有宋人的严谨而无其厚重。他画的山茶花也是如此。

同年，他画的《荷石图》上题："此四十余年前所作，曩予颇好陈章侯画，此图不免饶其情意，戊辰春初壮暮翁稚柳题记。"画中的荷花荷叶虽出于陈章侯，但比陈章侯厚重，又乏其秀淡。而前面的石头则又用董巨法，当然，陈章侯也学过董巨。

这一段时间，是谢稚柳创作的兴盛时期，直到50年代初，他的画，山水、花鸟、人物皆多而精。

1947年至50年代初，他的山水画一方面还保持北方派的画风，另一方面，他又在董巨、"元四家"这一系南方派上下工夫，1947年，他观赏了张大千所收藏董源的《潇湘图》，峰峦出没，云雾显晦，不装巧趣，皆得天趣，岚色郁苍，溪桥渔浦，洲渚掩映，一片江南也。稚柳看后，感叹说："千载以来，董源的才情和他高深的观察力，不得不使人佩服。"接着他又去庞莱臣家看董源的《夏山图》。他又迷上了董源，刻意学之，其诗云："刻意邀寻董巨盟，江山目染得奇兵。好收折屐堪重蜡，赶上江南及乱莺。"

由董巨而至其传派"元四家"，尤于王蒙的画下功力最大，他的绘画目录中《仿黄鹤山樵山水》颇多，1948年所画《仿黄鹤山樵山水》（刊于《谢稚柳八十纪念画集》中），用干笔皴点，画得很浓密。黄鹤山樵就是王蒙，其画用的是牛毛皴或披麻皴，其实牛毛皴也就是更细更柔更密的披麻皴，谢稚柳学王蒙，法在披麻牛毛之间，但干笔皴点，雄浑苍莽之气得之。由董巨，而倪黄、王蒙、吴镇，谢稚柳沉浸在江南画风之中，他的诗云："淡墨轻烟写远山，苍茫咫尺与相看。应怜老董风流尽，平淡天真下笔难。""老董风流殊未陈，倪黄踪迹得前身。思翁已叹迷来处，绝爱当时一辈人。"

他后来画青绿山水，也是用董、巨、"元四家"一系画法画出墨骨，再加以青绿颜色而已。

谢稚柳是一个鉴定家，他对历代绘画，南北各派都不放过。北方派李成、燕文贵、郭熙、王诜也是他一直研究的对象，在他的笔下也时时出现。

此后一段时期，他的绘画偏于秀润和清艳，严正、工细而不草率。如前所述，这是受宋人和陈老莲共同影响的结果。他的作品给人以纯净、清凉、秀雅、细润、古淡、妩媚的感受，传统多于创新，有特色而不特别。

"文革"后期，他因眼病不能视细物，后经医疗，略有好转。他开始尝试南唐徐熙的"落墨法"。据谢稚柳对上海博物馆所藏《雪竹图》之考察和对徐熙画法的研究，他认为"当五季江南徐熙以落墨为花竹写生，所谓落墨，盖以墨为格，而副之以杂彩，其迹与色不相映隐……"他根据《宣和画谱》记载："今之画花者，往往以色晕淡而成，独熙落墨以写枝叶蕊萼，然后傅色，故骨气风神为古今之绝笔。"认为"徐熙是一切先用墨来描绘，之后才加颜色"，和传统的以色描绘为主不同。他还以梅圣俞咏徐熙《夹竹桃花》诗"年久粉剥见墨踪，描写工夫始惊俗"，认为是先用墨画，然后再点粉彩。又据沈括《梦溪笔谈》云："徐熙以墨笔为之，殊草草，略施丹粉而已。"《德隅斋画品》记其"根、干、节、叶，皆用浓墨粗笔，其间栉比略以青绿点拂，而其梢萧然有拂云之气"。最后得出结论："所谓'落墨'是把枝、叶、蕊、萼的正反凹凸，先用墨笔连勾带染地全部把它描绘出来，然后在某些部分略略地加一些色彩。它的技法是，有双勾的地方也不用双勾，有用粗笔的地方，有用浓墨或淡墨的地方，也有工细或粗放的地方。整个画面，有的地方只有墨，而有的地方是着色的。所有的描绘，不论在形或神态方面，都表现在'落墨'，即一切以墨来奠定，而着色只是处于辅助地位……"他是这样理解，也是这样试验的。

他画牡丹，先用浓墨点花瓣，再以淡墨点已开放的花，然后用浓重的朱砂、藤黄点花蕊花心。再以颜色罩染，画花叶也先用淡墨点写，再罩以颜色。方法颇特殊。画山茶、月季、葡萄等皆是先用墨画，再在墨上傅彩色，这叫"以墨为骨，杂彩副之"。墨重色也重，自古画花卉，花要明，叶要暗，但谢稚柳画花也暗，叶也暗，暗中突出颜色，分量颇重。

他画竹，用墨笔草草而成，有的地方有墨，有的地方无墨，然后根、节、叶再以浓墨粗笔补写，其间桥比略以青绿点拂，竹叶也以青绿罩染，显得丰富而有生意。

徐熙画法，久绝于世，谢稚柳推此画理，斟酌去就，演为此体，显得特别突出。他高兴地在一幅《牡丹图》上题诗云："富贵黄家未足珍，江南野逸愿为邻。岂有梦中博彩笔，自商落墨染朝云。"

这期间，他又开始变革书法，始学怀素狂草、黄山谷行草，后改写张旭。特别是后来刻意学张旭，他反复临摹张旭的《古诗四帖》，书风大变。由书风大变进一步带来画风大变，他的画风由工细秀雅变为粗率豪放，色彩由明净单纯变而为墨彩交融、浑厚浓重了。

不仅花鸟画为之一变，山水画也随之一变了。谢稚柳晚年画的泼彩山水，很多人认为来自张大千，实则也来自他研究的"落墨法"。落墨法既能施之于花竹禽鱼，也可以施之于山水，于是他画山水，先以泼墨为骨，在泼墨上再泼彩，再在大片的泼彩上点写小块的其他彩色。比如他画的《碧山霜树图》，即先以泼墨画出山的大体形状，再以石青、石绿泼之，再用朱砂、朱磦在大片的石青、石绿上点出树的形状。也是墨彩交融，丰富、雄浑而有气势。他的泼彩山水实则是泼墨和泼彩的结合。也许受到张大千泼彩法的提示，但根源还在五代徐熙的"落墨法"。而徐熙的"落墨法"早已无人可见，实则仍是谢稚柳的创造。何况，他又借助张旭的草书法，斟酌去就，易工整为放浪，而不离乎形象之中。即使他推演的徐熙的"落墨法"是正确的，他的画法也不全同于徐熙了。

到了80年代，他的画法在70年代基础上，又收敛了很多，泼的成分减少了，"以墨为格，杂彩副之"仍之，但理性得多，所画显得更严谨，更稳重，更雄浑，更富丽，气度非同一般。

理论界称谢稚柳是"近代绘画史上一个特别的画家及鉴定家。他从古文化中汲取精华，并徜徉于大自然的灵气之中，而卓然有成"。这是确实的。

> 深深柳密正莺啼，艳艳花浓照眼迷。
> 信美人间春一片，枥边思跃绝尘蹄。

谢稚柳在绘画道路上走过了很多路程，一生几变，他创造了美，他老了，但他还"思跃绝尘蹄"，再跃出一个新境。

附录：谢稚柳年表

1910年　　清宣统二年。5月8日（农历庚戌年三月二十九日）出生于江苏常州天王堂弄。父祖辈皆当地士绅，兄玉岑是著名诗人，亦善书画。初名稚，因其父号柳湖，后遂名稚柳。

1911年　　清宣统三年。父病逝。

1913年　　家遭大火，由母亲抱着逃出，数代收藏书画古籍及全部财物付之一炬，全家由天王堂弄迁至北门斗巷，家势从此中落。

1915年　　居家识字读书，祖母教读唐诗，会背唐诗。

1916年　　入塾读书，课本为《四书》《左传》。

1917年　　临习汉隶。

1918年　　爱画。见到画片、插图等，便照着画，院中、桌上、墙上，到处画得一塌糊涂，手、面、衣上皆是墨和色。老师见他的书包内全是画稿，大加训斥，打了他几戒尺手心，又把他的画撕毁。回家后，画了更多的画。

1920年　　游览当时名胜古迹，谓"读书作文，当如登高远眺"。

1922年　　作诗云："野塘花落妙生情，闻有狂歌咳唾成。清水沧浪缨可濯，凄凉千载楚骚声。"为学诗以来所作的第一首诗。

1923年　　全家由北门斗巷迁到观子巷。

1924年　　因不喜私塾生活，不愿读《四书》，到三一社学英文。又入肖溪专科学校读书，数学不佳，国文成绩为优等。

1925年　　入表叔钱振锽（号名山）的寄园读书。

1928年　　作《梅花图》，钱名山见后，不但不指摘反而大加鼓励，且给予指点。断言他将来必定成功。

1929年　　离开寄园，赴南京，经族叔谢仁冰推荐，入国民政府财政部关务署，从事管理档案工作。工作轻松，因而常出入南京中央博物院看画。眼界大开，技法大进。

1930年　　张大千在上海举办画展，谢稚柳由南京到上海参观，见张大千学石涛功力颇深，十分惊叹，二人遂为知交。

学习日文。

中央博物院举办古代绘画展览，看到陈老莲的作品，十分激动。从此，专学陈老莲，并说："找到了最好的老师。"并以积蓄买下一张陈老莲的《梅花图》。

1931年　　通过同事朱家济，常到北京故宫博物院看古代书画真迹。五代、宋画尤使他感动。

1932年　　临陈老莲画之同时，作山水，临五代巨然《秋山问道图》。

1933年　　春，赴北京，初识梅兰芳。

1934年　　经张大千介绍，认识徐悲鸿。徐当时在南京的中央大学艺术系任主任。夏，与徐悲鸿、张大千同游黄山，登鲫鱼背。

作《陈老莲》，这是他第一篇论文。

1935年　　兄玉岑卒，年三十七岁。前往常州料理丧事。

1936年　　画山水，由陈老莲上溯到宋代绘画。学范宽《溪山行旅图》等。并作《山寺松泉图》。

1937年　　第二届全国美展在南京举行，作《山茶》一画参展。

与张大千、于非闇、方介堪同游雁荡山，合作《雁荡大龙湫》。

1938年　　随国民政府迁往重庆，住苍坪街。与徐悲鸿、黄君璧等交往密切。任《中央日报》经理。

1940年　　任职监察院。与于右任、沈尹默等交往，并向他们学书、学诗。

1942年　　徐悲鸿聘谢稚柳至中央大学任教，但张大千从敦煌来信，约去敦煌。秋，从重庆赴敦煌，在敦煌研究并记录壁画。秋，第一次个人画展在成都举办，但他本人在敦煌，未能亲身参加。

1943年　　继续在敦煌考察各处壁画。夏末，回重庆。

1944年　　整理敦煌石窟记录，在昆明举办第二次个人画展。

1945年　　在西安举办画展。抗战胜利后，回上海。

1946年　　居上海虹口溧阳路。名其居为定定馆，与沈尹默近邻。又举办画展。应徐悲鸿之邀，往南京的中央大学艺术系任教，从此，往来于宁沪之间。

1947年　　始观张大千藏董源《潇湘图》。始作《青绿山水图》《仿黄鹤山樵山水》。

《谢稚柳画集》一集在台湾出版。

榜其居为迟燕居、迟燕草堂、乌衣。

1948 年　　《谢稚柳画集》二集出版。

依旧来往于沪宁间，任教于中央大学艺术系，为徐悲鸿失而复得之《八十七神仙卷》题跋。

1949年　　《敦煌石室记》书成。

1950年　　正式获聘为上海市文物管理委员会编纂，主管接收和收购文物的鉴定工作。收到唐末孙位的《高逸图》。

1951年　　效五代江南画派作墨笔山水。

获上海市长陈毅接见。

1952年　　"三反""五反"运动中，被诬陷、抄家。同时在《解放日报》上被点名批判。但受到陈毅市长的关心。

1954年　　在家作画、著书，整理《敦煌石窟叙录》。《水墨画》成，并出版。鼓励黄涌泉写《陈洪绶年谱》，并提供陈老莲相关资料和出示陈画。

1956年　　　迁居上海乌鲁木齐南路176号。同年，与夫人陈佩秋同游富春江作画。

1957年　　　《敦煌艺术叙录》出版，编著《唐五代宋元名迹》，由上海古典文学出版社出版。

1961年　　　北京故宫博物院举办"纪念中国古代十大画家展览会"，前往参观。

秋，随全国文联组织的内蒙古观光团，至内蒙古观光。

1962年　　　4月，国家文物局筹设中国书画鉴定小组，谢稚柳被聘为成员之一。同时又与张珩、刘九庵至东北鉴定书画，之后至广州鉴画。

1963年　　　在广州举办画展。

1964年　　　继续鉴定小组工作。张珩率谢稚柳与启功、刘九庵建新组，至重庆等地看画。

"四清"运动开始。谢稚柳因购进宋人王诜《烟江叠嶂图》受批判。

1965年　　　在家研究李成、燕文贵等画派问题。

1966年　　　《论书画鉴定》一文定稿，4月3日起由香港《大公报》开始刊载，分五次刊毕。夏，"文化大革命"转炽，多次被抄家。

1967年　　　七年三次被抄家，家中仅存一张饭桌和一张床。谢稚柳和妻子遭隔离审查。

1968年　　　被罚在上海博物馆扫地劳动。

1969年　　　罹患目疾、脑疾，经医生建议，释放回家治疗。目疾好转，开始尝试徐熙落墨法。

1970年　　　研究唐人书法，师张旭，书风一变。

1972年　　　继续研究落墨法，并试以其法作花鸟杂画册等。

1973年　　　用落墨法作画成功。自是，画与论文互证并进。并作诗多首。

1974年　　　得张大千赠牛耳毫笔，回之以诗。

作《塞上牧马图》，启功、郭绍虞、唐云、陆俨少、王蘧常等为之题赞。

1975年　　为上海博物馆鉴定《王羲之上虞帖》为唐代摹本。

1977年　　应邀偕妻子同赴北京，为首都机场和北京饭店作画。在京期间，至天津艺术博物馆看范宽《雪景寒林图》和元钱选的《花鸟四段图》。

1979年　　至广州度春节，而后游西樵山，2月回上海。为上海延安饭店创作两幅丈二匹相接之重彩山水画，为一生所画之最大幅作品。

《鉴定余稿》由上海人民美术出版社出版。

率上海书法代表团赴日，参加上海与大阪书法联展。10月30日至北京参加为期半个多月的中国文艺工作者第四次全国代表大会。12月初，与陈佩秋同至杭州参加西泠印社成立七十五周年大会，被选为西泠印社顾问。

1980年　　香港集古斋画廊举办"谢稚柳、陈佩秋画展"（由上海朵云轩和香港集古斋联合主办），香港各报反应热烈。

《中国文学》3月号刊登《壮暮翁的艺术》，以英文向海外介绍谢稚柳的生平和艺术。

1981年　　1月，中国书法代表团赴日，参加日本20人书法联展。3月，应香港中文大学邀请前往讲学，影响极大，各报均有报道。5月20日，上海友谊商店举办"谢稚柳、陈佩秋书画展"。11月11日上海美协、上海市博物馆联合主办"谢稚柳、陈佩秋书画展"。12月10日，在江苏省美术馆举办画展。

《谢稚柳画集》由上海人民美术出版社出版。

1982年　　开始编古代名画家全集，《董源、巨然全集》出版。

1983年　　上书中央建议恢复全国书画鉴定组，对全国书画进行鉴定，获得同意。全国古代书画鉴定组成立，谢稚柳任组长，从北京开始，对全国各地公私收藏进行书画鉴定。

1984年　　展开第二期、第三期全国古代书画鉴定，同时，在山东等地举办画展。

1985年   迁居上海巨鹿路，名其居为巨鹿园、雅须室。在上海等地鉴定古代书画。

3月20日，上海博物馆藏明清书法作品赴日本展出，谢稚柳为代表团成员之一，赴日本。5月，美国纽约大都会博物馆举行"文字与图像——中国的诗、书、画"国际研讨会。他和徐邦达、杨仁恺、杨伯达四人应邀参加。并应邀前往美国，至堪萨斯城纳尔逊博物馆、普林斯顿大学艺术博物馆、耶鲁大学画廊、克利斯提司艺术品拍卖公司、波士顿美术馆、哈佛大学佛格美术馆、华盛顿佛利尔美术馆、克利夫兰美术馆等地及数位收藏家处，鉴定中国古代书画。6月5日至6月8日，转往加拿大多伦多皇家博物馆看画。6月9日，离开加拿大，经日本回国。回国后，至青岛、荣城、合肥、芜湖、黄山等地游览。

再度开始全国古代书画鉴定工作。

1986年   在上海、苏州、无锡、常州等地鉴定古代书画。所编《燕文贵、范宽全集》《梁楷全集》出版。又编《宋徽宗全集》。又任《中国历代书法墨迹大观》主编。再赴江苏各地鉴定书画。

12月18日，"谢稚柳、陈佩秋画展"在香港展览中心开幕并出版画集。

1987年   患帕金森症，手颤难以握笔。经香港名医黄贵权治疗后好转。陈佩秋劝其放下俗事，不要太过忙碌。

又往杭州、合肥等地鉴定字画。

上海博物馆为庆祝建馆三十五周年，举办"渐江、石谿、八大山人、石涛绘画艺术研讨会"及"清初四画僧精品展"，由他出任展出顾问。

1988年   "谢稚柳先生八十寿辰书画艺术展览"在上海博物馆揭幕，并出版画集。

第十、十一期书画鉴定，前往济南、东北三省、福建、广东等地鉴定字画。并在天津、广州等地举办"谢稚柳书画展。"

1989年　率全国古代书画鉴定组在广州、成都等地鉴定字画。

上海美术馆正式聘请谢稚柳为顾问。

台北赐荃堂于12月9日至26日举办"谢稚柳精品展"。报界称许他是"近代绘画史上一个特别的画家及鉴定家"。

1991年　郑重作《谢稚柳系年录》，由上海书店出版。

1993年　10月，赴美国探亲，实则为休养，住长子定珷处，因过于操劳而退休。

1994年　6月，自美国回上海。9月，经香港赴台湾讲学。由台返美，长住长子定珷处。

（以上二篇皆刊于台北《巨匠与中国名画》）

十三、亚明

　　"世事沧桑心事定，胸中海岳梦中飞。"这是亚明最近应笔者之请书写的一副对联，也正是他自己的精神写照。

　　他从一个穷苦的孩子，到新四军的战士，到著名的画家，出掌中国文化最发达的江苏省美术家协会的主席，甚至干预一代艺术的活跃人物，在度完七十一个春秋后，他觉悟了，从高处退下来，立在远处，这是他早已向往，又不得不如此的，中国古人有七十致仕的规矩，他的年龄也到了。从此，他看山、观水、浇花、读书、作画、写字，他已摆脱了尘嚣缰锁，尽享林泉之乐。

　　然而，孤影迷凄，太湖之渚，落日楼头，这位"身经时代风云，足履五大洲海岳"的悟人，仍不免畅想起伏，他感时抚事，追昔虑今，身历兴衰，心系丹青。在悟园，在近水山庄，藤荫下，蕉叶旁，一壶一扇，谈论着七十年沧桑……

（一）　童年的承平岁月

　　亚明，原姓叶，名家炳，号敬植。1924年10月1日生于合肥城南王箍桶巷，祖籍苏州阊门。其祖父曾参加过太平军，跟随英王陈玉成反抗清王朝的腐败之治，最终失败了。

四十年后，他的父亲叶焕亭投到李鸿章门下，做了李家的管事，李鸿章就是当年平定太平天国之乱的淮军首领，又是后来清廷洋务派代表人物。

李家本来家业就大，发迹后更是广置田产。家业大、地产多，因而需要总管经理粮库，于是便在苏、常二州寻找精干人才。叶焕亭因为聪明能干而被录用，大概李家并不知叶焕亭是太平军的后人，于是叶家便来到了李鸿章的籍地合肥，从此定居。

叶焕亭为李家收粮租，处理粮食入库、保管、卖出，及做其他生意，以增加李家的收入，并由李家每月发给他薪水。这样，叶焕亭一家生活得到改善，虽非巨富，亦足称小康。

叶家炳的母亲叫邵韵华，是个勤劳善良又颇具同情心的农家女，除料理家务外，还做些女红挣钱，并常常帮助贫苦的邻人，积善积德。积善之家有余庆，积德之家有余荫，不知是否如此，她的儿子日后得以成为如此显赫的人物。而亚明也继承了其母的品德，一向与人为善，乐于帮助贫者。

（二）　自幼即对绘画产生兴趣

叶焕亭和邵韵华生下的第一个孩子是女儿，第二个便是儿子叶家炳。家境既然尚富足，叶家炳四岁便被送到教会办的城南小学读书，寒暑假期间，父亲又让他上私塾，读《千家诗》《千字文》《论语》《中庸》，小时候背诵的这些古籍，至今他仍能背诵。

叶家柄后来又转入省立六中附小，在小学里，以调皮捣蛋而闻名，常和同龄孩子打架斗殴，一上算术课就头疼，但却偏爱文科，喜读小说、古典诗词。而古典小说上的绣像插图，特别引起他的兴趣，开始时先是用纸蒙在上面描，继而便照着画。从此，他心中有了画图这个念头。

八岁那年，有一天，他和外国同学山姆上教堂，教堂里的壁画，令他惊呆了! 十字架上的耶稣、耶稣受难、耶稣降架、圣母哀悼耶稣、圣母玛利亚、圣母子、圣约瑟和小耶稣、约翰和天使、创世纪、亚当和夏娃、伊甸园……这一连串的壁画,雄浑壮丽、琳琅满目,他第一次看到如此写实的画法,不觉陶然其中。

到教堂做礼拜,都能得到一份画有圣经故事的洋画片,画上形象逼真、色彩鲜明,叶家炳被这些画片迷住了。为了得到它们,他每周都要上教堂,得到画片后,就跑回家中,模仿着画。从此,他迷上了画画。

从亚明出生的1924年起,到度完他的童年时代,这期间,中国并不安宁。先是有军阀割据,随之有日寇侵华,广东的革命如火如荼,代表国民党的黄埔军校和代表共产党的广州农民运动讲习所,应运而兴,国内战争,日益加紧。

中国向何处去? 中国怎么办? 但这似乎都是政治人物的事,和老百姓无关,和小孩子更无涉。而且叶家有很好的家业,战争虽已波及安徽,却还没有直接冲击叶家,在这个不太平的世上,叶家炳依靠父母,尚能过着承平的生活。他依旧和孩子们结伴嬉游,甚至斗殴,依然上教堂、上学校,读书、学画。

(三) 父亲辞世,家遭巨变

日本侵略军侵略中国后,叶家起了变化。1931年9月18日,日军侵略东北,东北落入日本人手中。1932年1月18日,日军又发动攻势,目标上海。1937年7月7日,卢沟桥事变,日本帝国主义大举侵略中国,中国人民也忍无可忍,挺身发起了全面抗战。

当时十三岁的叶家炳和老师、同学们,一起走上街头宣传抗日,抵制日货,也就在这一年,其父叶焕亭因患肺痨病死去。叶家的擎天柱倒塌了,叶家的经济收入主要靠叶焕亭一人,他一死,全家顿失所靠,首先是生活的资源断绝,一家四口人,怎么活下去呢? 叶焕亭留下的积蓄又能支撑几时呢?

屋漏又逢连夜雨，更多不幸还在等待着他。1938年，日本人的飞机轰炸合肥，一颗炸弹不偏不倚落入他的家中，好端端的家立刻化为一片废墟，叶家炳只从灰烬中，找回了母亲的几件首饰和祖传的一块羊脂玉，母亲把玉挂在他的脖子上，以求叶家惟一的儿子平安无事。

5月14日，日本军占领合肥，地方上的有钱人家早就逃到了后方，没钱的穷人只好跑到城外乡下避难。叶家既被日本飞机炸光，已经无处安身，且又无处可投，一家四口人，只好漫无目的地向城外逃。饿了，便以野菜树叶之类充饥，倦了，只有在野庙林中和衣而眠。

本来一个好端端的家庭，落得这个地步，前路茫茫，看不到任何希望。叶家的大女儿已十五岁了，与其死在一起，倒不如分散开来，或能有条出路，母亲决定把她卖给大户人家做女佣，这样，女儿有一碗饭吃，卖得的钱，又能养活全家。当然这也是十分不得已的事。姐姐离开了，从此再也没有和母亲、弟妹相见，一年后，姐姐劳累过度而死，年仅十六岁。

叶家炳跟随母亲奔走，到了肥东店埠镇长冈村，找到了一间破旧的祠堂。这祠堂是个土屋，早已废弃，曾经做过仓库，现在已无人过问。一家人便找了一些稻草，铺铺垫垫，临时安居下来，寒屋虽破，总能避风雨，下一步便考虑如何谋生。

福无双至，祸不单行。兵荒马乱，强盗则横行。一天夜里，几个强盗闯入破祠堂中，将家中所有值钱之物劫掠一空，包括叶家炳项上的那块羊脂玉、几件衣服，和剩下的一点钱。母亲惟有痛哭流涕，呼天不应，叫地无门。叶家炳虽然只有十四岁，几个月的奔波，他已成熟了。父亲去世，姐姐离家，他是长子，早已意识到自己的责任。人，人的力气，人的智慧，便是用不尽的财富。

（四）捕鱼摸虾卖烟卷，养活一家

天寒了，野菜野果都没了，但水中大概还有些鱼虾，他便下水去捉鱼摸虾。有人说："捉鱼摸虾，误了庄稼。"也有人说："捉鱼摸虾，养活一家。前者是对有田地家产的人说的，后者却适用于贫苦人家。

叶家柄已不是一年前那个调皮捣蛋的孩子了，他为了生计而捉鱼摸虾，真的养活了一家，后来，他还特别擅长钓黄鳝，能知道水中哪里有黄鳝，怎样把黄鳝钓上来。他的技术越来越高明，只要下水，便不会扑空。除了吃外，他还把捉到的鱼、虾、鳝拿到镇上卖，换回了零钱，作为家庭用度。

在小镇上卖鱼，叶家炳注意到卖烟卷的生意很好，买香烟的人很多。他以前也学过做烟卷，于是决定再做烟卷，以此维持生计。

他积攒下卖鱼虾的钱，买回烟丝、纸卷等。回家后，全家齐动手，卷的卷，切的切，装的装，做了一次，可以卖四天左右，第一天，他就赚了二升米，而只要一升米就够全家吃了，剩下一升米还能存起来。

将烟卷卖完后，他又买回烟丝、卷纸，再买回一点小菜之类带回家。回家后，又是大家齐动手，卷纸烟时，一根烟很长，然后一刀切开，这就成了市场上需要的烟卷长度，再装盒，便可拿去出售。亚明至今仍能熟练地表演卷烟、切烟卷、装烟卷的动作。

烟卷装好之后，要等到第二天早上拿到街上去卖，在这期间，他又下水捕鱼摸虾捉鳝，家中生活也逐渐好转。叶家炳坚信，一个人只要勤劳，就会生活得很好。而且，他还注意节省，每天天不亮就起床到小镇上卖烟，回家途中，就在路旁摘一些野瓜、苦瓜充饥，把肚子填一填，便继续赶路，回到家再吃饭。捕鱼摸虾捉鳝为辅，做烟为业，两年多下来，叶家炳勤劳艰苦，一家人过得不错。他小小年纪养活了全家，安慰了母亲。少年虽苦难，但也颇充实。

（五） 投军酬志打日本鬼子

叶家炳一想起日本军，就恨之入骨，本来好好的家园被日本人炸毁，而且不得不逃离城市，时局被日本人糟蹋到这个地步，他做梦都想打日本军，可惜自己的力量太弱，但他在寻找机会。

肥东东乡是个拉锯战地区，各派军队都到这里，你来我去，我去他来。有日本军、有汪伪军、有国民政府军、有新四军，这地方的新四军由张云逸领导，而且是零散的游击队。

军人抽烟者很多，一般商贩怕无理取闹的军队，都不敢到军队中卖烟，叶家炳为了多销、快销，便大胆闯入军队，果然销路大增，反正他的小本经营也不怕破产，即使手中货品全被军队抢去，他再下水摸一次鱼虾，便可挽回，但如果军队不抢他的烟，他就能多买到一升米，对于大商人，这一升米微不足道，但对卖烟卷的叶家炳来说，多赚一升米就能叫他雀跃不已。因为在军队中卖烟，他对军队情况逐渐熟悉，知道打骂士兵者有之，欺压老百姓者有之，耀武扬威者有之。

1939年秋，叶家炳卖烟来到一个村庄，遇到一支二十多人的队伍。只有两三枝枪，其他人扛的是大刀和红缨枪（长矛），领队的军官穿一身破旧军装，士兵们都穿得和老百姓一样，对人都很和气，买了他的烟，分文不少，还留他吃了一顿饭。

叶家炳问他们是干什么的，这些人告诉他："我们是新四军的游击队，专门打日本鬼子。"叶家炳听说是打日本鬼子的，十分高兴，又亲眼看到这支队伍人人平等，纪律相当不错，又不欺负老百姓。暗想如果参加这样的队伍，日子好过，而且又能实现打日本鬼子的愿望。他就暗暗下了决心，参加新四军。回到家里，他把想法告诉了母亲，没想到母亲很支持他："去吧，去打日本鬼子。"

就这样，叶家炳加入了新四军，拿着红缨枪，当上了战士。但他当时并不知道新四军是共产党领导的。

（六） 重回学校，入戏剧系

新四军全名叫国民革命军新编第四军，名义上属于蒋介石调遣，实际上由中国共产党领导。军部在南昌，下辖四个支队。在安徽合肥、淮南等地活动的属于第三支队，主要开展游击战斗，寻找机会，集中力量，歼灭打击一切非共部队。1938年5月之后，中国共产党把淮南定为根据地。淮南不但有中国共产党的各种领导机构，还有学校等。

1940年，游击队整编，叶家炳因年龄小又曾读过书，就被送到津浦路东路西联合中学读书。因为新四军不仅要打击敌人，还要培养本身的干部和人才。1941年，淮南创办了艺术学校——淮南艺专。这年春天，叶家炳被选送到淮南艺专就读。

淮南艺专设有三项专科：音乐、戏剧、美术。他热爱美术，本意想学美术，但戏剧科老师看中了他，安排他到戏剧专科学戏剧，并叫他参加排戏。他参加排演的第一出戏叫《一个打十个》，导演让他扮演戏中的农民夏大粗。叶家炳是个很"真"的人，一想到做戏是假的，就演不下去，所以他总是笑场。戏没法排，导演也无可奈何。

叶家炳自觉不能再学戏，便要求负责舞台美术工作，导演也就同意了，但当时演戏简单，要画的内容不多。后来，他又随学校到三叉河镇从事民运工作。大概运气在等待着他，他在三叉河边看到美术系的学生们在写生，也捡起一枝铅笔跟着画，他一画画便很投入，画得很认真。

忽然，他听到背后有人说："画得好。"转过身去，原来是美术系的老师在看他画画。这位老师从他手中接过画，说："你画得很好，有才气。你的天才不在唱歌、演戏，而在画画，我去跟领导说说，让你转到美术系来。"

（七）志在丹青，改名亚明

叶家炳既高兴又激动。"那太好了！"他赶紧给老师敬一个礼，说："我就是喜欢画画，多谢老师。"

经过老师的斡旋，叶家炳终于转到了美术系。这位老师姓程，名亚君，不过在学校里，大家都知道他叫亚君，而忘了他姓程。亚君于30年代毕业于上海新华艺专，有很深厚的素描基础，他指导叶家炳素描，有系统地训练学生基本功，叶家炳对亚君老师既感激，又十分敬慕，于是便改名亚明。亚明的成绩十分突出，亚君对这个得意学生也十分器重。

1941年1月，皖南事变给新四军带来重大打击，中共中央缩小编制，淮南根据地只被划分为一个区，因而淮南艺专也就撤消了。于是亚明被分在新成立的淮南大众剧团做舞台美术工作。不久，淮南抗敌文化协会成立了美术工作队，亚君出任这个队的负责人，他又把亚明调去，让亚明担任美术工作队的艺术指导。

亚明便和美术工作队的成员们到处写标语、画壁画、画漫画，宣传抗日。到了一村画一村、到了一庄画一庄，到处都看得到亚明的画，他成为新四军中有名的小画家。

1942年秋，亚明被调到冶山县中共人民政府文教局负责小学教育工作。在新的岗位上，他除了做好小学教育工作外，还利用他的美术才华，重新设计生动美观的课本封面和内容插图，并在学校教室内和围墙上，绘制大幅宣传画。

不久，原淮南艺专的一位老师向秋贞，带领二师的少年工作团到冶山县来开展工作，便把亚明调到少年工作团工作，当然，他仍然画画，做抗口宣传。

（八）投身地方武斗，发展特工队

叶挺任军长、项英任政委时，新四军下辖四个支队。陈毅任新四军代军长、刘少奇任政委时，华中的新四军改编为七个师，第一师活动于苏中，第二师活动于淮南，亚明当时属于第二师。

由于当时活动于皖中的第七师缺少文艺人才，二师则因有淮南为根据地和淮南艺专，文艺人才较多，亚明又是有些名气的画家，便被调到七师政治部的大江剧团，仍然负责舞台美术和绘画抗日宣传画。

后来，因为一些原因，加之毛泽东《在延安文艺座谈会上的讲话》一文发表，要求文艺工作者和群众结合，"中国的革命的文学家艺术家，有出息的文学家艺术家，必须到群众中去，必须长期地、无条件地、全心全意地到工农兵群众中去，到火热的斗争中去"。第七师师部因此决定叫亚明到"火热的斗争中去"锻炼，也就是离开师部到边区去。

第七师的边区，就是安徽东部的江浦县、全椒县、和县，师工委负责人找到亚明，派他到边区"扩大人民武装，发展地方政权"。亚明听命后，立即行动，化名王有才，带了一个叫邓本硕的助手到达江浦县和全椒县的交接地十村庙，开展工作。

亚明当时不是党员，邓本硕则是党员，但亚明却领导邓。邓的任务是发展党员，亚明的任务是发展武装力量、组织特工队。

亚明在一家棉花行里充当账房先生，暗地展开地下活动，他还利用自己的绘画本事，为老百姓画画、画鞋花、画小孩兜花等。老百姓都喜欢这位王有才，又听说他是新四军特工队队长，专门打日本鬼子，很多人愿意跟着他，自动参加了特工队。

（九） 表现有声有色，成为共产党员

亚明在这里拉起了一支人马，又搞到十几条枪。这些枪，有的是特工队队员们从敌伪手中夺得，有的则是绑架勒赎汉奸，然后拿赎款买枪，并从事地下活动。亚明在这里搞得轰轰烈烈，不但成立队伍，有了枪支，打击了敌伪汉奸，还建立了属于中国共产党的乡政权。

这一系列活动，引起了驻在古河镇的国民党专员李本一的惊慌，他怕这样下去，影响他的政权，于是便来捉拿亚明（王有才），但民众百般掩护他，专员派来的人扑了个空，李本一又下令悬赏捉拿王有才，"谁抓到新四军特工队队长王有才，赏大洋一千块，就地正法五百块"。又派了很多便衣到亚明活动的地方进行搜捕，不过都因为有老百姓通风报信并帮助掩护，亚明安然无恙。

但邓本硕发展党员的工作就不是那么顺利了。邓不敢发动群众，又

无特长，没有老百姓保护他，他只找到一个理发匠，便要说动这个理发匠加入中国共产党。听说专员派人来捉拿特工队，他吓跑了，躲在桥洞中，叫理发匠送饭给他吃。理发匠贪图赏钱，出卖了邓，带人到桥洞中把邓抓起来枪毙了。

亚明的特工队则十分活跃，在老百姓支持下，还扩大了活动地盘，他建立的乡政权也依然存在。工委负责人知道亚明做得有声有色，为共产党立了功，便批准他入党，1943年7月1日，亚明加入了中国共产党。

1944年秋季，亚明被任命为七师二十旅和含支队（即和县、含山县支队）的政治指导员。

（十） 进入师部工作

亚明虽然出任和含支队的政治指导员，但他的兴趣仍在绘画，所以，当十九旅文艺工作队成立时，他又调去任艺术指导。1945年，文工队解散，他被调到七师政治部宣传科工作。

1945年8月10日，日本投降，国共内战随之成形，新四军命令七师开往山东枣庄，占领山东铁路矿产和各战略要地。亚明也随着到了山东，担任七师宣传部美术股副股长，同时主编《刀与笔》杂志。但这份杂志只出版了两期。1946年，亚明就被调到第三野战军（后来改称华东军区）政治部，办《山东画报》，后来改称《华东画报》。

亚明任美术记者、编辑，他创作宣传画、组画及木刻画。同时为解放区设计货币、邮票、各种商标、书籍封面等等，凡是和美术有关的内容，差不多都找到亚明，他的名气大振。画报在他的努力下，也办得十分出色，几乎每期都发表他的作品和插图。

1948年，解放军第三野战军南下，亚明随军到了苏北华中军区（后改为苏北军区）政治部，创办了《战士画报》，并任主编。政治部军区所在地泰州，亚明就暂住在泰州。原来这是月下老人先用一根红线把亚明的脚拴在这里，然后把红线的另一头牵到上海，拴来了鲍如莲。

鲍如莲是著名的舞蹈演员，1929年生于安徽滁县，比亚明小五岁。她小学没毕业，便因日本侵略而随父母逃难四川，在四川的北碚北温泉小学继续上学。因为她长得美丽，又到歌剧学校进修，后来在陶行知办的育才中学就读，同时学习舞蹈。

著名舞蹈家戴爱莲在四川筹办大型舞蹈演出，选中了鲍如莲，她因此成为戴爱莲的得意门生，舞蹈技巧大大提升。1945年抗战胜利后，鲍如莲回到家乡安徽滁县，不过，留在滁县对她的前途发展不利，她的老师写信叫她到上海。

（十一）　烽火下的恋情

1947年，鲍如莲到了上海，进入上海乐舞学院就学，同时教孩子们唱歌跳舞识字。地址在朱金楼之弟的店家楼上。

朱金楼是中共地下党人。1948年，朱金楼邀集一批知识青年到延安去，由于鲍如莲的大姐就在延安，因此鲍如莲也在朱金楼的邀请之列。

一行二十余人，有作家、画家、音乐家、舞蹈家，便从上海出发，乘火车到了常州，然后又到了江阴。

在江阴，他们遇到了华中军区的队伍，军队的官兵对这批艺术工作者十分热情，把他们接到泰州军区总部。军区首长热忱欢迎他们，司令也亲自接见，并劝他们留在华中军区工作，不必长途跋涉朝延安奔波，毕竟去延安也是干革命，留在泰州也是干革命，华中军区非常需要这一批文艺工作者。

解放军忙着给他们送水送饭，希望他们留下来，为大家演戏、唱歌、写作、画画。由于亚明在政治部文艺研究室工作，又是艺术家和《战士画报》主编，便出面负责游说他们留下。

当时鲍如莲才十九岁，并无主张。去延安或留在泰州，都无所谓。亚明一眼便看中了这位美丽的舞蹈演员，更乐于说服她留下。两人一交谈，原来都是安徽老乡，这就更有话谈了。

亚明爱上了这位舞蹈演员，鲍如莲也爱上了这位年轻画家，月下老人终于把两人的红线牵上了。但当时战事正炽，还不能把精力都放在婚事上。

1949年4月，解放军强渡长江，打到无锡，成立了无锡军管会，亚明和鲍如莲都到了无锡，在军管会工作。国内战争结束后，共产党建政，亚明开始安心于绘画创作。1950年，无锡市美术工作者协会成立，亚明任主席。1951年，苏南《农民画报》创刊，亚明出任主编。1952年，亚明和鲍如莲在无锡市正式结婚。

鲍如莲后来担任江苏省舞蹈协会主席，成为著名的舞蹈家，亚明担任江苏省美术协会主席，是著名画家。二人同在艺坛，比翼双飞。

（十二） 决定走上专攻国画之路

1952年春节，亚明在无锡举办了一次中国传统画展，展品都是从老画家和收藏家那里借来的，主要是荣德生、周怀民、吕凤子的收藏品。亚明为新一辈画家提供了学习前人国画的好机会，自己也大开眼界。他第一次见到这么多、这么好的古画，颇为震动。同时，他也结交了一批有名望的国画家。

1953年，苏北、苏南行署和南京市三个机构合并，成立江苏省。亚明被调到省会南京，筹备江苏省文联，而且凡和美术有关的机构，如美术工作室、美术工厂、美术馆等等，全由亚明负责。

江南本是文人荟萃之地，南京又因曾是民国的首都，杰出的文化人尤多，画家如陈之佛、傅抱石，学者如胡小石、唐圭璋、吴伯滔，书法家如林散之、高二适，美术史家如秦宣夫、俞剑华，考古学家如曾昭燏等等，都是一代精英。亚明和他们交朋友，帮助他们解决困难，同时也向他们学习传统艺术，他们也都信赖和尊重亚明。

亚明一直是江苏美术界的实际负责人和幕后工作者。1953年6月，亚明以中国艺术家代表身份，参加中苏友好代表团，出访苏联。

在莫斯科、列宁格勒等地博物馆中，亚明看到了苏联历代著名画家和欧洲绘画大师们的原作，尤其是当年彼得大帝从西欧掠夺来的文艺复兴时期艺术大师们的油画原作，更使他惊叹不已，也引起他的深思：油画是西方人的绘画，应留给西方人去发展，中国人还应该走自己绘画传统的路。

在无锡，他看了一大批国画名作，在苏联，他看了一大批西画名作。两相比较，他决心学习并发展中国传统绘画。何况学油画也缺少客观环境，一是观摩西画原作不方便，二是缺少优秀西画家作师友，他在南京、无锡等地结交的，都是些中国画家。

在苏联访问期间，亚明画了不少异国风光，回国后，他出版了《访苏画辑》。这是他第一本正式出版的画册。而后，他便完全沉浸在传统国画领域内。他学习国画技法，读画史、画论，明画理、画法，观摩古代绘画原作和画册。

（十三） 担负重任，筹组美协分会与画院

1955年，华东美协成立，亚明任理事。不久，他又着手筹备中国美术家协会南京分会，并抽出时间写生作画。1956年，中国美术家协会南京分会筹备委员会成立，傅抱石任主任委员，亚明任副主任委员，但实际工作仍由亚明负责。1957年，国务院总理周恩来提议在北京、上海、南京三地建立中国画院，照顾老国画家并发展国画，南京的工作当然由亚明负责。

当时亚明提议，由吕凤子、陈之佛、傅抱石、胡小石以及亚明五人组成筹备委员会。吕凤子虽任筹备委员会主任，但他当时在苏州的江苏师范学院任教，而陈之佛、傅抱石、胡小石在南京师范学院任教，实际负责任的仍是亚明。亚明又最年轻，他和吕、陈、傅、胡四位委员互相尊重、互相支持，经调查、了解、研究，决定把在江苏的几位老国画家请到画院来，让他们安心创作，并把经验留下来。

画院聘请的画师、副画师、助理画师有：徐州的王琴舫，镇江的丁士青，苏州的余彤甫、顾伯达、张晋、费新我，无锡的钱松嵒、陈旧村，常州的龚铁梅、房虎卿，扬州的鲍娄仙，太仓的宋文治，南京的叶矩吾等。这些人，有的是中学教师，有的即将离开江苏去外地，有的无职业，生活多半很困难，亚明把他们请到画院，解除了他们的后顾之忧，从此得以专心一意地从事国画创作。

1960年3月，江苏省国画院正式成立，傅抱石任院长，亚明任副院长兼党组书记。他从画院筹备之日起，到正式成立时都担任副院长，直到钱松嵒接任院长时，亚明仍任副院长和书记，但这期间，实际上都是亚明主管画院工作，一直到他退休为止。

1960年4月，中国美术家协会江苏分会成立，亚明任副主席，傅抱石任主席，但傅抱石不是共产党员，因此很多重要决策实际上仍出于亚明。

亚明认为作画必须写生，画山水一定要到大自然的山水中去，但江苏很多画家生在江南，从没见到大山大水，有的连长江都未见过。亚明想让画家们行万里路，看看大山大水，而且也希望画家们反映山河新貌，他便向省委反映并申请经费，带领一批画家在中国各地旅行写生。

（十四） 勤恳积极经略画院

1960年9月，亚明和博抱石以及画院的十三位画家，离开南京，过长江，一路旅行写生了郑州、洛阳、三门峡、西安、延安、华山、成都、乐山、峨眉山、重庆、武汉、长沙、广州等地。

他们到湖南韶山毛泽东旧居、炭子冲刘少奇旧居，在重庆参观红岩村、曾家岩，拜访了长沙的清水塘，在洛阳欣赏龙门石窟……江苏画院的画家们旅行了六省十几个城市，遍历名山大川、工厂、农村、大型工地，行程两万三千余里。

一路上艰苦备至，尤其是到了西安，遇大雨，行住皆无着，亚明找到好友、陕西省美术界负责人石鲁，才解决了困难。

石鲁用车送他们去延安，途中雨越下越大，未到铜川，天就黑了。车无法走，好容易挨到一个小镇，找不到旅馆，最后只找到一个女澡堂，还要等女人们洗完澡、营业结束后，才能进去。好歹有个休息之所，他们就在外等，但进了澡堂，扑鼻而来一股难闻的气味，其他画家太倦了，也就在板凳上睡了。亚明和西安画家罗铭以及另外一人，不想进浴室，便在外室下棋，两个人下，一人在旁观看，输者下台，让旁观者入席再下，这样三人轮流下棋，下了一夜。次日晨起又赶路，顺利到了延安。亚明第一次到延安，十分兴奋，画了不少画。

到了湖南，他们坐的是石灰车，旅程也十分艰苦。

旅行写生结束后，画家们整理画稿，在南京和北京举办了大型"山河新貌画展"，国内各美术刊物大多刊登了其中作品，发表了有关文章和消息。江苏国画院在亚明的实际主持下，首战告捷，名动海内外。接着，由亚明主持，为江苏画院招收国画学生，让老画家带徒弟，培养新生力量。二十年后，江苏的中年画家在海内外脱颖而出，其中很多人便是当年亚明招入画院中的学徒。

江苏画院在中国画坛上占有重要位置。傅抱石是当代大师，林散之是当代书圣，皆无人敢与之比肩。继之，钱松嵒是当代最具特色的山水画家之一，高马得是全国最具特色的戏剧人物画家之一，他和河北的韩羽并称为"南高北韩"，此外，魏紫熙、宋文治也是颇具功力的山水画家，至于中、青年一代，更为全国瞩目。

国画成熟于魏晋南北朝时期，当时画坛中心就在南京，最负盛名的曹不兴、顾恺之、陆探微、张僧繇等，皆在江苏。而明清的大画家、大画派，如：浙派、吴门派、松江派、娄东派、虞山派、明四家、金陵八家、扬州八怪、石涛等等，皆在江苏。现在，江苏仍是中国画坛的中心之一。亚明更是画界举足轻重的人物，他卓立江南，名播全国，声扬海外。

（十五） 坚持正义，保护省内画家

江苏画院和江苏美协之所以能卓然立于中国画坛之上，其中一个重要原因，乃是党内外人士互相尊重，互相支持，和睦相处。在这方面，其他省市就逊于江苏省了。江苏艺坛能够团结和睦，在党领导一切的情况下，关键是党内干部的作为，亚明在这方面，堪为表率。

1957年，共产党要求党外人士帮助党整风，尤其希望知识分子能向共产党提出意见。有些知识分子就发泄出平时压抑在心里的怨气，也有人说出希望取消共产党领导的话，共产党因而发起反右派斗争。

由于毛泽东说过，百分之九十五的人是好的。于是有人便据此解释为，右派占百分之五。于是上级下指标，要把百分之五的知识分子定成右派。一旦被定为右派，不但自己终生受苦，还要累及妻子儿女、亲邻朋友，但一个单位不打倒一个右派也不行，因为上级分派有任务——百分之五，必须完成。

亚明认真地考虑，在他领导的画院和美协，都是很好的知识分子，都不是右派。他决定一个不打，但上级一再催促，叫他快些报上右派名单，亚明知道，只要他笔尖一动，或口一张，灾难就会降临到被他点名的画家身上，对方不但不能继续从事艺术，而且会妻离子散，终生过着备受歧视的生活。

"士达不离道，士穷不失义"。亚明自问不能这样做。当然，他如果这样做了，他会得到上级领导的信任，他会升官。但亚明曾受过苦难，也受过传统道德教育，他有爱人之心，不愿丧失自己的天良。他一拖再拖，决定不上报。

亚明在江苏美术界，职务不是最高，但实权最大，如果他把比他职务更高的人定为右派打倒，他就可以担当最高的职务，但亚明没有这样做，他不但没打倒他们，还要保护他们。

当省委某负责人最后向他要右派名单时，他一口否认："没有。"

某负责人火了，指摘亚明对反右派运动消极。于是便找人搜集美术界画家的右派言论。

他们要打倒的第一个右派对象就是美协主席兼画院院长，也是中国著名的画家傅抱石，于是便从博抱石文章中摘出部分言论，加以分析，定为右派。

当他们把博抱石定为右派的消息告诉亚明，并征求亚明意见时，亚明大吃一惊。他知道，傅抱石一倒，后面还有一大批，这么多人将会受伤害，自己必须出面保全。

他努力地向上级解释说："画画的人都不大过问政治的。傅抱石好喝酒，酒后难免胡言乱语，其实他绝不会反党，更不会反社会主义。傅抱石常说：社会主义就是好……"

这位省委负责人早就恼火了："那么你美协一个右派不打，这数字怎么办？"亚明知道，省委负责人也有为难之处，打右派是全国性运动，每一地区必须把一批知识分子打成右派，这是上级分下来的任务。这任务都规定了数字，亚明说："如果要完成数字，那就算我一个，拿我去好了。"这位负责人说："你也构成右派行为了。"亚明火了，厉声回答说："那就好了嘛，拿我去顶数字吧！"

（十六）爱人以德，济弱扶贫

但亚明从小就参军，忠心耿耿，而且当时也没有写过多少文章，把他打成右派并无实据。亚明没有被打成右派，他又顶住了来自上级的压力，保护了傅抱石等一大批江苏画家，也没有人被打成右派。这在全中国是罕见的。

后来江苏省美术界只有一人打成右派，那就是傅抱石的儿子傅小石。但博小石是在北京读书时，被北京美术界一些人打成右派，然后送回江苏劳改的。在亚明领导下的江苏美协以及画院，并没有一个人是右派。三十七年来，亚明回亿往事，仍然说："这是我一生中最得意的事，我没有伤害过一个人。"事实也正是如此。

"文革"期间，亚明受了无数苦处，但他没有冤枉过一个人，尽管很多人整他，他也能逆来顺受，从不讲别人的坏话。甚至在寒冬腊月，他跳下水去，救起掉在冰水里的小孩，这种舍己为人的行为，也被说成是新的阴谋，一批造反派唆使群众批斗他，说他冒着严寒破冰下水是苦肉计，把贫下中农的孩子从水中救起，是为了收买贫下中农的人心。批斗会达两小时，老百姓到后来都不干了，亚明也并没有为此而伤心，他经历的事情太多，心胸也愈加宽阔，天下的事，他只是一笑置之。

"文革"后期，省委负责人又叫亚明出来负责江苏省美术创作组，他负责办美术展览，评判参展作品。

有一天，从美术馆来了一个小负责人，说："出了一件大事，美术馆内有一张黑画，是为刘少奇翻案的。"亚明等人听后都颇吃惊，到了美术馆一看，这幅画题目是"小车不倒只管推"，画中一位老干部，因长期操劳，头发都白了，但仍然推着车子。

其实内容很好，是以此比喻一个干部只要不倒下便要努力工作。头发白了，显示年纪已老。因为刘少奇是白头发，有人便附会说此画是歌颂刘少奇。

刘少奇原是国家主席，这时已被打成中国最大的反革命分子。亚明问了这画的作者，原是南京师范学院美术系毕业的学生，正在某县文化馆担任美术干部。当时只要亚明点头，承认这画是画刘少奇，这个作者就要遭到批判，甚至会坐牢，全家都要遭殃。亚明如果出面保护作者，自己也有可能会跟着遭殃。但良知促使亚明说："这画不像刘少奇，不是为刘少奇翻案的，我负责。"

为了进一步保证作者不被批判，亚明又请来了省委书记彭冲和宣传部长，亚明在画前向他们介绍说："有人说这画是画刘少奇，我看不像。"彭冲看了画中的白发老干部也说："不像刘少奇。嗯，不像，不像。"部长也说："不像，不像。"那位小负责人也就无话可说了，作者因而免了一次大灾难。

儒家的中心思想就是"爱人"，孔子反复主张"节用而爱人"。亚明"爱人"的事例太多了。上面两个例子，说明他上对国内外著名的画家，下对不出名的小人物，都爱人以德。

（十七） 为维护国画传统仗义执言

士达不离道，还表现在亚明对民族文化的责任心上。

近代自欧风东渐以来，中国人常有否认自己的传统者，1947年，理论家卜少夫发表文章，要"消灭中国画"，并说中国画是死蝴蝶，已经死了。50年代初，江丰等人又要"打倒中国画"，他们反复阐论，说什么国画是地主阶级的消闲品，封建士大夫们的墨戏，反动腐朽的文化，必须打倒，并下令全国大学美术院校的中国画科系一律改名为彩墨画科系。很多名望很大的传统画家，都不得再教国画，有人被迫改行卖电影票、饭票。

1955年，上海成立华东美协大会上，江丰再次认真提出"打倒中国画"，并说："如果画一张毛主席像，抬出去游行，用木刻、油画都可以，用国画行吗？一阵风就吹坏了，这种画要它有什么用呢？"

很多画家受其影响，有的改行，有的后悔不该学国画。国画艺坛一片荒芜。亚明当着江丰的面，义正词严地提出："凡是人民欢迎的东西，我们都不能取缔。"又说："国画是中国人创造出来的，几千年了，为什么要在我们这一代人中消灭呢？只要人民喜欢，我们都要保留。国画不能打倒，也打不倒。"亚明不但这样说，也这样做了，坚持创作出很多国画。

江丰对亚明十分失望，严厉地指摘："亚明自小参军，是党培养出来的文艺工作者，入城后，短短几年内，就堕落到封建文人墨客的故纸堆中去了……"

华东美协会议之后，亚明到了杭州，自然先去浙江美术学院参观。当时的浙江美院由江丰实际控制，亚明一到，有人便去汇报说："江苏来了一位狠人。"江丰忙着出来迎接，他一见亚明，便说："亚明，欢迎，欢迎。"然后带着亚明去各系看教学情形。

因为中国画系已取消，改为彩墨画系，亚明一看，老师和学生都是用国画的材料画西画，已完全抛弃传统，采用西画技法。而且，为了达到借西画改造国画的目的，还特地调来西画基础较好的学生画彩墨画，更便于用西洋画法来顶替传统画法，然后再把这种西洋画法的彩墨画介绍宣传出去，让年轻人学习，这样就能从根本上消灭国画。用心可谓良苦。

亚明看后，十分愤慨，当面和江丰论辩，力主恢复传统国画教学。江丰因而更加认为亚明已堕落了。

亚明决定以自己的努力，团结江苏的国画家，共同继承国画传统。真正的继承必须有发展，二万三千里旅游写生后，亚明就总结出："思想变了，笔墨就不能不变。"他在江苏美协会上多次谈这个问题，并希望这个论点能影响全国。

但当时他还年轻，实权虽大，在画坛上的声望还赶不上几位老画家，尤其是十年前已在海内外负有盛名的博抱石。如果让傅抱石出来谈这个问题，影响会更大，于是他便请傅抱石写文章，傅抱石才华横溢，马上写了《思想变了，笔墨就不能不变》一文，发表在1961年2月16日的《人民日报》上，《新华日报》《文汇报》等报刊旋即转载了此文，1962年，人民日报出版社《文艺评论选集》第一辑还收录了此文，在全国产生了巨大影响。

（十八）"文革"后赴北京统筹美术工作

"文革"之后，为恢复全国美术家协会，亚明被调到北京，从事这项重要的工作。亚明和华君武等人是中共党员，是实际决策者，至于谁当主席，谁当副主席，那是另一回事，实际工作是由亚明、华君武等中共党员画家来做。

在北京期间，亚明除了从事恢复全国美协工作外，又受命筹建中国画研究院。当时，万里、谷牧两位国务院副总理，都多次指示要筹建一个高层次的中国画研究院，委托亚明具体负责，亚明表示此事应由文化部做，谷牧副总理告诉亚明："你先考虑、留心。"

亚明又找到他的老朋友黄镇，黄镇当时任文化部部长，亚明告诉黄镇："成立中国画研究院一事，应由你们文化部艺术局做。"黄镇说："谷牧副总理叫你做，你就先做起来吧。"当时很多画家听说亚明要负责筹划研究院，都纷纷向他献计献策，亚明还是找到了军队画家刘大为，共同起草一个方案交给谷牧。因为事情刚起头，没有地点办公，于是先邀集一批老画家画画，再找一批理论家和画家配合，从事研究工作。

亚明找到国务院，先拨一批款，在友谊宾馆租了南工字楼为画室，当时暂叫中国画创作组，然后再过渡到中国画研究院。等中国画创作组成立，亚明便连同章程和其他一切，都交给文化部了。

文化部部长黄镇问亚明："文化部艺术局由你负责，你把南京的事丢下，到北京来吧。"亚明马上拒绝，黄镇坚持让他负责，亚明托词："在北方我水土不服，我还是在南京生活习惯。"黄镇无可奈何。

黄镇也是安徽人，原是学美术的，在刘海粟主办的上海美专上过学，后来参加革命，带过兵，担任过军区政委、宣传部长等。参加过两万五千里长征。抗战胜利后，亚明随新四军七师调往山东时，黄镇曾奉命去山东检查工作，在山东遇到亚明。二人都是学画的，是同道，又是同乡，遂为知音。后来黄镇任外交部副部长、驻外大使数十年，"四人帮"垮台后，黄镇回到北京，任文化部部长。亚明此时已成为著名画家，黄镇对亚明也特别看重。

亚明在北京期间，黄镇又找到亚明，说："我想拉拢一下南北画家，促成两派之间大联合，几十年来，北方徐悲鸿一派和南方刘海粟一派并不团结，我来撮合一下，你看如何？"亚明说："你出面撮合不好，你是上海美专毕业的，人家会把你划为南方派。"黄镇说："那么你出来撮合一下，你既不属徐派，也不属刘派，你出面，可以借着文化部的名义。有什么困难找我来解决，目的要造成南北大联合的气氛。"

亚明说："好吧，我来办。"

（十九） 大力促成画坛南北派大联合

亚明便以文化部名义，拟好了名单，准备把中国南北派声势最强的一些画家都请出来联谊一番。

1978年元月12日那天，住在外交部宾馆的亚明，正准备去友谊宾馆会见南北大画家并主持大合作的盛会，著名演员赵丹和夫人黄宗英到了，赵丹一见亚明便喊大哥，知道亚明要去友谊宾馆会见各路画家时，更一定要跟着去。

赵丹说："画画是我的专业，演戏是我的业余爱好。"亚明说："你去可以，但只能跟着看，不能胡来。"赵丹连说："好、好，我只看，不胡来。"

亚明带着赵丹夫妇，到了友谊宾馆南工字楼，各路画家都已到齐，黄镇部长也和画家们打了招呼，并说："亚明，你全面负责吧。"然后在一边不再开口。这时，从北京故宫调来的两张乾隆年代的丈二匹大宣纸也摆到桌上，亚明环视会场，然后作了简短讲演，最后说："今天，全国南北画家聚集在北京，我们来一个南北大合作。"画家们一齐鼓掌。

亚明走到八十多岁的刘海粟面前说："刘老，您年龄大，您来开笔。"刘海粟说："我画什么呢？"亚明说："随便。"刘海粟抓起笔，在丈二匹中间画了一只大老鹰，画完后，问亚明："这行吗？"亚明说："很好，您到隔壁休息吧。"

三四十年代，刘海粟一直和徐悲鸿闹对立。徐悲鸿留法回国后，主持中央大学美术系，这是当时中国最高美术学府。而刘海粟则在其父的钱财支持下，办了上海美专，属私立学校，且时办时停，自不足以和中央大学相比。徐悲鸿留法，是正统的学院出身，刘海粟继徐悲鸿赴法后，也到了法国，但他没有正式入学，只是游学。二人对立的结果，徐派势力愈强，刘派渐趋微弱。

建国后，徐悲鸿组建中华美术工作者协会，并被选为主席，理所当然成为全国美术界领袖，而刘海粟则被冷落在上海。徐悲鸿任北京中央美术学院院长，这是美术界最高学府，而且全国都实行徐氏教学体系，刘海粟的上海美专已被撤销。对立的结果，刘海粟愈来愈敌不过徐悲鸿。

刘海粟恼羞成怒，说："徐悲鸿是我的学生。"实际上刘海粟一天也没教过徐，而且徐的绘画功力当时就高于刘。徐刘结怨益深，其势几不可同立，两派学生也有对立之势。

（二十） 赵丹破坏了一张好画

这次大联合，主要是促使徐刘二派团结，但徐悲鸿已去世，他的得意弟子吴作人尚在，而且吴作人已继任全国美术家协会主席及中央美术学院院长。因之，吴作人便是徐派的代表画家。

亚明接着请来吴作人，在这张丈二匹上加画，吴作人问亚明："我画什么呢？"亚明依然答道："随便。"吴作人便画了一片山头。画毕，亚明说："好了，您也请休息一下。"吴作人便到隔壁去休息。

所谓南北大合作，徐派代表吴作人和刘海粟合作，其大局已定，下面由哪些人题字，由哪些人再补画，亚明还要考虑。

他自己先挥笔在山头和老鹰之间加画了一些云气，寓意融合，画毕便去休息，并思考下一步找谁题字。

过了一会儿，赵丹来了，冲着亚明说："大哥，我在画上画了一棵大松树，画面被我破坏了，你看怎么办呢？"亚明一听，大吃一惊，忙到大厅一看，果然赵丹在上面画了一棵大松树，铺天盖地，把整个构图都破坏了，亚明十分恼火，对着赵丹说："我叫你不要胡来，你怎么……"赵丹傻笔着说："我手痒痒了，控制不住了。"

赵丹是亚明带来的，这下真是没办法。幸好还有一张乾隆丈二宣纸，亚明决定，下午再重画，当然不能告诉刘海粟和吴作人这张画已被赵丹破坏了，只能说再画一张作纪念。于是画家们便一同去赴中午宴会。吃到最后的甜点，秘书来把黄镇部长叫出去，黄镇回来后，告诉亚明："郭沫若去世了，我马上要进城去。"亚明一听，郭沫若去世了，黄镇部长又走掉，他的心也乱了，而且情绪大坏，午宴结束前，亚明宣布："合作到此为止，结束。"下午便没再画。

这张刘海粟、吴作人、亚明、赵丹合作的大画，至今也不知流落何处。还有另一张乾隆年间的丈二宣纸，也不知落入了何人之手。

画虽不见了，但对立几十年的徐、刘二派第一次联手作画，却在亚明的撮合下成功了，这在中国美术史上是不可否认的事实。后来，在中国画研究院成立大会上、在中国美术家协会中，被排斥冷落多年的刘海粟都能和吴作人握手言欢，都应归于亚明的第一次撮合之功。

事后，亚明回到江苏。1981年，他被选为江苏省美术家协会主席。同时，他还担任中国美术家协会常务理事，中国画研究院院务委员，香港《文汇报》中国书画版主编等职。

（二十一） 足迹遍五洲的艺术使者

基于亚明的声望，他不但在大陆画坛举足轻重，同时又担任艺术使者，足迹遍及世界各地。限于篇幅，我只把他到过哪些国家和地区罗列于下，以见其在国际艺坛上活动之频繁。

除上述1953年的访问苏联外，亚明的足迹遍及世界五大洲。

1973年，他率领画家代表团赴越南访问。这是中国和越南签订文化协定后的交流活动，同行团员有广州美院的王玉珏、浙江美院的李延生。亚明在越南画了近百幅越南风光画，又和越南画家交流绘画经验，在河内发表国画讲演，并举办了访越画展。越南政府也要为亚明举办画展，后因故未果，亚明便匆匆携画归国了。当时，正值四人帮大搞"批林批孔批周公"运动，以及批"黑画"运动。亚明不愿和"四人帮"的爪牙王曼恬之流同流合污，就被卷入黑画事件中，同时被软禁在北京八十三天。

1978年，他率团访问巴基斯坦。1979年，应邀赴香港举办画展，并在香港中文大学作讲演。1980年，率江苏画家团访问日本的名古屋、札幌。1981年，赴新加坡举办"亚明、宋文治联展"。1983年，出访芬兰、挪威、瑞典、冰岛、丹麦等北欧五国，又顺道访问苏联和德国。他画了近百幅北欧和东欧风光，并在瑞典高等美术学院讲演，回国后举办了"访北欧五国画展"。

1986年，率中国画家代表团出访美国，在洛杉矶、旧金山、芝加哥、华盛顿、纽约等城市举办画展，举行报告会，亚明画美国风光十六幅。

1987年，再至日本访问，并于东京举办画展。1988年，重游美国，主持在纽约东方画廊的江苏画院作品开幕式，并为培士大学作学术演讲。

1989年，赴澳洲参加建国两百周年活动，应邀在堪培拉大学和悉尼博物馆讲演。1994年赴泰国举办画展，并捐款泰国慈善中心四十万美金。亚明已年过七十，且早已隐居在太湖中心，然海外各地仍频繁邀请，有时盛情难却，他不得不携画外出展览，人虽隐，其宣扬中华民族艺术之心未尝隐。他的艺术是不老的。

（二十二）　隐居太湖

渊明为令本非情，解印归来去就轻。
稚子迎门松菊在，半壶浊酒慰平生。

濯缨久判随渔父，束带宁堪见督邮。

准拟新年弃官去，百无拘系似沙鸥。

这是亚明喜爱的两首赵孟𫖯的诗，表达了赵氏虽身在官位但却向往隐居的心境，也同样是亚明的心境。几十年来，亚明身居要职，实则"本非情"，他早就想"解印归来"，过着像沙鸥般"百无拘系"的生活。

1984年，他终于实现这个愿望，他已经六十一岁，卸下了江苏省画院一切职务，虽然仍担任江苏省美协主席之职，但也完全不管事。他在南京购置了一片名园，种花、安石、掘池、植树，装修画室书房，准备在这里安享晚年。他在室中大书一"觉"字，谓之"六十而知天命"，他正好六十足岁了。又在觉字下书"觉天觉地觉人，方为真觉，故自命觉斋"。由觉而悟，他悟出人生的真谛，故其园又名悟园。

然而，他虽然觉悟了，世人却不觉悟。各级官员、海内外艺术家、学生、部属，公事私事，来访者络绎不绝。他只要在家，就很难清闲，此时，他想起了太湖中的东山，那是一个隐居的好地方。三十年前，他去太湖游览，就看中了这块宝地。三面皆水，仅有一条大道通往苏州。

他到了东山，看中了一处明代建筑，几进院落、中厅走廊，后面一个四合式木楼，左右有画室、书房、餐厅、耳房，后有水池、桃林。房屋前后、天井内外以及院厅周围和走廊两旁，高树、藤架、芭蕉、丛竹、冬青、兰草、牡丹、月季、草地，花木扶疏。

这儿原本是明代一位致仕官员的住宅，五十年前曾为一位大官员所住，而今已经荒芜。亚明用自己卖画的钱，购下这所园林住宅，然后大加装修，既为保存这座明代建筑，又为自己隐居作画之用。1989年，亚明搬进了东山，其实这里正是他祖父的籍地。东山三面环水，亚明把园林叫近水山庄。不过，搬到东山，仍有人去找他，但较在南京悟园时清静很多。他把精力用在研究山水画上，也常去太湖写生，创作出一批新的山水画。

从1990年始，亚明又在东山新居创作大型壁画。他在大厅当中的影

墙上画《黄山图》，美丽、深邃、变幻无穷的黄山代表中国人，左面画
《泰山图》，代表中庸，右面画《华山图》，代表奇险。东面墙壁分为
四块，分别画唐代诗人王维、孟浩然、李白、李颀的四首诗意，西面墙
壁也分为四块，和东壁对称，分别画宋代诗人欧阳修、王安石、苏轼、
王禹偁的四首诗意。影墙后壁，则画范仲淹《渔家傲》词意，"羌管悠
悠霜满地"。

亚明对范仲淹和王禹偁颇为偏爱，范仲淹是苏州吴县人，东山正是
吴县重镇。王禹偁在苏州长县做过知县，与当时在吴县任知县的罗处约
过从甚密。亚明居住在范仲淹和王禹偁的故地，感受备觉亲切，何况他
又特别偏爱二人的文和词，他能不假思索地背诵范仲淹的《岳阳楼记》
和《渔家傲》，又能顺手写出王禹偁的词："雨恨云愁，江南依旧称佳
丽……"他厌烦和俗人接触，但遇到知音，他谈锋不竭。至于他不喜欢
的人，即使出高价，未必买得到他的书画。

亚明还把历代大书法家的传承关系，包括蔡邕、崔瑗、文姬、钟
繇、卫夫人、王羲之……一一画了出来，刻在石头上，立在大厅的影墙
之后，然后又刻上题记。他要在这里完成书画艺术史上很多工作。亚明
说，光是大型壁画，他打算要画到八十岁。他还要在这里整理他的《论
画语录》，他虽已七十一岁，但身体健康，精神饱满。他自书一联云：
"读书、写画、种花；观云、听雨、饮茶。"这正是他的生活写照。

亚明的认识能力、艺术修养都高于他的艺术创作。几十年来，做官
花去了他大部分的时间和精力，如果他全部时间用于创作，今日的成就
将更高。现在，他要在东山把他的艺术推向一个更高的颠峰。

附录：亚明年表

1924年　　10月1日出生，原姓叶，名家炳，号敬植，生于安徽省合门内王箍桶巷。祖籍苏州，其父叶焕亭因受聘为李鸿章管家，迁居合肥。

1928年　　至教会办的城南小学读书，寒暑假上私塾。对绘画产生兴趣，常临摹书本上插图。

1932年　　去外国教堂，被教堂中壁画所感动，于是常去做礼拜，领回洋画片，回家临摹。

1937年　　日本侵略军大举进攻中国，全面抗战爆发，叶家炳和老师同学上街宣传抗日。

其父叶焕亭患肺痨病去世，家庭经济来源断绝。

1938年　　日本飞机轰炸合肥，叶家被炸为废墟，全家逃出城外，住在野外破旧祠堂中。又遭强盗抢劫，生计无着，叶家炳先是捉鱼摸虾，后又卷烟出售，养活全家。

1939年　　参加新四军。

1940年　　被部队送往根据地联合中学读书。

1941年　　春，被上级选送到淮南艺专学习，先在戏剧系，不久因美术系老师亚君赏识，帮助他调往美术系。因感激并敬慕老师亚君教导，改名亚明。

1942年   在淮南大众剧团担任舞台美术，淮南抗敌文化协会成立，旋任美术工作队艺术指导。同时写大标语、画壁画、漫画等，宣传抗日。

1943年   调往新四军七师政治部大江剧团从事舞美和绘制抗日宣传画工作。

下乡发展武装力量，组织特工队，化名王有才。在边区建立起一支队伍，拥有十几条枪，建立了共产党乡政权。7月1日，加入中国共产党。

1944年   被任命为新四军七师二十旅和含支队的政治指导员。

1945年   调到新四军七师政治部宣传科工作，随七师开往山东枣庄。任七师宣传部美术股副股长，主编《刀与笔》杂志。

1946年   调到解放军第三野战军（后改称华东军区）政治部，办《山东画报》（后改称《华东画报》），任美术记者、编辑。

1948年   解放军南下，随军到苏北华中军区（后改为苏北军区）政治部（在泰州），创办《战士画报》，并任主编。

结识从上海来的舞蹈演员鲍如莲。

1949年   解放军渡江，亚明和鲍如莲一起到了无锡。

1950年   任无锡市美术工作者协会主席。

1951年   苏南《农民画报》创刊，任主编。

1952年   和鲍如莲结婚。

春节，举办古代中国画展。第一次见到如此众多的传统国画，大为震惊。

1953年   调往南京筹备江苏省文联，任江苏省美术工作室主任。6月，出访苏联，在苏各地博物馆考察西画原作，画速写，回国后出版《访苏画辑》。

决定以后学习及创作国画。

1955年   任华东美协理事。着手筹备中国美术家协会南京分会。赴苏北写生作画。创作《古运河之舟》《海滨生涯》《丰收归来》等。

1956年　　　中国美协南京分会筹备会成立，亚明任副主任委员，但负责实际工作。

1957年　　　国务院总理周恩来提议，在北京、上海、南京三地建立中国画院。亚明参与并实际负责筹备工作。

1958年　　　去苏州后，画《货郎图》，参加社会主义国家造型艺术展览及第二届国际青年节美展。

1959年　　　为北京中国历史博物馆创作《石壕吏》。

1960年　　　3月，江苏省国画院正式成立，傅抱石任院长，亚明任副院长兼党组书记，负责实际工作。4月，中国美术家协会江苏分会成立，任副主席，负责实际工作。9月，和傅抱石一起带领画院一行13人，旅行六省十几个城市，观览名山大川，名胜古迹，行程二万三千里。沿途写生作画，考察访问，思想大变，画风大变。

1961年　　　"山河新貌"大型集体画展在北京展出，亚明创《山峡灯火》《白云深处》《出院》《大好河山》《晨雾》《太平山居图》等参展，影响颇大。

促成画院画家到江苏、安徽等地旅游写生，初上黄山，作画数幅。

1963年　　　《亚明作品选集》由人民美术出版社出版，选载画作20幅。

1965年　　　同傅抱石、林散之、钱松嵒等书画家赴宜兴、无锡、苏州等地写生。

9月29日，傅抱石去世。秋末，在北京结识邓拓、老舍，邓拓欣然赠诗。

1966年至1971年　　　"文化大革命"开始，亚明遭到批斗，被打成反党分子、反革命分子，大字报铺天盖地。后被流放外地，在农村、在"五七干校"接受劳动改造。

1971年　　　年末被调到干校创作组。

1972年　　　回到南京，原来的江苏国画院书画家被编入江苏省创作组，仍由亚明负责。秋，《人民中国》杂志编辑韩瀚来南京，搜寻能代表中国的书法作品，亚明推荐七十五岁多的林散之。默默无闻的林散之一举闻名海内外，震惊日本书道界，誉为"当代草圣"。冬，亚明偕魏紫熙、宋文治、喻继高等赴安徽和县探望林散之。

1973年　　　任中国画家代表团团长，访问越南。画越南风光百幅。中国驻越南大使王幼平在大使馆内为亚明举办"访越写生画展"。在河内与越南画家交流绘画经验，并作国画演讲。

1974年　　　年初，"四人帮"为了攻击总理周恩来，在"批林批孔批周公"的基础上，又掀起批"黑画"的风波，所谓黑画，都是周恩来召集老画家创作的。亚明回国后，因不愿附和美术界红人王曼恬等，也被卷入"黑画"事件，被软禁在北京83天。回到南京后，他的作品《风定荷正香》也受批判，被说成是宣扬"阶级斗争熄灭论""黑线回潮"。

1975年　　　年初，江苏画院恢复，亚明仍任副院长兼党组书记。主持招考第二批学生，并促成画家去皖南等地写生。他画了《黄山图》十二幅，以及《白松图册》《新安江上人家》《齐云山色》等。

1977年　　　至湖南写生，作画四十幅，辑为《三湘四水集》，并于1979年由上海人民美术出版社出版。

应邀赴北京，住军委招待所。为叶剑英、邓小平等作画，创作《天问》《峡江图》等。受命做恢复全国美术家协会工作。筹建中国画研究院（初名中国画创作组），又与文化部部长黄镇共同商量促成南北画家大联合问题。

1978年　　　1月12日，在北京友谊宾馆，主持南北画家大联合之会。黄镇、吴作人、刘海粟、赵丹等等皆在，原来对立的两派画家，在亚明倡议下，共同作画，实现了南北画家一次大合作并握手言欢的局面。

同年，率中国画家代表团出访巴基斯坦，作画30余幅。

1979年　　　应邀赴香港举办画展，并在香港中文大学作讲演，为香港艺术中心作画。

1980年　　　率江苏画家代表团访问日本。并在日本名古屋、札幌二市展出江苏画院作品。

10月9日，在安徽省博物馆举办画展，省党政及文学艺术界主要人物皆参加开幕式。

1981年   当选为中国美术家协会江苏分会主席。

赴新加坡举办"亚明、宋文治绘画联展"。

1982年   当选中国美术家协会常务理事、全国文联委员。

江苏省美术出版社出版《亚明画集》。

《峡江图》参加国际巴黎春季沙龙展。

冬，在苏州写生。

1983年   年初，在福建写生。随中国人民友好代表团出访芬兰、挪威、瑞典、冰岛、丹麦五国。顺道访问苏联和西德。画了近百幅北欧风光，并在瑞典高等美术学院讲演。

1984年   5月，"亚明画展"在合肥举行。

卸下江苏省国画院一切职务，在南京悟园读书作画。

1985年   "访北欧五国画展"在北京展出，场面轰动，党政军人士、文艺领袖、学术名人等千余人以及五国驻华使馆官员等参加开幕式，国内各报争相报道。

由南京大学艺术研究中心聘为兼职教授。

福建人民出版社出版《亚明近作选集》。

1986年   率中国画家代表团出访美国，在洛杉矶、旧金山、芝加哥、华盛顿、纽约等城市举办画展，举办报告会。画美国风光16幅。

1987年   再次至日本访问。在东京举办画展，日本为之出版《亚明作品选》。

1988年   再次访美，主持在纽约东方画廊的江苏画院作品开幕式。并在培士大学作讲演。

1989年   赴澳洲参加澳建国二百周年活动。应邀在堪培拉大学和悉尼博物馆讲演。又在澳广播电台作国画专题讲演。年末，迁入30年前看中的苏州太湖东山近水山庄。山庄是一明代古建筑，三面环水，一路通苏州，经整修如新。

1990年　　　在近水山庄创作大型壁画。

1991年　　　五登黄山，为近水山庄壁画搜集素材，画黄山图40幅。为安徽作大幅《黄山图》，为抗洪救灾作画，并主持义卖展。

"亚明精品展"在香港展出。

1992年　　　游览新安江，又和江苏中生代山水画家赴西南、东北、西北参观访问、写生作画。

"亚明水墨画展"在高雄市琢璞艺术中心展出。大型壁画《黄山颂》在近水山庄落墨。

1993年　　　3月至4月间，赴新加坡、马来西亚，举办画展并讲学。新加坡、马来西亚各报争相报道盛况。

1994年　　　在太湖东山近水山庄作画。

6月，应邀赴泰国，在曼谷举办画展。为泰国之泰华文化教育基金会筹款。泰国报纸称亚明为"国宝""大国手""蜚声海内外的艺术大师"，其画被称为"国粹"。

十六、京派和浙派
——南北美术学教育中人物画体系和特色

　　中国最早的美术教育起于宋徽宗时的"画学"，"画学"也是世界上最早的皇家美术学院。宋初只有画院，到了徽宗时，又"益兴画学，教育众工"（《画继》卷）。"画学"在全国招生，"下题取士"。被录取的学生分为"士流""杂流"，但都要学文化课，"以《说文》《尔雅》《方言》《释名》教授"。又学经学，大约同于我们今天的思想教育。又学书法。专业课则有临摹古画、写生、创作。理论课聘请院外文人画家讲授，"复立博士，考其艺能"，当时宋子房、米芾等都到画院去讲过学，而且考试学生。这些，《宋史》皆有记载，笔者在《中国山水画史》中也有论述。

　　近代美术教育起于1902年李瑞清主办的两江优级师范学堂。延续到1928年为中央大学。徐悲鸿从法国留学归国后，即在中央大学主持艺术系的工作。当时，在中国从事美术教育的有三个人较有影响：徐悲鸿、林风眠、刘海粟。刘海粟只是办学，教育上没有什么体系，更没有形成特色。而且他办学是私立。教育上形成体系的只有徐悲鸿和林风眠。但林风眠的教育体系后来又被潘天寿所代替。

　　解放后，在美术教育上形成体系和特色的，北方是以徐悲鸿为代表的中央美术学院，南方则是以潘天寿为代表的浙江美术学院。本文仅就人物画上形成的南北不同特色看其教育之不同。我把以徐悲鸿为代表的人物画画派称为京派，浙江美院的人物画派称为浙派。

（一）京派

京派以徐悲鸿的艺术思想为理论基础。徐悲鸿提倡"写实主义"，又说："素描为一切造型艺术之基础。"因而，"京派"的人物画都是以素描为基础的，大部分画家是用"干笔"皴擦出素描效果，着色也要达到素描效果。对"京派"产生较大影响的画家有蒋兆和，其次是叶浅予。叶浅予的影响仅在线条。可以说："京派"的形成，是以徐悲鸿的理论以及徐悲鸿的素描为基础的国画人物。但蒋兆和的水墨，叶浅予的线条，徐悲鸿也有，所以，叶浅予的影响较小，蒋兆和的水墨人物虽然取得巨大成就，但对"京派"的影响仍然赶不上徐悲鸿。何况，蒋兆和自己也受到徐悲鸿的影响。所以，"京派"的实际领袖是徐悲鸿。

徐悲鸿的国画人物也有几个阶段的变化，但他因强调"写实主义"，强调"素描为一切造型艺术之基础"，后期作人物画都有素描效果，他1940年画的《愚公移山》，人体部分就是用毛笔着墨皴擦出素描效果，分明可见明部、暗部、亮点。然后着色，着色也分出暗、明、亮。这在传统的中国画中是不曾有过的。徐悲鸿这幅《愚公移山》图中，毛笔着墨皴擦有干笔也有湿笔，一般说来，大片墨笔用湿笔，细微处用干笔。而后的人物画，其墨笔皴擦，基本上用干笔，如1943年画的《李印泉像》，1949年画的《在世界和平大会上听到南京解放》等。这对以后的"京派"产生了巨大的影响。

蒋兆和是"京派"巨匠，他的人物画也是用素描法，他的人物形象是用线勾后，先用干笔皴擦，再用湿染，最后着色，他用墨更多、更重、更大胆，他虽依素描法，但皴擦见笔，更加生动，而且笔笔写出，更近于中国传统。徐悲鸿以及后来"京派"的人物画皴擦不大见笔，只见素描关系，所以，蒋兆和的成就更高，但蒋兆和在50年代后作人物画反而失去了他早期"见笔""生动"的特点，也多用干笔皴擦，只见素描关系，不见"写"意，却更近于徐悲鸿了。如他的《把学习成绩告诉志愿军叔叔》《小孩和鸽子》等。他1956年画的《给爷爷读报》，早年水墨的韵味已失，完全用干笔皴擦出如炭笔素描之效果，然后着淡色，色中亦见光，完全归于徐派了。蒋兆和在中央美院教导学生时，多用干擦法，所以，他的《流民图》一类画法给"京派"影响不太大。当然并非全无影响。

叶浅予是画速写的，严格地说他不算"京派"，他是浙江人，但也不算"浙派"。他指导过"京派"学生创作，所以，对"京派"的勾线法多少有一点影响，如前所述，影响不大。

"京派"影响巨大，60年代至70年代，中国人物画几乎都属"京派"和"浙派"这两家，而"京派"的势力似乎更大。

"京派"的重要画家有李斛、李琦、卢沉、周思聪、姚有多、杨之光等人，西安一批画家虽多毕业于西安美院，但实受"京派"影响更大，他们是"京派"外围画家，实质上也属于"京派"，如王子武、王有政、郭全忠等。

李斛的画较多地继承蒋兆和，他画的很多人像，用墨较多，暗面、灰面、光面、光与影的表现都如素描，衣纹、发、背景又是中国传统的。李斛去世较早，他一生都画"京派"人物，没有改变。

李琦1960年画的《主席走遍全国》，我仔细观看过原作，人物的面部、手部，全用干笔擦出光暗、凸凹和结构来，然后着色，着色又分浓、淡，根据素描关系用笔，也留出高光点和最亮部分。李琦的人物画以《主席走遍全国》水平最高。他后来画人像，皴擦不如以前，如《总设计师》，勾线后用色表现，但仍按素描关系，以色表现出明暗、光亮，仍然是素描基础使然。

卢沉的画如《机车大夫》等，当然也是素描法，但他后期求变，已开始脱离素描法。京派人物画家，年轻一些的，后期都在求变，但素描的影响并没有完全消失。

　　姚有多画的《新队长》也明显是素描法，用干笔皴擦，再以色强调，效果很好。姚有多后来画人物在变，面、手部分擦笔减少，但仍按素描关系皴出结构来，本质上改变并不大。而且其效果似乎还不如前期的素描式。至少说，他前期作画比后期认真。

　　周思聪的人物画基础还是"京派"，直到1979年，她画《人民和总理》，仍然用干笔皴出素描关系和结构，但周思聪很聪明，有灵气，她不用干笔摩擦出素描效果，而是根据素描关系用干笔和线条半皴半写而出，效果较好。同时她后期又吸收了一些"浙派"的画法，即大胆地使用湿笔。

　　杨之光也是"京派"中重要画家。他毕业于中央美院，受过徐悲鸿的亲炙，他考中央美院之前已有很好的绘画基础，但徐悲鸿叫他收起来，"从零开始，从头学起"，"从三角、圆球的素描画起"。所以，杨之光是道地的"京派"出身。他1954年创作的《一辈子第一回》是他的成名之作，人物形象就是用干笔皴擦出素描效果，着色又一次表现出素描效果，他甚至连画衣服也用干笔皴擦，效果不但像徐悲鸿的人物画，更像当时蒋兆和的人物画（蒋兆和此时已放弃他《流民图》中重墨湿墨，更近于徐悲鸿的干笔皴擦）。他1956年创作的《茶山瑶少女》仍用干笔皴擦，而用色更重了。杨之光到了广州后，画法有一些变化，但仍是素描式。他1971年创作的《矿山新兵》，干笔皴擦减少了，改用颜色表现，他用不同颜色表现出凸凹和光影，仍然是素描法（用色画素描），杨之光后期用色墨都更大胆，用笔湿润有透明感，他发展了"京派"，但仍是"京派"，是"京派"在岭南的延续和扩大。

　　王子武虽然毕业于西安美院，但他对蒋兆和十分推崇，他的画实际上也属于"京派"。王有政的画也是素描式，近于"京派"。他后来的画用笔更干、更苍深，这可能和西安的地气有关。

　　郭全忠的人物画开始也是道地的"京派"味，但他后来变了。最近他画的《黄土高坡》《归》等，已远离"京派"，又归于长安派了。

　　西安美院的人物画，在70年代前，基本上属于"京派"。刘文西是"浙派"培养出来的人物画家，他早期画仍属"浙派"，但后期，他的画却更近于"京派"。下面我在分析"浙派"时再重评刘文西。

（二）浙派

明代前期，浙江有一个师法南宋院体的画派，叫"浙派"。20世纪50年代，以浙江美院为中心又形成一个新的浙派。本文谈的是后者。

"浙派"中的重要画家有方增先、周昌谷、李震坚等人，而其实际领袖是潘天寿。具体指导者为潘天寿、吴茀之、诸乐三等。潘、吴、诸等人都不会画素描，又都是功力很深的传统派花鸟画家，这就决定了"浙派"和"京派"不同。"京派"的指导者都擅素描，又都是人物画家，"浙派"的指导者都不擅素描，都不是人物画家。而且潘天寿是主张拉大中西画距离的。但潘天寿主管浙江美院教学期间，必须贯彻国家的文艺政策，培养反映现实生活的和火热的阶级斗争人才，这就需要造型水平高的人物画家。潘天寿选拔西画好的教师和毕业生，改学中国画，方增先、周昌谷、李震坚等都善画油画，素描基础都很扎实，也就是说西画式的造型能力都很强。但潘天寿又强调中国画人物要有中国画的传统，不能用毛笔画西画。于是他让他们学习书法，学习传统花鸟画，在传统笔墨基础上，借用西画的造型能力，创造出新的人物画，反映现实。素描可用，但苏联式的细腻铅笔画和欧式的明暗块面式素描要改造，他主张用"结构素描"，以线为主，更强调中国画的造型是笔线造型。而且，当浙派画家在细微结构上下工夫刻画时，潘天寿及时提出：要简化结构。这样就和西画拉开了距离。

基于此，"浙派"人物画虽然利用西画式的造型，但不用或极少用干笔皴擦，只在眼窝、鼻翼等处用湿笔一点（如写），注意："京派"用干笔，"浙派"用湿笔，这是二者重要区别之一。然后着色，"浙派"画家着色和画衣服的线条及大笔墨都来自写意花鸟画的笔法，面及手部着色也有空白处，但这空白处是"见笔"，而不是留高光点，当然有时"见笔"处也正与光亮处合。作大笔墨衣服犹如花鸟画中的石

头、荷叶或树叶等，因而，"浙派"强调传统笔墨，强调"写"，少用
"擦"，尤其不用干笔擦出素描感。这与他们的指导老师都是画传统花
鸟画有关，尤其和潘天寿强调中西画要拉大距离有关。

周昌谷1954年画的《两个羊羔》，人物面及手皆不用干笔擦，更不画
成素描式，只在眼窝、法令线处用湿笔一点，见其结构而已，然后用湿润
的颜色表现。黑衣裙如画大荷叶一样，水墨淋漓。这都和"京派"不同。

李震坚的人物画更是写意花鸟式，用笔更湿润。这在他的作品中皆
可一目了然。

"浙派"中人物画家以方增先最突出。他1955年画的《粒粒皆辛
苦》以及后来画的《说红书》《修车》（一名《传艺》）等，都很少
用干笔皴擦，而是用湿笔在能显示其结构处一点，然后用色表现肌肤。
方增先的人物画差不多都是写出，他后来画插图水墨人物，更将结构减
少，衣服等皆作大写意花鸟式。和北方"京派"的素描式大相径庭。

刘文西和陈光健都是毕业于浙江美院，二人原来都属"浙派"，后
来定居西安，中原雄旷厚实之气给他们影响很大，画风渐变。刘文西的
《祖孙四代》画于1962年，这时他到西安已四年，画面上已有中原之
气。但基础还是"浙派"的人物，面上虽有干笔，但不是擦如素描，而
是勾写线条，表现皱纹、结构，用笔用色都是"浙派"的（不在面部表
现光影）。线条也是"浙派"尤似潘天寿。《祖孙四代》中虽仍是"浙
派"基础但不似"浙派"画那样秀润了，而向雄浑方向发展了。"地
气"也是一个因素，刘文西离开了浙江，他受中原环境的影响，后期
人物画倒有些近于"京派"了。"文革"期间，他画《毛主席和小八
路》，已用干笔皴擦如素描，但不像"京派"那样干，用色也表现出素
描关系，但用色还很润，这时他的画法介于"浙派"和"京派"之间。
1997年，他画《与祖国同在——邓小平像》，完全用色墨画素描，其法
更近于"京派"。用笔也越来越干了。这可能和环境影响有关。

吴山明也是"浙派"画家，他出生于浙江中部浦江县，就学于浙江
美院，后又留校任教，他一直受浙江水乡的熏陶，他的画就不太用干

笔，而且愈到后来用笔愈湿润，近来，他干脆用"水痕"来表现他的特殊效果了。而且，吴山明的画中流露出浙派前辈画家中写意花鸟的成分更多，素描表现式一直很少。

"地气"问题，也就是环境影响问题，可能也是一个因素。唐人张彦远在《历代名画记》卷二中谈到："江南地润无尘，人多精艺，三吴之迹，八绝之名，逸少右军，长康散骑，书画之能，其来尚矣。"这"江南地润无尘，"可能是南人作画多湿润之笔的基因，北方干燥，也可能是北人多用干笔的基因之一。但师承和教育，是更重要的。

（三）总结

"京派"人物画以素描为基础，用干笔画出素描效果，用墨重，用笔严谨，气势较大，分量亦重。"浙派"人物画，用湿笔，借助大写意花鸟画方法，画出秀润、清淡、水墨淋漓的效果。"京派"画一般说来多严肃规正，有正大气象。"浙派"画一般说来多趣味、潇洒，有传统底蕴。"京派"和"浙派"影响都很大，1950年代至1970年代，两派充塞中国画坛，人物画家不师"京"，即师"浙"，或者"京""浙"同师，成为中国人物画的两大主力。

"京派"主要受徐悲鸿的影响，徐悲鸿有理论，有实践，因而，"京派"又称徐悲鸿画派，属于徐悲鸿教育体系的产物。

"浙派"的领导人和指导者是潘天寿，但潘天寿只组织和指导，自己不画"浙派"人物画，所以，一般说来，"浙派"不称为潘天寿画派，但"浙派"更具传统、更活跃、更讲究笔墨效果，都是潘天寿具体指导的结果。"浙派"之所以异于"京派"，也是潘天寿艺术思想使然，所以，"浙派"是潘天寿教育体系的产物。

1996年于南京师范大学美术系

（载《美苑》1999年第3期）

陈传席文集

Selected Works Of Chen Chuanxi

第四卷　近现代艺术史研究与理论探索

 理 论 探 索

一、一句书评与中国的命运——陈独秀研究之一

陈独秀评沈尹默书法曰："其俗在骨"[1]。此评在明处，非背后暗评。陈独秀对马叙伦的书法也不屑一顾。然沈、马皆以善书鸣世。

沈尹默在其《书法漫谈》一书中说，陈独秀评他"字则其俗在骨"，初听十分刺耳，后来还是很感激他。实际上，沈尹默这话只是说说而已，他不但不感激陈独秀，而且暗记于心，以伺报复。其后，沈尹默伙同夷初（马叙伦）暗中"捣鬼"（胡适语），在蔡元培以及具体管理北京大学人事的汤尔和面前大讲陈独秀的坏话，唆使蔡、汤除去陈独秀。果然，1919年3月26日夜开会解除陈独秀北京大学文科学长一职。在此之前，陈独秀已感不得志，郁郁不欢。后来，胡适主持北京大学，翻阅汤尔和送来1917年至1919年的材料，看到1919年3月26日夜开会免除陈独秀文科学长之事，仍怪罪汤尔和，附记云："此夜之会，虽有尹默、夷初在后面捣鬼，然孑民先生（按即蔡元培）最敬重先生，是夜先生之议论风生，不但决定北大的命运，实开后来十余年的政治与思想的

---

① 陈独秀评沈尹默书法"其俗在骨"，各版本的《中国近现代书法史》《书法美学史》中都有引用，沈尹默《书法漫谈》中也道及。

分野。"①

　　沈尹默因陈独秀的一句书评讥伤了他而"在后面捣鬼",致使:
一、北大从此自由思想变弱;二、《新青年》从此分化;三、陈独秀深
叹教授生涯受制于人,于是怒而组建中国共产党,弃北大而取天下。

　　哲学家喜谈"必然"和"偶然"。所有研究陈独秀的学者都忽视了
这一"偶然"。笔者研究陈独秀已十五年,可以断言,如果不是沈尹默
的"捣鬼",开除了陈独秀的文科学长职务,陈独秀绝不会在1920年组
建中国共产党。陈氏本意在思想学术、伦理道德,从来无意于政治与时
政,他在1915年《新青年》第1卷第1号上著文云:"……改造青年之思
想,辅导青年之修养,为本志之天职,批评时政,非其旨也。"1917年
7月,陈独秀虽已认识到政治之重要,然仍坚持不问政治,他在《新青
年》第3卷第5号上发表文章《答顾颉刚》云:"盖一群之进化,其根本
固在教育、实业,而不在政治。"其拒绝投身政治之思想跃然纸上。

　　到了《新青年》第7卷第1号,陈独秀仍著文《调和论与旧道德》,
认为社会的根本问题是"伦理道德",而"政治、学术皆技艺问题。"
他要全力解决根本问题,而无心于"技艺问题(即政治)"。然,沈尹
默"在后面捣鬼",多次暗算,使他改变了这一观念。先是在北大不得
意,乃渐热衷于政治,1919年3月26日被解除北大文科学长后,乃决心
从政,以消解受压抑时的不得意之心。他首先在上海建立中国共产主义
小组,在他的影响和号召下,继之全国各地都先后建立了共产主义小
组;再之,在国外留学的留学生们也建立了共产主义小组(还有旅欧支
部等)。于是于1921年召开第一次全国党代会,正式宣布中国共产党
成立。

　　在1919年3月26日陈独秀被解除北大文科学长之前,中国绝无一个
共产主义小组出现,也没有出现的迹象。如果没有陈独秀这样具有巨大
影响的人物号召,任何人都不可能组建全国性的中国共产党。孔子曰:

────────────────

　　① 见中央编译局出版《陈独秀与中国名人》第三章。

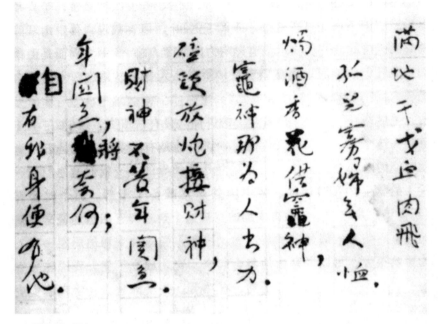

陈独秀 书法

"君子群而不党。"中国的知识分子是不愿组党的，历代文人都有类似的论述。如果说可以组党，孙中山已组国民党在前。陈独秀能组建共产党，似说明他在当时的影响已超过孔子和孙中山。实际上，中国近现代史上最有影响的人物就是孙中山和陈独秀两人。由于孙中山的鼓吹和奔波（如组建兴中会、国民党等），遂有辛亥革命。辛亥革命时孙中山虽没有参加，但功劳仍然是他的，谁具体领导这次革命，只是"技艺问题"。辛亥革命推翻了二千年的封建制度，开始了一个新的时代。由于陈独秀主办《新青年》和领导的"五四"新文化运动，使中国人的"伦理道德""思想意识"进入了另一个时代，他并组建了中国共产党。中共成立大会时，陈独秀也不在，但中共的成立仍然是陈独秀的功劳。于是中国出现了无产阶级革命的时代，陈独秀被推选为总书记（这和孙中山虽没有直接参加辛亥革命，仍被推选为临时大总统相似）。孙中山和陈独秀各自打开了中国的一个新局面，即使他们不任大总统和总书记，而后的局面由谁控制，由谁掌权，即也只是"技艺问题"（孙中山之前，中国不可能没有皇帝，打倒一旧皇帝，还要树一个新皇帝；辛亥革命后，中国不可能再有皇帝，即其一例）。所以，我说，孙中山和陈独秀乃是中国近现代史上最有影响力的两个人物①，两大局面是由他们二人开创的。近现代直至现在，所有伟人只不过是这两大局面中的要人而已。

毛泽东在"七大"预备会上的讲话，最有说服力，他说："关于陈独秀这个人，我们今天可以讲一讲，他是有功劳的。他是五四运动时期的总司令，整个运动实际上是他领导的……我们是他们那一代人的学生。五四运动，替中国共产党准备了干部。那个时候有《新青年》杂志，是陈独秀主编的。被这个杂志和五四运动警醒起来的人，后头有一部分进了共产党。这些人受陈独秀和他周围一群人的影响很大，可以说是由他集合起来，这才成立了党。我说陈独秀……创造了党……他创造了党，有功劳。关于陈独秀，将来修党史的时候，还是要讲到他。"②（重点号由笔者加）

胡适经常说"我的学生毛泽东"，但毛泽东未尝认真承认自己是胡适的学生。而毛泽东认真自称是陈独秀的学生，毛泽东曾经向陈独秀请教过，得到陈独秀的鼓励和指导。他并向陈独秀的《新青年》投稿，被录用（参阅拙作《皖人不可小视》），毛泽东的成长应和陈独秀有关（"文革"后期，陈独秀已遭到严厉的批判，被视为"敌人"，但毛泽东仍关心陈独秀的事，问到陈独秀在安徽有无后代，并亲自建议推荐陈独秀的孙子上大学深造。同时要陈独秀家乡的"独秀山"保留原名，不

---

① 西方人研究历史，出版了《最有影响的一百人》，把耶稣放在首位是对的，但中国近现代史上，他只列孙中山，而不列陈独秀，足见其无识。

② 参见《人民日报》1981年7月16日。

要改）。毛泽东亲身经历了五四运动，亲自参加党了的"一大"，他对
陈独秀的评价应是准确的，史学家应予充分注意。注意：毛泽东说的是
"他创造了党"，而不是"他们"，五四运动也是"他领导的"，也不
是"他们"，但说到影响，则是"陈独秀和他周围一群人"，因为还有
李大钊等人。但"创造了党"只是"他"，而不是"他们"。

事实正如毛泽东说的一样，陈独秀创造了共产党。而后乃有国共合
作，乃有国民党镇压屠杀共产党，乃有"南昌起义"，乃有井冈山革命
根据地，乃有围剿和反围剿，乃有长征，乃有八年抗战的新局面，乃有
三次国内革命战争，千百万人牺牲，"流遍了郊原血"（毛泽东语）。
一言以蔽之，陈独秀之后翻天覆地的变化，直至今日之局面，皆起于陈
独秀"创造了党"。而陈独秀原来拒绝参与政治，无心于政治，到渐热
衷于政治，到创造了党，乃起于沈尹默的"捣鬼"，而根于陈独秀的一
句书评。如果没有这一句书评和沈尹默的"捣鬼"，陈独秀也许终生任
北大教授。嗟夫！

附记：

陈独秀晚年由仇恨斯大林发展到不满于无产阶级专政，甚至赞成
欧美式的民主，这种错误便和沈尹默"捣鬼"无关。他写诗骂斯大林
"云雨翻覆手，信义鸿毛轻。食人及其类，勋旧一朝烹。"（见《告
少年》五言长诗）他并说："斯大林式的极少数人的格柏乌制度……
并非斯大林个人的心术特别坏些。""斯大林的一切罪恶，乃是无级
（即无产阶级）独裁制之逻辑的发达。"（《给西流的信》1940年9
月，见《陈独秀的最后论文和书信》）他还说："所谓'无产阶级独
裁'，根本没有这样东西，即党的独裁，结果也只能是领袖独裁，任
何独裁制都和残暴、蒙蔽、欺骗、贪污、腐化的官僚政治是不能分离
的。"（见陈独秀《我的根本意见》，见同上）实际上，陈独秀的估
计和预言是错误的，无产阶级并不曾有过"领袖独裁"，"贪污、腐
化"也并不像他所想的那么严重。他甚至说："此次若是德俄胜了，

人类将更加黑暗至少半个世纪（按若以此计之，到1989年也）；若胜利属于英美，保持了资产阶级民主，然后才能有道路走向大众民主。"（《给西流的信》，见同上）这种观点简直近于反动了。不过陈独秀是极力主张"无产阶级民主"的，马克思主义一向只谈无产阶级专政，以及后来的马克思主义者也如此，只有陈独秀一人谈过"无产阶级民主"，这一点是他的贡献。此外，陈独秀的对日战争的意见也有很多可取之处，例如他最早主张要用"持久战"，反对"速胜论"，他说："日本对中国作战，利用飞机大炮，速战速决，尽可能的不使战争范围扩大；中国对日战争，利在发动全国民众蜂起参加持久抗战，尽可能使战争范围扩大，以消耗敌人的军力和财力。"（见《准备战败后的对日抗战》，刊《我的抗战意见》）他还主张"全民抗战"（联合各党各派共同抗战）以及"游击战"。这在他的《我的抗战意见》一书中都有详述。读后不能不赞叹他的胸襟宽大，目光深邃，见解精辟。对当时国共两党都有指导意义。

载1997年11月20日《文论报》

二、中国画研究三题

（一）从"画"和"绘"的不同谈起

故宫博物院中所收藏中国早期绘画作品，绢本居多，几乎没有纸本。而后，则有绢本，同时也有纸本。元以后，则纸本居多，绢本居少。无论是纸本或是绢本上的画，都是以毛笔水墨为主而绘成的。这就和西方的油画迥异。从中正可见出东西方民族的不同。考证起来，可以发现很多重大问题。先从"画"和"绘"二字谈起。

我们现在说的"画画"一词，二字同字同音，但意不同，前一个"画"字是动词，英文中写作draw或paint，后一个"画"是名词，英文中写作painting。若从字之源考证则draw或paint是绘而不是画。我在甲骨文中还没查到"画"字，最早的"画"字，上从"聿"，下从"画"，"聿"是笔的别称。《说文聿部》："聿，所以书也。"即用来作书写的工具。汉扬雄《太玄·饰》："舌聿之利，利见知人也。"司马光集注："聿，笔也。"早期的笔未必以竹竿为之，可能是石，可能是铁之类，但用于刻画（划）用，后来因生产力和物质都有所发展，改用兽毫加笔杆。《古今注》说："古以枯木为管，鹿毛为柱，羊毛为被。秦蒙恬始以兔毫、竹管为笔。"考古发现，基本证实了这一点。《说文》又释"聿"曰："楚谓之聿，吴谓之不律，燕谓之弗。"又云："秦谓之笔。从聿从竹。"由是观之，大约秦人以竹管为笔，故在"聿"上加"竹"，读为"笔"，秦始皇统一文字时，也统一为"筆"。但"畫"、"書"等都没有改，仍从"聿"。书从"聿"从"曰"，即用笔讲话。"畫"，日之出入为界。"畫"《说文》："界也，像田四界，聿所以画之。"看来"画"字始于划分田地。古代的"井田"，以方九百亩为一里，画（划）为九区，形如"井"字。画的原字"畫"正是聿下一田，田外横二竖二四条直线，表示界线。所以，"畫"字本义是画直线，和绘画中用色为之不同。《书·毕命》"申画郊所，慎固封守，以康四海。"《左传·襄公四年》："茫茫禹迹，画为九州。"《孙子·虚实》："我不欲画战，地而守之。"其"画"都是画（划）线，而和彩绘无关。孔子只在一处用到"画"，即《论语·雍也篇》："力不足者，中道也废。今女（汝）画。"这个"画"是停顿不前的意思。实际上也是从画（划）地为限引发出来的。孟子也只在一处提到画。《孟子·滕文公章句下》："有人于此，毁瓦画墁……"即在墙壁上乱画（划）。所以，画和划，很多场合也是不分的（可以通用的）。当然，"画"字演绎为今日说的图画的画，那是后来的事，这里就不再分析或考证了。

今日我们说的"画"，源于"绘"而不源于最初的"画"。"绘"字，甲骨文上我也没有查到。"绘"字从"糸"从"会"，可见是在丝织品上进行的事。中国画不同于西方画的特色，就可以从这个"绘"字上考查到。

目前见到较早的"绘"出于《尚书·益稷篇》："予欲观古人之象，日、月、星辰、山、龙、华虫，作绘；宗彝、藻、火、粉米、黼黻絺绣；以五彩彰施于五色，作服。"孔安国注："绘，五彩也，以五彩成此画焉。"郑玄注："自日月至黼黻凡十二章，天子以饰祭服。日也，月也，星辰也，山也，龙也，华虫也，六者画以作绘，施于衣也

（上衣曰衣）。宗彝也……六者失以为绣，施为裳也（下衣曰裳）。"
可见绘是以五彩成画。郑玄说的"画以作绘"，画是画轮廓或划范围，
然后再施以五彩。有的书上说绘和绣是一回事，但汉人说上衣上用绘，
下衣裳（上）用绣，应该还是有别的。不过绣（繡）的本意也是施以五
彩，而不是后来说的刺绣的意思。《说文》曰："绘，会五彩绣也。"
《周礼·考工记·画缋》："五彩备谓之繡（绣）。"还有"缋"和
"绘"，在很多场合中是同义的。《说文》释："织缋也。"这只是其
中一种意思。《周礼·考工记·画缋》："画缋之事，杂五色。"又
云："凡画缋之事后素功。"《论语·八佾》改为"绘事后素"，即绘
与缋同。郑玄注《礼记·玉藻》中"缋"有云："缋或作绘"。可见二
字是可以通用的。孔颖达更疏《礼记·礼运》有云："缋犹画也，然初
画曰画，成文曰缋。""初（开始）画"是画线、画轮廓，加上颜色
（成文）就是"缋"（绘）。可见此时，画、绘、缋已成为一体了。
《考工记》中有："设色之工：画、缋、钟、筐、慌。"最早的画和缋
还是有别的。一是画范围或画轮廓，一是施五色。贾公彦疏："画缋二
者，别官同职。"清孙诒让正义："画缋之事者，亦以事名工也……缋
人之外更画人，以其事略同，经遂合记之云。"缋（绘）和画虽有别，
但略同。直到唐代，有些画家还是自己画好墨线，叫学生或他人施色者
甚多。但这时，画、绘、缋，都是在丝织品上从事的。所以除了为画
（划）分井田而出现的"画"字外，绘、缋都是"糸"字旁。说明中国
画最早是在丝织品上。至于岩画、地画等，不能称为绘。中国是世界上
最早生产丝绸的国家。直到今天，仍然是世界上丝绸生产大国。文献记
载且不提，就考古发现而论，50年代后期，浙江吴兴钱山漾遗址发现了
距今约4750年的丝织品；河南荥阳青台林仰韶文化遗址中发现了炭化了
的丝麻织品，距今约5630年，这在外国的历史上都是没有的。记载中夏
代起纺织品已成为交易物品，出现了纺织生产发达的中心城镇，形成了
以纺织生产为业的氏族。至迟在周代，已有了官办的手工纺织作坊，而
且内部分工已日趋细密。周代的栽桑、育蚕、缫丝已达到很高水平。商

代遗迹中已发现织有几何花纹和采用强拈丝线的丝织品，春秋战国丝织物品种已发现有绢、纱、纺、缟、纨、罗、绮、锦等。周代已有了世界上最早的纺织标准。秦汉时，中国的丝织品已达到很高水平，各种纺织机器都已广泛采用，多综多蹑（踏板）织机也已相当完善。总之，中国的丝织品在当时世界上是最先进的，而且是西方国家所没有的。西方国家的丝绸都是从中国购买去的。闻名于世的"丝绸之路"上，西方商人源源不断地从中国运走丝绸，但仍然微乎其微，广泛地用之于书写和绘画则是不可能的。而中国的丝织品如此广泛，除了制作衣被之外，就是书写和作画的最好材料。

现存中国最早的卷轴画是战国时期的《人物龙凤帛画》以及战国末至西汉初的《人物驭龙帛画》，都是画在丝织品上。湖南长沙马王堆汉墓出土的众多的丝织品以及马王堆帛画作品更是最好的证明。

任何画家，包括个性很强的画家，要想创作出优秀的作品，必须首先有适用作画的物质材料，从晋顾恺之的高古游丝描到清八大山人的大写意，如果画在西方的油画布上或者水彩纸上都是不堪想象的。只有画在绢上和宣纸上才有那样的效果。同样，西方的油画如果画在中国的绢上或宣纸上，更是不堪想象的。

中国又是发明纸的国家。作画用的宣纸惟一能生产的国家至今仍是中国。汉代开始有了纸，直至晋朝，纸都是用麻布、麻鞋、鱼网等废料做成的再生物，十分粗糙，写字还可以，画画就不行。我们目前见到最早的写在纸上的《平复帖》，乃西晋陆机所书，纸质十分粗糙；此外还有新疆出土的前凉建兴三十六年（348年）的文书残片，以及敦煌洞窟中的北朝写经卷，都是麻制的。绘画则未见于纸上。

隋唐的纸较前大有进步，又开始用树皮造纸，以楮树或檀树皮为主，其纤维较细，可以用于绘画。但隋唐时代绘画仍以在绢上为多。宋以后纸更细，所以，用于绘画者便渐多了，明清的大写意，非生纸效果不显。

所以，我们故宫博物院的藏画：早期皆绢本；宋画以绢本居多，纸本较少；元代纸本渐多；清代之后纸本则多于绢本了。

　　绢是十分柔软的，中国的纸也是很柔软的，如果用硬毛刷子作画，就不合适，如果用油画颜料就更不行。所以，必须用较细的兽毫毛笔，轻缓的动作，加之墨和中国的颜料而成之。这就形成了中国画的形式。中国画的特质和风格不同于西画者很多，但物质材料是最基础。

　　现在再谈一点西方的画，我主要谈油画。谈起西方，美国是不值得一提的，其历史太短，在文化史上，美国沾不着边，没有讨论的意义，我们主要谈欧洲。当然，考古表明，公元前4000年，埃及已经生产各种亚麻织物，但埃及的艺术不以绘画为主，或者说，埃及的绘画在世界上不太显赫，我暂时不作讨论，还是谈欧洲。考古和记载都表明，欧洲的纺织历史较晚。中国在距今3000年前已有手工机械化的纺织，即可大批量生产纺织品，而欧洲只在距今700年前后（约公元1200年前后）才有手工机械化的纺织。更重要的是，中国能生产细柔的丝织品，而欧洲只能生产粗硬的亚麻布之类。这种亚麻布，绝不能适用于毛笔、墨水和中国的淡雅颜料去绘画，它只能适用于油画颜料或蛋彩画法的颜料、油画笔和油画刀也是适用于这种亚麻布之类上作画而产生的。

　　公元13世纪欧洲才有手工机械的纺织物、亚麻布之类，15世纪才有油画，这不是偶然的。当然在油画产生之前已有蛋彩画，历史也不是太早。蛋彩画较早在埃及的墓室壁画中已有运用，后由罗马传至欧洲，盛行于16世纪。蛋彩画原适于墙壁上，也适于亚麻布上，而后由蛋彩画改变为油画，都是适用于亚麻布的。

　　世界上最早的画，都是差不多的，比如刻在岩石上，画在地上，后来因物质材料的不同而不同。中国早期绘画中也有油画，即以油调和颜料画在车上、屋梁上、棺椁上等，但这种油画不能画在丝织物上，所以，便渐渐废弃了，只有油漆匠或许还用得上。由于大量在丝织物上作画，便发展了这种画法，形成了中国画的特色。而后即使在墙上、木板上作画，技巧和特色也和丝织物上作画类似。

　　在一个大的范畴内，一种主要艺术形成传统后，相近的艺术便会借鉴之。欧洲也有在纸上用水调色作画的，如水彩画，产生于15世纪末期的欧洲，18世纪以后在英国形成独立画种，它的表现形式还是近于油画，而不同于中国画。当然水彩画纸也和中国传统的纸不同，它是硬的而不是软的。

结论：（一）世界各国最早的画都差不多，大抵都刻在岩石上、画在地上等等，都是"画"成的，而不是"绘"成的。尔后便各自改"画"为"绘"。（二）"绘"出的画，便出现了不同的形式。中西绘画之不同，因素十分众多，而最基础的便是物质材料之不同。

（三）中国画绘在丝织品上，所以"绘"字是"纟"字旁。这是其他国家所没有的，因为其他国家不能大量生产丝织品。中国画的形式是适应于丝织品而形成的，具有独特的风格。有人说："中国画的名称不科学，不能成立，因为世界上没有法国画、英国画、德国画、美国画、意大利画等等，所以不能以国家命名。"我的回答是：科学不科学，姑且不论，但中国画的名称完全可以成立。因为中国画在世界上是独树一帜的，没有任何画种和中国画相同，日本、韩国、越南等东方国家的画都是学中国画的。而法国、英国、德国、意大利等国，固然也各有不同之处，但总的形式是一致的，并无十分特殊之处，就因为他们的画物质材料是一致的。我们可以统称之为"西洋画"，它们可以称为"油画"等，但不可称为法国画、英国画、德国画，更不可称为美国画，因为它们不具备一个国家的特色。只有中国的绘画具备中国的特色，而不和其他任何国家相同。所以，我们可以称为"中国画"。

此外，还有一个问题需要提一下，物质材料对人们的意识会有一定的影响，这是世界心理学家都公认的。中国人是崇柔的，中国丝织品的生产和大量使用，作画的纸、绢以及相应的毛笔（外国则是硬笔），甚至衣裙、鞋帽等都是柔软的。这对中国人意识的潜移默化，有一定影响，虽然很微小，中国人崇柔意识是多方面的影响而产生的，很多"微小"集中起来就大了。这个问题，本文暂不讨论，留待以后作专文研究。

（二）"山水居首"和"水墨最为上"

上一节，我谈了物质材料对中国画形成的作用。这一节，我要谈中国的哲学思想对中国画的影响。还是从现象谈起。

中国的正式绘画和世界各国的正式绘画一样，开始都以人物为主要题材，但欧洲的绘画一直是以人物为主的，到了17至19世纪才有一点风景画，比起人物画仍然是微乎其微。中国则在公元4世纪不但有了纯粹的山水画，而且有了正规精深的山水画论，到了五代，山水画就居于画坛的主流地位而且一直延续下去了。画史上的"五代四大家"——荆浩、关仝、董源、巨然；北宋四大家——李成、范宽、郭熙、王诜；南宋四大家——李唐、刘松年、马远、夏圭；元四大家——黄公望、吴镇、王蒙、倪瓒，以及高克恭、钱选等；明四大家——沈周、文徵明、唐寅、仇英；清四大家（四王）——王时敏、王鉴、王翚、王原祁；四僧——弘仁、石谿、八大山人、石涛，都是山水画家。画史上的画派：浙派、吴门派、吴派、苏松派、华亭派、云间派、松江派、新安派、虞山派、娄东派、江西派、姑熟派、宣城派等，也都是山水画派。至于画论，五代之后，除了清邹一桂的《小山画谱》之外，也都是谈山水画的。所以，明人周履靖在《画海会评》中云："绘画之宗，山水居首。"

另一个现象是：中国画以水墨为主。早期的中国画也和世界各国绘画一样，以颜色去表现。绘画被称为"丹青"，"丹青"即两种代表颜色。后来，中国画被称为"水墨画"，即以水墨为主了，包括加一些淡彩的画也被称为"水墨画"，传为王维的《画学秘诀》中云："夫画道之中，水墨最为上。"

"山水居首"和"水墨最为上"皆因中国的道家思想影响所致。道家和儒家是影响中国最大的两家思想。儒家思想主要影响中国画的主体（画家），当然对中国画本体的发展也有一定的影响（详见下节）。道家思想主要影响中国画的本体（画），当然也影响其主体。

　　山水画萌芽于晋，至少在刘宋时已独立成科。它的独立成科并蔚为风气，就和道家思想有关。中国人本来对自然的亲和就居世界之最，西方人也热爱自然，但他们同时也努力抗拒自然、征服自然。中国人一直主张和大自然和睦相处，适应自然，道家提出："人法地，地法天，天法道，道法自然。"道家认为，"道"是最崇高的，在天地形成之前就有道，天地消失之后，道仍存在，道是总统世界上万事万物的，但道还要效法自然，可见自然的地位。但在春秋战国时期，中国思想界处于"百家争鸣，百花齐放"时期，各种思想在社会上都有一席之位，道家思想只是"百家"中之一家而已。秦崇尚的是法家思想，汉末把儒家思想定为独尊，魏晋南北朝时期，道家思想占据思想界的主流地位。因为秦用法太严，司马迁谓之"严而少恩"，"可以行一时之计，而不可长用也"。所以，汉尽废秦之苛法，改用儒术，儒家主张维"忠君"，"列君维臣父子之礼，序夫妇长幼之别"。这样便于维持大一统国家的统治。但汉末天下大乱，军阀割据，小国群立，涌现出无数坞垒堡壁，住在这些坞垒堡壁中的"垒主""乡豪"等地方封建贵族拼命地加强自己的实力，地方实权、经济实力乃至人口，都分散控制在这些地方封建贵族——世家大族手中。他们要发展自己的实力，就反对君主统治，反对大一统，反对中央集权，当然儒家的"忠君"思想更在反对之列。于是他们找出道家思想，道家主张"无为""无不为"，即君王"无为""守清静"，而让他们"无不为"；道家尊崇自然，即让他们自然发展，不加限制；道家主张"处下""柔弱"，即君主要"处下""柔弱"不要用强有力的手段干涉他们。自何晏、王弼等，"祖述玄宗（道），递相夸尚……《庄》《老》《周易》，总谓三玄"①。崇道家学说，以《庄子》《老子》《周易》为三玄，玄学兴起。他们取《周易》的"寡以制众""变而能通"之思想对外主要推崇和宣传《庄子》

------

　　①见《颜氏家训·勉学》。

《老子》的道家思想。《文心雕龙·论说》有云："迄至正始（公元
240～249年），务欲守文，何晏之徒，始盛玄论。于是聃（老子）、周
（庄子）当路，与尼父（孔子）争涂矣。"为鼓吹《庄子》《老子》，
玄学家们利用种种形式宣传玄学，正始中，何晏一派通过诗歌把玄学的
哲理内容表达出来，于是创始了"玄言诗"。两晋时，玄言诗更加发
展，几乎都用于阐述《老》《庄》。《文心雕龙·时序》有云："自中
朝（西晋）贵玄，江左（东晋）称盛，因谈余气，流成文体……诗必柱
下（老子）之旨归，赋乃漆园（庄子）之义疏。"沈约《宋书·谢灵运
传论》有云："有晋中兴，玄风独振，为学穷于柱下，博物止乎七篇，
驰骋文辞，义单（殚）乎此……莫不托辞上德（《老子》），托意玄珠
（《庄子》）。"钟嵘《诗品·总论》也说："永嘉（公元145年）时
贵黄老，稍尚虚谈，于时篇什，理过其辞，淡乎寡味，爰及江表（东
晋），……诗皆平典似《道德论》。"诗歌内容变成了《老子》《庄
子》内容的一部分，完全用于宣传《老子》《庄子》，诗味便不足了，
变革便势在必然。于是刘宋初，从谢灵运开始，由玄言诗转向山水诗，
庄、老都是崇尚大自然的，山水正是大自然的精华。《文心雕龙·明
诗》有一段著名的话："宋初文咏，体有因革，庄、老告退，而山水方
滋。"其实，提倡庄、老时，正为山水诗的方滋打下了基础，玄言诗变
而为山水诗是一种必然趋势。孙绰《庾亮碑》有云："方寸湛然，固以
玄对山水。"山水和玄理在人们的主观意识中是相通的，因此，魏晋以
降的士大夫们迷恋山水以领略玄趣，追求与道冥合的精神境界，这也对
诗歌和绘画产生了必然的影响。由于山水形象是表达玄理的最合适的媒
介，所以山水景物大量进入诗歌和绘画之中，使得山水诗、山水画成为
言玄悟道的工具。宗炳说山水画的作用是为了"澄怀观道"和"澄怀味
象"，他在《画山水序》中明确指出："山水以形媚道"。

　　魏晋南北朝时文人士大夫们眷恋山水，乃至于"忘归""忘
返""不归""不倦"。《晋书·阮籍传》记其："登山临水，竟日忘
日。"羊祜："乐山水，每风景必造岘山，置酒言咏，终日不倦。"

《宋书·孔淳之传》记其："性好山水，每有所游，必穷其幽峻，或旬日忘归。"袁崧《宜都记》记其："山水之美也，……流连往宿，不觉忘返。"《南史·宗炳传》记其："每游山水，往辄忘归。"……对山水迷恋到这种程度，除了游览欣赏之外，还有一个更重要的目的，就是领略玄趣，体会圣人之道。

《老子》云："上善若水，水善利万物而不争，处众人之所恶，故几于道。"水"几于道"即道像水一样。老庄"道"的特点"柔""弱""无为""不争""处下""为下"，《老子》有云："江海所以为百谷王者，以其善下之，欲先民，必以身后之……以其不争，故天下莫能与之争。""天下之至柔，驰骋天下之至坚。""天下莫于水，而攻坚强者莫之能胜。"这些都是道家的"道"。到水流中去游览、观察，就会对"道"理解得更深刻，观水就是观"道"。《庄子·知北游》中有云："天地有大美而不言。"道家又特别主张"静知"，"致虚极，守静笃"，"故静也，万物无足以挠心"。只有到深山中，才参见到"大美"，才能真正体验到"静""虚极"和"静笃"。《庄子》一书中的有道之士都在山林中，"尧……往见四子藐姑射之山"（《逍遥游》），黄帝将见大隗于具茨之山"（《徐无鬼》），"黄帝……闻广成子在空同（山名）之上，故往见之"（《在宥》），二子（孤竹）北至于首阳之山"（《让王》）……

可见游览山水，意义十分重大，重在观道和寄托自己的情怀。同时寻求老、庄的精神支柱。游山水，观山水，仍不能满足，便歌诗以咏之，绘画以形之，于是士人们大量地绘画山水画。宗炳还创造了"卧游"。

宗炳终生游览山水，在山水中体会圣人之道，但仍不满足，他"老疾俱至"时，便不能再去山水中，于是便把山水画出来，挂在墙上，或者就画在墙上，然后卧在床上观看。这样，身不能到山水中去，目中还在观看着山水，即从画上观山水，仍能满足其观道的心理，所以他谓之"卧游"。山水画也就起到"再现自然之理"的作用，更能达到"寄物而通（道）"的目的。

山水画和"道"相通相等，唐符载说张璪的画"非画也，真道也"。中国的士人是时时离不开道的，《中庸》有云："道也者，不可须臾离也。"既然"以玄对山水"，"山水以形媚道"，所以，士人们画画，便以山水居首。其实是以道为首，在山水画中见"道"。

山水画就是"道"，因而，怎样画山水，也就要和"道"契合。首先是色彩方面，早期的山水画，和传统的绘画一样，都是勾线填色，而且色彩青绿赭黄，金碧灿烂，这就和道家的思想不一样了。道家主张朴素玄化，反对错金镂彩、绚丽灿烂。《老子》："五色令人目盲"，"知其白，守其黑，为天下式"；《庄子·天地》："五色乱目"；《庄子·刻意》："故素也者，谓其无所与杂也"；《庄子·天道》："朴素而天下莫能与之争美"。所以，必须摒去"五色"，代之而起的是"朴素"的水墨。

道家也崇尚"玄"，《老子》云："玄之又玄，众妙之门。"又云："玄牝之门，是谓天地根。"牝之门，是生殖万物的，是天地万物的根本。《庄子》说的"玄珠"就是大道，"玄冥"就是深远幽深。玄又是墨色；玄是母，玄色又是母色。所以中国画摒去五色，而独崇黑色，黑色就是墨色，就是玄色，就是母色。中国画的"墨分五彩"，只有居于玄色、母色地位的墨色，才能兼五彩，其他颜色是不能"兼五彩"的。所以，中国画中一直称"水墨最为上"。

"玄"又是深远的意思，远到一定程度就是"无"，道家又是崇"无"的。《老子》云："常无，欲以观其妙。""无之以为用。"水墨山水画上有近景、中景、远景，远景用淡墨，愈远愈淡，愈淡愈远，直至于无，远、淡、无都是道家的境界。中国画中只有山水画才能表现出深远感，所谓"咫尺千里"。人物画和花鸟画是无法表现"咫尺千里"的，文人们爱画山水，和这种表现"远"的感觉，不无关系。远由近而显现，远是无限的，近是有限的，画中由近到远，由有限到无限，人的视力和思维都随着飞越，飞向"远"，飞向"淡'"无"和

"虚"，也就进入了老、庄的道家境界。

道家是崇"柔"的，《老子》云："柔弱者胜刚强'，"柔之胜刚"，"守柔曰强"；又云："刚强者死之徒。"老子并以人为例，说：人活着时，身体是柔弱的，死后，便坚硬了。《老子》七十六章云："人之生也柔弱，其死也坚强。草木之生也柔脆，其死也枯槁。故坚强者死之徒，柔弱者生之徒。"所以，后世文人作山水画崇尚柔弱的披麻皴，反对刚硬的斧劈皴。董其昌等人崇尚的"南宗"画就是强调要用柔软的线条、轻缓的笔势，反对刚硬猛烈的笔调。苏东坡强调的"绵里针"笔法也同于此，其源皆来于道家的思想。

老子是崇尚"无"（空白）的，他举例说房子碗杯等，正因为当中是空的（无）才有用，如果是实的（有），就不能住人或盛水了。所以他说"有之以为利，无之以为用"（《老子》十一章）。若依王弼的解释："有之所以为利，皆赖无以为用也。"所以，中国画也特别重视空白，又称为"布白"（中国的书法尤重"布白"）。外国的画未成为绘画时，也不画背景，发展为"绘"时，背景也全用颜色绘。中国画始终把大片背景留作空白，就有道家崇"无"的意思。中国画用笔反对太实，讲究虚、松，也和崇"无"有联系。

《老子》一书中多次提到"专气致柔，能婴儿乎？""复归于婴儿"，"比于赤子"，"如婴儿之未孩"，"复归于朴"。中国画家也求"复归于朴"，主张"童心"，甚至"白首童心"，作画求儿童的稚拙味，皆和道家的精神相通。

道家是主张精神绝对自由，身体也不能过受拘束，《庄子》第一篇便是"逍遥游"。因而，中国画就不像西洋画那样具有定点透视，上下左右都有严格的比例关系。中国画用的是散点透视，到处都是透视点，十分自由，实则根本无透视。所以，西方画长宽都有一定比例，一幅画不可过长，也不可过宽，因人的视力在固定点上有一定限制。而中国画则可长轴或长卷，高不满尺，长可数丈或数十丈。这正是道家的自由精神之体现。

中国画受道家思想精神的影响，还有很多内容可述，读者可参见我的著作《六朝画论研究》及《中国山水画史》二书。

（三）　文官制度对中国画的影响

中国是世界上最早实行文官治政的国家，外国学者认为中国的文官制度比欧洲最早实行文官制度的英国要早六七百年，我则认为早二千多年。《尚书·舜典》上有"三载考绩"的记载。汉代的乡举里选，考选的人才都是文人。隋唐建立的科举制度，更是惟文才是举，唐朝人以诗取士，诗写得好才能当官。宋朝尤是文官治政最彻底的时代，连军队都靠文人管理。文人管理国家，其思想和审美意识影响就更大，在中国，"儒为席上珍"，文人即使不做官，其言行思想都会在社会上产生重大影响。所以我一向认为：知识分子历来是社会的实际领导阶层。这和西方世界一直由贵族和教会把持的政治体制完全不同，西方的艺术大抵是围绕贵族和教会而产生的（建筑、园林、绘画等皆然）。中国艺术的发展最终都被文人所控制，而且文人一旦参与，就会影响其他。在国外，绘画就是绘画，不可能在画上写上很长的诗文，甚至诗文超过绘画；而且画得好就好，画得不好就不好。在中国不行，必须文人欣赏的画才叫好画，谓之"高雅"，否则便俗。画分匠体和士体，一旦入了匠体，你画得再精工也没用，必须入士体，画入士体，就必须有文化，所以，中国画家要"三分学画，七分读书"，而且，中国书法、绘画最终要看书法家和画家的文化修养。文化不高的画家也自觉地向文化高的画家看齐。

中国绘画本来是工匠们的事，到了汉末魏晋时期，文人开始参伍。文人一参伍，为了表示和工匠们不同，便开始区分匠体和士体。《历代名画记》记谢赫评刘绍祖云："伤于师工，乏其士体。"又彦惊云："不近师匠，全范士体。"后者即是说不学匠体，全学士体。士体就是文人的体，文人以文为主，以艺为游，也就是以艺术作为自娱的方式，所以，文人们作画总是强调"自娱而已"。这种思想来源于儒家，儒家的祖师孔子说过："志于道，据于德，依于仁，游于艺。""道"是士人们终生追求的目标，故可"志"，"德"可"据""仁"可"依"，惟"艺"，既不可"志"，也不能"据""依"，只能以之"游"，"游"即自娱，即士人们志道之余，以艺"游息"，以调息自己的精神，培养自己的性情而已。中国画家不是不能绘画精工严谨的作品，中国人的造型能力本来是超过西方人的，在美国曾有一个调查，中国、日本、韩国等东方儿童造型的准确性大大超过西方儿童。这和中国的象形文字影响人的大脑思维结构遗传有关；中国的细巧的兽毫笔也宜于创作更精确的形象。但中国的绘画却多写意，多草草，多游戏性，这正是儒道"游于艺"思想的结果。到了宋代，绘画的"游"的性质更增强了。

中国人从来都是重文轻武的，宋人尤甚。前面说过宋代是文官治政的最彻底时代，宋代科举取士最多，也就是做官的文人特多，人浮于事，于是清闲的士人把多余的精力用于"游于艺"。宋人说："画者，文之极也……其为人也多文，虽有不晓画寡也；其为人也无文，虽有晓画者寡也。"画史证明，真正意义的文人画（包括成熟的文人画思想）产生于宋代，元大兴，明清因之。

文人绘画，有长处，有短处。文人之所以为文人，他们读经（儒家的经典著作），学文，能诗，而且长于书法，否则不足称文人。中国古代选取官员一般有四个条件必具，即：身、言、书、文。身，身体不能有太大的残疾；言，能讲演，能鼓动；书，字要写得好；文，能写文章。因而，古代文人字写得不好的，不能写文章的，几乎没有。因而，能称得上文人的人，不可能有过多的精力学习作为绘画的画，比如造型能力、色彩能力。他们不能也不耐烦使用复杂精微的色彩，这问题不大，因为有道家的理论在，"五色乱目"，"朴素"。至于造型能力不行，苏东坡干脆说："论画以形似，见于儿童邻。"以形似论画，那只是儿童见识。文人们听后都窃窃自喜。孔子说："游于艺"，苏东坡说不要形似，而且太精工了就会俗，这就把他们的短处遮住了。后来，元代的倪云林说："余之竹聊写胸中逸气耳，岂复较其似与非，叶之繁与疏，枝之斜与直哉？""仆之所谓画者，不过逸笔草草，不求形似，聊以自娱耳。"近代的齐白石说："妙在似与不似之间。"都是苏东坡这一说法的继续。

专业画家的长处不算长处，文人的短处不算短处。但专业画家的短处可就是短处，文人的长处就是长处；书法是专业画家所短，是文人所长，于是画中必须用书法的笔法。赵孟頫那首名诗："石如飞白木如籀，写竹还于八法通。若也有人能会此，方知书画本来同。"正说明文人作画处处和书法相通，元代中国画的一大发展就是山水、花鸟、人物所有画都用纯粹的书法笔意。其实早在唐代，张彦远就说："工画者多善书。""书画用笔同法。"直到清代石涛说"画法关通书法津"。正因为文人善书，所以，才把书法用于绘画之中。如果文人们都不参与绘画，中国画的发展可能走向另一境地。如果没有文官制度，未必文人都善书。

文人们长于诗文，"画之不足，题以补之"，于是中国画上出现了诗文长题。世界上只有中国有文人画，也只有中国画上有长题。影响所至，连中国的陶瓷品上、竹刻上、木刻上、玩具上等等都有题字。

中国的画论之多，居世界之最。据俄罗斯著名汉学家叶·查瓦茨卡娅（汉名白纸）统计，仅清代就有绘画论著四万篇（见陈训明译《中国古代绘画美学问题》，1987年湖南美术出版社）。中国画论不但数量之多，居世界之首，其深度也居世界之首。比如，当西方人讨论画家要做大自然的儿子还是孙子时，中国画家早已指出："亦以明神降之"。画家和大自然要融为一体，"物化"，"物我为一"，"胸有丘壑"，画家画大自然就是画自己，做儿子、孙子毕竟隔了一层，大自然变为自己精神中一部分，画家笔下的画就是自己的精神流露。就是宗炳的"畅神论"也比西方的复制自然论要高明得多。中国画论多而高明的基础便是文官制度，文官制度下的文人们作画，看画，但因他们是文人，文人最长处是善文，善议论，所以，会画几笔文人画的不仅讲得多，而且人人会讲；不会画的文人看了同行的画也要讲；一般的画家还要请文人们讲几句，题几句；收藏家收了画也要讲一些，题一些，甚至著成书；道士、僧人画画的看画的都要讲一些；皇帝、宗室、宰相，甚至武将看了画也要讲，有的更动笔画，边画边讲。道士、僧人、武将、官员，其实都是文人，他们能讲，也善讲，这是外国的专业画家们所不及的。文人们好道，如前所述，"道也者，不可须臾离也"。"讲画也离不开道，道就是哲学，所以，中国的画论也是哲学的，中国哲学也是画论，不但《老子》《庄子》是画论，连中国本土上产生的佛家《坛经》也是画论，所以，中国画是哲学的。外国的绘画基本上是纯绘画，中国画却很少是纯绘画，画中不但有哲学、文学（尤其是诗词歌赋），更有书法印章等，而且书法和印章中更体现出中国文化的底蕴。所以，董其昌题画诗中有云："只缘庄叟是吾师"；又云："一一毫端百卷书"。前一句是说，道家的庄子才是我的老师，后一句是说，一笔一画中都必须有读过百卷书的功底，否则是画不好的。

这都是中国文官制度下的产物。

关于中国画特色的形成和发展，以上说的：物质材料的基础、儒道思想的影响和文官制度的确立，是三个主要方面。其次还有：

（一）黄河流域和长江流域地理气候的不同以及人的性格气质的不同，所造成的画风不同；（二）中原尤其是中原偏西地区因大森林和植被的破坏（历代建都长安、洛阳，建造宫廷、皇城及私人官邸等，都需砍伐大树，南方用木也多从北方砍伐），造成了风沙东渐，土地变质，导致了经济中心和文化中心的转移；（三）禅宗思想影响；（四）外来文化的影响，等等。限于篇幅，不再论述。

1997年7月9日于南京师范大学

（载《荣宝斋》2000年第1期）

三、隐士和隐士文化一些问题

　　"隐士"就是隐居不仕之士。首先是"士"即知识分子，否则就无所谓隐居。不仕，不出名，终身在乡村为农民，或遁迹江湖经商，或居于岩穴砍柴，历代都有无数人，皆不可称为隐士。《辞海》释"隐士"是"隐居不仕的人"，没有强调"士"，实在是不精确。《南史·隐逸》云："故须含贞养素，文以艺业。不尔，则与樵者在山，何殊异也。"而且一般的"士"隐居怕也不足称为"隐士"，须是有名的"士"，即"贤者"，《宋书·隐逸》谓："《易》曰'天地闭，贤人隐'。又曰'遁世无闷'。又曰'高尚其事'。"是"贤人隐"而不是一般人隐。质言之，即有才能，有学问，能够做官而不去做官也不作此努力的人，才叫"隐士"。《南史·隐逸》谓其"皆用宇宙而成心，借风云以为气"。因而"隐士"不是一般的人。

　　《孟子·滕文公下》中所称的"处士"（处士横议，杨朱、墨翟之言盈天下），也就是隐士，指的是有才有德而隐居不仕的人，但这个"处士"是指从来没做过官的人。先官后隐如陶渊明也叫隐士，却不能叫"处士"。当然，如果硬叫"处士"也没办法。

　　旧时认为隐居的人不求官，不求名，不求利，《旧唐书·隐逸》称"所高者独行""所重者逃名"。又曰："不事王侯，高尚其事"，

"隐居求高"。即是人品高尚的人，所以"隐士"又叫"高士"。江苏常熟至今尚保存元代大画家隐士黄公望的墓，墓道石碑即刻"黄高士墓"。元代另一位大画家倪云林也被人称为"倪高士"。晋宋时戴逵和他的儿子戴勃、戴颙都是著名的大画家、大雕塑家、大音乐家，他们都隐居不仕，所以《历代名画记》称之"一门隐遁，高风振于晋宋"。戴氏父子为大艺术家，然而传记不列入"文苑"，也不列入"艺术"，却列入"隐逸"，是因有其大艺术家的才艺，才有资格称为"隐士"，因其"隐"，才有"高风"。《史记》中记古人语"太上立德，其次立功，其次立言"，看来隐士是立了"德"，所以正史皆为隐士立传。但德在何处？却是值得研究的。

实际上，从来隐士，大抵可以分为七种。其一是真隐、全隐，如晋宋间的宗炳、元代的吴镇等，从来不去做官，皇帝下令征召也不去，而且也不和官方打交道。其二是先官后隐，如陶渊明。陶是著名隐士，传列《晋书》《宋书》《南史》三史中的"隐逸"，其实他不是一个纯粹的隐士，他当过官，因不满意才隐居。明代的沈周一天官未当过，传列入《隐逸》。而他的学生文徵明，只在京城当了一年翰林，然后，便安心隐居至死，但其传就未被列入《隐逸》，而列入《文苑》。陶渊明也是先官后隐，但其"隐"的名气太大，超过其诗名。不过陶渊明后来是真隐了。像陶渊明这样先官后隐的隐士较多。其三是半官半隐，如王维，开始做官，后来害怕了，但如辞官隐居，又没有薪水，生活没有保障，于是虽做官，而不问政事，实际上过着隐居生活，这类人从名分上不能算做隐士，但有隐逸思想。有隐逸思想表现在意识形态上是相同的。其四是忽官忽隐，如元末明初时王蒙，明末董其昌，做了几年官，又去隐居，朝廷征召，或形势有利，又出来做官，做了一阵子官，又回去隐居。这种人不果断，拖泥带水，王蒙创造了拖泥带水皴，董其昌的画用笔含糊不清，太暗而不明，就和他们的性格有关。其五是隐于朝，这种人身为官，但思想已隐，做官不问政事，"居官无官官之事，处事无事事之心"，随波逐流，明哲保身，这种人对国家损害最大，中国的事就坏在这批人手中。其六是假隐，如明代陈继儒，虽不做官，但好和官家打交道，有人写诗讥笑他"翩翩一只云间鹤，飞来飞去宰相家"。其七是名隐实官，如刘宋时陶弘景，人称陶隐居，虽然隐居山中，朝中大事还向他请教，被称为"山中宰相"。这种人身为隐士，实际上不具隐士思想，他不做官只是为了自由而已。其次还有一种是不得已而隐，如明末清初的弘仁，早年攻举业，明清易祚之际，他奋起反清，失败后，不得已而隐，但弘仁后来思想上真的隐了。石豀也和弘仁一样，反清失败后，不得已而隐，但他终生都忠于明王朝，情绪很激烈，一直未有静下来。只要思想上真的隐了，在意识形态上表现出来的都是以"淡""柔""远"为宗的，这在下面再作分析。

隐士在每一个时代的情况都不同，但总的来说，还有一个时代性的问题，中国知识分子的素质元以后越来越差。谈起历史，我总是把"安史之乱"作为封建社会的转折点。"安史之乱"前，封建社会蒸蒸日上，之后，每况愈下。时代对知识分子有一定影响，而知识分子对时代的影响更大。因为仟何时代，社会的实际领导阶层只能是知识分子，知识分子凝聚起来，齐为国家着想，国家就有希望，否则便会相反。从群休上看，唐代之前，知识分子都能为国家着想，汉代马援那句名言："男儿要当死于边野，以马革裹尸还葬耳，何能卧床上在儿女子手中邪？"（《后汉书·马援传》）激励无数志士仁人为国捐躯。唐代的知识分子们"不求生入塞，只当死报君"，"报君黄金台上意，提携玉龙为君死"，"要得此生长报国，何需生入玉门关"，"功名耻计擒生数，直斩楼兰报国恩"，"黄沙百战穿金甲，不破楼兰终不还"。唐朝的君臣们共同努力，拧成一股绳，使国家强大起来。宋朝的知识分子也还是好的，虽然没有唐代知识分子那样报国心切，而且也有一部分人颓废，但大多数知识分子尚能为国忧虑。北宋知识分子"进亦忧，退亦忧"，"居庙堂之高，则忧其民；处江湖之远，则忧其君"。南宋的知识分子"一身报国有万死"，"位卑未敢忘忧国"。南宋早期有岳飞、陈东为国事努力，中期有陆游、辛弃疾等诗人拼搏于抗金第一线，晚期还有文天祥、张世杰、陆秀夫等为国捐躯。而且厓山、海陵山的抗元军民是集体牺牲，无一叛降，这是何等的气概。

唐以前，是君臣共同努力，使国家强大。宋就不同了，臣民为国，而君相却卖国，名义上国家是属于皇帝的，而毁坏国家者，恰恰是皇帝。北宋败于宋徽宗及蔡京等六贼之手。南宋的支持者是宗泽、岳飞等人，而卖国的恰是赵构和宰相秦桧。南宋末，国事也正败在宋理宗、宋度宗、丁大全、贾似道等君相手中。当宋朝的臣子抗元正激烈时，皇帝、太后却投降了，而且命令臣子投降。臣之努力正是为报国报君，而君却如此，所以，南宋之后，知识分子都寒了心。

元朝的知识分子则不再过问国事，而且从此失去了凝聚力，变成一盘散沙。据我考察，中国人不团结的现象始于元朝。之前，士人不团结有之，但不居主流，主流是团结的，之后，团结者有之，但不居主流，不团结现象较多。元士人的素质大为下降，元曲有"体乾坤姓王的由他姓王，他夺了呵夺汉朝，篡了呵篡汉邦，到与俺闲人每留下醉乡"，"葫芦今后大家提，想谁别辩个是和非"。元代士人不问国事，终日在勾栏妓院中和妓女优伶一起鬼混，也和他们寒了心有关。元代的士人几乎是集体退隐。明朝的情况又特殊，朱元璋是个天才，他由一个贫苦的农民、叫花子当上了皇帝，依靠的是士人，但一切天才都有多疑和喜怒无常的缺点，朱元璋总是怀疑士人看不起他，因而他杀了一批士人，还发明了"批颊"即当面打士人的嘴巴，动辄便把士人打死、掼死，这是他自卑心理造成的，从而造成了士人的自卑。一个人只有得到别人尊重时才能更好地为国为民着想，一个人得不到别人尊重时，他想到的可能只是他个人，甚至会毁坏国家、损害他人。所以，历代的功臣和士人都能尽力维护国家，而太监、佞臣等靠自残或逢迎而深居官庭，他们得不到别人的尊重，往往就会损害他人，损害国家。明朝的士人不被皇家尊重，在高压政策下，他们不得不为君所用，但也绝无发明，虚应故事而已。一旦高压解禁，曾被轻蔑的士人便只考虑个人，而不再考虑国家。当国家危难之时，很少有人挺身而出。明永乐年间预修过《永乐大典》

的慧暕和尚说："洪武间秀才做官，吃多少辛苦，受多少惊怕，与朝廷出多少心力，到头来小有过犯，轻则充军，重则刑戮，善终者十之二三耳。其时士大夫无负国家，国家负士大夫多矣。"到了永乐年间，国家尊重知识分子，对士人采取宽松政策，很多知识分子开始还心有余悸，后来胆子大了，一部分知识分子以传播画艺等为名，到国外去定居，在国外搞得好就不回国，搞不好又回到国内来，来去自由。这时慧暕和尚又说："国家硕士大夫，天下士大夫负国家多矣。"（见《今献汇言》陆文量《菽园杂记》）朱元璋时代，知识分子虽然无负国家，但因心惊胆战，只能顺着朱元璋的意思去办事，个人的才智都没能很好地发挥。到了永乐年间高压政策解除，知识分子得以解放，但曾被轻蔑又因失去了对国家的信任，大都为自己着想，很少有人愿为国家献身，所以说："天下士大夫负国家多矣。"知识分子这一次总体素质的下降一直未能回升过来。但明代早期知识分子尚知重名节，而中期至后期的知识分子连名节都不要了。《明史·阉党传》上有一段总结云："明代阉宦之祸酷矣，然非诸党人附丽之、羽翼之，张其势而助之攻，虐焰不若是其烈也。中叶以前，士大夫知重名节，虽以王振、汪直之横，党羽未盛。至刘瑾窃权，焦芳以阁臣首与之比，于是列卿争先献媚，而司礼之权居内阁上。迨神宗末年，讹言朋兴，群相敌雠，门户之争固结而不可解。"最后说："患得患失之鄙夫，其流毒诚无所穷极也。"历代的知识分子对阉人是不屑一顾的，而明中期之后，知识分子为了个人利益，竟附丽于阉人，充其羽翼，而且"列卿争先献媚"，何其鄙也。到了这一步，这一批人已失去了知识分子的起码人格。

　　明末天下大乱，正是知识分子为国尽忠之时，可是朝中知识分子纷纷逃离，李自成打到北京外城时，崇祯帝敲钟召百官议事，竟无一人上朝。崇祯帝临死前写在衣襟上一段话就强调："皆诸臣误朕。"（《明史·庄烈帝》）"诸臣误朕"实从洪武年间的"朕"不尊重"诸臣"积累而致。明末陈洪绶目睹朝中官员所为，他总结当时官员"皆身谋而不及国"。当年君待臣太狠了，君不把臣看重，臣也就不会把君看重，不为君谋，只好为身谋，也许是臣的素质低下原因之一。

　　明末清初，身为明朝高官并为一代名人的钱谦益、吴伟业、王时敏、王铎等一大批文人都投降了清朝，心安理得地为新王朝服务，钱谦益的名诗"春风自爱闲花草，蛱蝶何曾拣树栖"，正代表这一批知识分子的心态。自古以来，良禽择树，良臣择主，忠臣不事二主，而钱谦益却自比蛱蝶，无须择树择主，真是太没骨气。

　　清初，统治者开始整治这批没有骨气的文人，据康乾时王应奎的《柳南续笔》卷二所载《诸生就试》所云："鼎革初（清初），诸生（明所遗秀才）有抗节不就试者，后文宗（主试考官）按临，出示：'山林隐逸，有志进取，一体收录。'诸生乃相率而至。人为诗，嘲之曰：'一队夷齐（伯夷、叔齐，周初忠于商朝的隐士）下首阳，几年观望好凄凉。早知薇蕨终难饱，悔杀无端谏武王。'及进院，以桌凳限于额，仍驱之出。人即以前韵为诗曰：'失节夷齐下首阳，院门推出更凄凉。从今决意还山去，薇蕨堪嗟已吃光。'闻者无不捧腹。"（按《清朝野史大观》有相同记载，文字略异）清王朝告示隐逸之士，如果出来应试，朝廷便会录用。这些没有骨气的"隐士"便纷纷参加考试，一参加考试，就是想当清朝的官，也便失了节，便不是隐士了。但清朝录用的人数很少，大部分人都被赶回老家，官未当上，隐士也当不上了，好不凄凉啊。虽有怨也无法出于声，更不能"载道"，只好藏于心。清王朝在明清易祚之际杀了一批抵抗的文人，然后又收买了一批有才学之士，隐居士中有才学之士又一次被收买，剩下的文人便愚弄一通，一脚踢开。有怨声又能怎么样，无非是咒骂几声。于是清统治者采取第三步措施，大兴文字狱，把一批有怨声的文人抓起来判刑，割去脑袋，脑袋一割，就不能再咒骂了，其他的文人也就老实了。软硬兼施，威恩并济，清统治进一步巩固。但文人们可被整苦了。

　　从此，文人们无所适从，只好继续钻到故纸堆里考证点文字。无所适从之后，便是无不适从，清中期黄易写了一联云："左壁观图，右壁观史；无酒学佛，有酒学仙。"正是文人们的生活写照。明朝君待臣开始硬，后来软；清朝的政策是一硬二软再硬，这软硬交替用于士人身上，士人们既失去了刚性，又失去了韧性，变成了可伸可缩的皮条了，变成了无骨的软体动物，从此失去了士人在社会中的领导形象和作用。"无所适从"还反映了他们的苦痛，"无不适从"则自己变自己为无足轻重的小人了。

时代如此，文人如此；文人如此，时代如此。清王朝也就渐渐软弱了。

早期隐士，有自己的追求和志趣。有的确是厌恶官场生活，隐居后，积极于文化的建设；有的隐居后，仍然关心国家大事，如商山四皓，如陶弘景隐居山中，从事道、儒、佛的研究，但仍为朝廷谋划大事，被称为"山中宰相"。孔子曰："隐居以求志。"隐居为求其志，而非消极无所求。

明清时期，朝中的官员都"身谋而不及国"，隐士们隐于山林、隐于市、隐于朝而皆无所追求，他们隐居是无可奈何，因此，明清的隐士也无所谓隐，官也无所谓官。只有一批抗清复明的志士，在不得不隐的情况下而隐，后来却变成了真隐。

不论早期，还是后期，隐者总的说来都是弱者。他们既不能面对现实拍案而起，或奋而反抗，或钻营求进，只好退隐。但却有更多的时间从事文学艺术等创作，他们或过着悠闲的田园生活，或结庐于山林之中，所以，中国的田园诗和山水画特盛。而且，隐士们笔下的山水画和田园诗虽然也风格各异，但在大的方面却有一个总的风格，这和隐逸者的性格基本一致有关。隐逸文化总的风格有三，其一是柔（弱），其二是淡，其三是远，这个问题值得注意。

尽管陶渊明有过"金刚怒目"式，但他隐居后的诗风总倾向还是"柔"，鲜有刚猛雄浑的气势；王维也如此。"南宗"一系山水画从王维到董源、巨然，到黄公望、吴镇、倪云林等画风也都以"柔"为特色。到了明文徵明、董其昌，清"四王"，其画更柔。"柔"是老、庄的境界，特别是庄子的境界。和历史上的隐士一样，早期的"柔"和后期的"柔"大有不同。老、庄的"柔"是外柔而内刚。《老子》曰："柔弱者胜刚强"，"柔之胜刚"，"柔弱处上"，"守柔曰强"，"天下之至柔，驰骋天下之至坚"，"天下莫柔弱于水，而攻坚强者莫之能胜"。因之，老子守柔为了强和"处上"，"至柔"为了"至坚"，为了"攻坚强"，"无为"为了"无不为"。庄子同之，庄子的"柔"，更以无限的力量和冲天的气势为内蕴，以俯视宇内为高度，所以，《庄子》第一篇谈的是"逍遥游"，其游固逍遥，然"怒而飞，其翼若垂天之云"，其大"不知其几千里也"，其背"不知几千里也"，"鹏之徙于南冥也，水击三千里，抟扶摇而上者九万里"，这是何等的气势，何等的力量。他还要"乘云气，御飞龙，而游乎四海之外"。没有十分伟大的内在力量是无法实现的。

老庄之学在六朝时期最盛行，六朝人读老、庄，谈老、庄，外柔而未尝失去内刚。嵇康学老、庄，敢于"非汤武而薄周孔"，敢于嘲弄贵公子钟会至遭杀身之祸而不惜。阮籍学老、庄，敢于装醉酒而拒绝帝王的拉拢，敢于长叹："时无英雄，而使竖子成名。"直到唐代李白学老、庄，仍不失为豪迈气概和傲岸作风，他们的作品都不曾有过软弱柔媚之气。唐人之前的画，线条虽然是柔而圆的，但却内含至大至刚之气，包蕴着蓬勃的生命力量。宋元人学老、庄，外柔已向内渗透，但内在的生命律动仍跃跃欲试。而明清人学老、庄，早已失去了老、庄的内核本质，只见柔媚而不见刚强了，这在董其昌和"四王"的画中皆可见到。正是时代精神使然。

即使不刚强，不反抗，仍然动辄被腰斩、杀头、批颊、掼死，招之即来，驱之又必须即去，叹一口气都有文字狱等待，为了生存，如前所述，士人们既失去了刚性，又失去了韧性，完全变成了软体动物，因而，形之"态"（文学艺术作品）何来刚强？所以，早期的"柔"和后期的"柔"大为不同，早期的"柔"是柔中见刚，后期的"柔"则是柔软无骨而萎靡了。

淡，老、庄的"淡"，固然指自然无所饰，也就是"朴"，朴而不能巧，《庄子》云："吾师乎，吾师乎……覆载天地，刻雕众形，而不为巧。"此外，《庄子》的"淡"还有纯、静、明白之意，《庄子》云："纯粹而不杂，静一而不变，淡而无为，动而以天行。""明白入素，无为复朴。"则早期的"淡"都有自然无饰、纯、静、明白之意。金人元好问说陶渊明的诗："老翁岂作诗，真写胸中天。"黄山谷《题子瞻画竹石》云："东坡老人翰林公，醉时吐出胸中墨。"这在早期的文学作品和绘画作品中触目可见。但后期的"淡"，虽然看上去，似自然无饰，然而刻意追求的"淡"却无法掩饰，完全靠技巧刻画而成。前期的"淡"，犹如大自然中的真山真水；后期的"淡"却如花园中的假山假水，固然也追求和真山真水相同，而人们在同中却能看出不同。当然，后者的技巧比前者要高得多。董其昌、"四王"的画技巧皆高于前人，但人们在其画中仅见技巧，而见不到一种特殊的精神状态。如果说后者有精神状态，那只是一种萎靡的精神状态。像恽南田，算是真正的隐士了，他的画以"淡"为特色，但却可以看出是高度的技巧而成就的"淡"，非自然而然的淡。

远，隐士之所以成为隐士，是因为他们远离政权，远离官场，他们或不愿爬上高处，或从高处退下来，都立在"远"处，"心远地自偏"，心远，其诗其画也自有"远"的感觉。陶渊明的"悠然见南山"，王维的"开门雪满山"，都给人"远"的感觉。我曾写过《诗有"三远"》一文，说："陶渊明'悠然见南山'是"平远"，李白'登高壮观天地间'是高远，杜甫'群山万壑赴荆门'是深远。"而隐士们的"远"只是"平远"，鲜有"高远"和"深远"。具有隐逸思想的画家画山水也只求"平远"一种。元明清的画家甚至视"高远"和"深远"为压抑和险危，几乎所有的山水画都是"平远"之景。黄公望、吴镇、倪云林等尤甚。影响所至，无隐逸思想的画家也都向"平远"方面发展了。其实，"高远"和"深远"更有气势，而隐士们（包括隐于朝、市的"隐士"）"百年心事归平淡"，只在"平淡"上着眼，"平远"更近于"平淡"，他们还要"化刚劲为柔和，变雄浑为潇洒"，连

"刚劲"和"雄浑"都要反对，因为这和"平远""平淡"不合，平远给人以"冲融""冲澹"的感觉，不会给人的精神带来任何压迫和刺激。一般说来，"平远"的用墨较淡，只画中景和远景，鲜画近景，淡而远，平而和，在平和、淡远中把人的情绪思维也引向"远"和"淡"的境界，这更符合隐逸之士的精神状态，也是山水画在艺术上更成熟的境界。

最后还要谈一个问题，历来学者对隐士都是持反对态度的，认为隐士逃避现实，应负国家衰亡之责。当然，隐逸不宜提倡，年轻人隐逸不仅不宜提倡，还应加以反对。但隐逸者所创造出的灿烂丰富的文化却不容否定。而且，隐逸的根源在政治浑浊和强权统治，应该鞭挞的正是这一批独夫民贼和卑鄙之徒。《南史·隐逸》有云："夫独往之人，皆禀偏介之性，不能摧志屈道，借誉期通。若使夫遇见信之主，逢时来之运，岂其放情江海，取逸丘樊？不得已而然故也。"天下事，能努力的，当然应该努力，但有时努力而无济于事的，苏东坡《大臣论》有云："天下之势，在于小人，君子之欲击之，不亡其身，则亡其君。"结论曰："非才有不同，所居之势然也。"如武则天、慈禧，只一妇人，然天下势在其手，千军万马都不能奈其何，又何况一手无缚鸡之力的士人呢？当然强者可以反抗，虽失败也不要紧。弱者呢？只好退隐，总比同流合污要好。

隐士表面上超脱，在意识形态上也表现出超脱，实则内心都有无穷的痛苦，物不平则鸣，痛苦和不平正是产生优秀文学艺术作品的最好土壤。在这块土壤上产生的文学艺术，有其共性，值得我们认真研究。

澳门《华侨报》连载

四、美术和美术教育问题之研究①

（一） 缘起

不论现行的美术教育（以美术院校和各类大专院校中的美术系科为主）是否合理，也不论它是否能培养出大美术家，但以学校为主的美术教育机构将愈来愈多地吸收各类美术人才，可以断言，将来美术人才基本上将出入于美术系科。美术教育将对未来美术产生最大、最关键的影响，所以，研究美术发展的大趋势而不研究美术教育，那将是舍本逐末。

（二） 保守的、单一的技术性的训练问题之分析

目前，美术教育中最大的问题是不注意人的智能、想象力以及美术思想和社会意识方面的充实启发，更忘记了美术是人的事，必须培养出

① 本文写作前，曾得到国家教委的支持，以南京师大美术系名义，花了五个月时间，对我国六省一市（上海市）的美术教育作了广泛深入的调查。事后，又收回调查表556份，专题报告58份。原写成三万字的《关于美术教育问题》，为适应刊物发表，删除三分之二内容。故很多问题，仅留结论和著者意见，并改为今名。

生动活泼的人，才有生动活泼的作品。

学生从画石膏像开始，到画裸体模特儿，这叫严格训练基本功，一个班一个年级的所有学生都按一个模式去画，并以老师规定之法为法。这样就泯灭了学生们许多潜在的创造力，窒息了他们的灵感。艺术是要自己创造自己的价值，而不是去重复前人的价值。实际上，这种基本功的训练只是造型基本功的训练，其源亦起于西方。"存形莫善于画"，绘画被称为造型艺术。在照相机发明以前，"存形"惟一手段是绘画，也是绘画的重要功能之一。所以，在西方以画石膏像和裸体模特儿为训练造型基本功的方法，自有道理。但在照相机发明之后，"存形"即可由机器实现。人是不必和机器争高下的。人要发挥人的特长，当时黑白照相尚无色彩，于是以研究光和色为特色的印象主义成为画坛主流，点彩派也是在色彩上下工夫。又，绘画的面块明暗等和照相差不多，但照相作品上没有线，于是，西方绘画中开始出现了线。后来连对象的形也变了，乃至抽象。西方绘画像其社会一样不停地迅速变化，现在西方早废弃了画石膏像，画裸体模特儿也不像以前那么作长期的作业，只取其大概动势而已。中国画家本来不画石膏像和裸体模特儿，当从国外传来这些方法后，曾遭到保守派的强烈攻击。通过几十年的努力，几经周折，终于在美术院校系科中立住了脚。而后，没有美术系科的教学不用此法的。新事物胜利了，几十年不变，它又变成了传统，变成了旧事物。西方已经废弃了它，我们又在保守它。在我们这个古老的国度里，只要是老的、古的、传统的，都要保守它。慢节奏加上不知变，是我们民族意识中的顽症，也是美术教育保守陈腐教学方法的根源之一。

更遗憾的是很多学校的老师乃至老教授业务水平大大低于学生。学生们接受能力快，信息灵通，他们很快地接受新老传统，接受新思潮新观念并迅速加以变化，作品具有新意。有的老师看不懂，有的老师看不惯，有的老师害怕无法教，于是拼命地要把他们拉回来，拉到自己身后，跟着自己走。当然，也有些老师看出了学生的能力——接受力强，变化快，自己无法赶得上，无法适应，教学十分费力，于是也希望采用压制的方法，叫学生按照自己的思路去思考问题。

一般说来，知识面较宽、兴趣广泛的学生反应也灵敏，易于产生新的见解、新的主张，但他们未必听老师的话，更不肯跟在老师后面，学习本来就是被他看腻了的技术。一般老师对他们也比较反感。反之，知识面狭窄、兴趣也不太广泛的学生，缺乏个性，反应也迟钝，很难有新的见解，但老实、易管，肯跟在老师后面学习现成的技术。这部分学生是老师保守陈法的基础，老师们也比较喜欢他们，于是将他们留校做教师，蹈常袭故的教学方式便得以延续下去。

（三） 艺术和技术

这种蹈常袭故的教学方法，半个世纪不变，导致了美术教育的死气沉沉，窒息了人的心灵，限制了美术创作的广阔天地，鼓励师承保守，结果一代不如一代，导致美术的退化。老一代有成就的美术家和现在的青年不同，他们大多在书法诗文上（尤其是经史诸子方面）有较深厚的基础，他们的知识面本来很宽，视野广阔，这样思想就不会僵死，不会简单化。加之他们的社会经历丰富，有的做过官，有的留过洋，有的在人生道路上历尽磨难，到处奔波。所以，他们有了绘画的技法之后，便可以把自己不同一般的思想表现出来，他们的画也就不同一般。

我曾在一篇文章中谈道："古之艺术即今之技术，今之艺术即古之所谓'道'，传播'道'的人被称为贤，创'道'的人被称为圣，都是不得了的大学问家。"所以，一般会画几笔画的人，即使造型十分准确，笔墨十分高妙，也只能称为美工或高级技工而已。技术虽然也有复杂的内容，只要功夫到了，不难到手。绘画，不过勾皴点染而已，一年半载足矣，即使你终生手不释笔，不过愈加熟练而已，熟练不是艺术，弄不好，还会流于"油"。什么是画家？简言之，风格的成熟即画家。风格即人，而不是技术。人与人不同，才有个人风格；民族与民族不同，才有民族特色；时代与时代不同，才有时代特征。一个人要成为画家，首先要和这个时代、这个民族融合在一起。其次要以各种知识、各种思想充实自己，使自己具有非同一般的胸次和心境，然后以手写心，自然非同一般。而且，更重要的是美术教育也和其他教育一样，并不一定非要培养出专家，主要为了提高整个国民的素质，教育学生和时代、民族融合在一起，不断地充实每一个人，则更有利于整个国民素质的提高。

我们现在的美术教育只要求学生马上画出几笔画以供人观看，荀子曾经说过："古之学者为己，今之学者为人。"（《荀子·劝学篇》）为己，就是要充实自己，改造自己，丰富自己，自己为好了，办出事来，自然公正，写出文章来，自然实在，画出画来，自然不俗。为人，就是做给人看，由于自己未得充实、改造和丰富，做事、作文、画画就未必好。学习、做学问，不为己而为人，这就是当代道统沦丧、文章卑下、绘画庸俗的根源之一。

因之，当代美术教育，以技术培训为主，无论从培养画家，还是提高整个国民素质而言，皆不可取。

（四）"性尚分流"

相对而论，中国画对于技术的需要并非太重要。曾经受过东方艺术启发和影响的西方现代派对作画技术的需要亦不太重要。艺术本来就不是表现技术，而是意识形态，是人的意识形之于"态"。这个"态"（艺术作品）有优劣、平庸、高下之分，其形成之根源全在于作者的意识。因之，艺术教育最重要的是对学生意识方面的培养，使之有理智，能敏锐地感受客观世界，有丰富的想象力，能创造出新的客观。因之，美术教育，凡是以培训作画技术为主要目的（如果学生也不违反于此）皆不能培养出大美术家。

中国正式的美术教育，完善于宋代徽宗时期。徽宗在画院的基础上，又兴办"画学"，这"画学"即皇家美术学院（也是全世界最早的美术学院）。徽宗对学生的要求，尤重创造性思维，以及文化素养和思想意识方面的教育，《宋史》记载"益兴画学，教育众工"，"画学之业，曰佛道，曰人物，曰山水，曰鸟兽，曰花卉，曰屋木。以《说文》《尔雅》《方言》《释名》教授。《说文》则令书篆字、著音训，余书皆设问答，以所解义观其能通画意与否。"记载中宋徽宗以古人诗句命题，考试天下画人，如"野渡无人舟自横"，主要还是考试学生对诗文的理解程度。其他，如"万绿丛中一点红""竹锁桥边卖酒家""踏花归来马蹄香""深山藏古寺"等等，并非考其技能，主要还是考其文化修养和创造性思维能力。思想教育方面，体现在学生必须读经。而且徽宗还知道根据学生的不同素质进行不同的教育，"仍分士流、杂流，别其斋以居之。士流兼习一大经或一小经，杂流则诵小经或读律"，分别对待，不搞一律，六朝时姚最就指出要"性尚分流"（《续画品》）。

　　每一个学生都有每一个学生的思想和喜好，要分别教育，不可以一种模式去加以限制。古的、今的、中的、洋的、写实的、变形的、抽象的、传统的、狂怪的……还有很多未知的，只要学生有兴趣，任其吸收，任其发展。画史上，石涛是创新的，赵孟頫是托古改制的，郎士宁是洋的，黄筌花鸟是写实的，八大山人花鸟是变形的，梁楷、石恪是狂怪的，倪瓒是抒情的，董其昌是理性的，范宽是高远的，李成是平远的，董、巨是柔性的，马、夏是刚性的，各具其趣，都在绘画史上占有一席之位。吴门四家，沈以粗名，文以细名，唐以师院体而变刚为柔名，仇以工笔重彩名。强求一致，则无矣。明人袁宏道《叙小修诗》云："天下之物孤行则必不可无，必不可无，虽欲废焉而不能。雷同则可以不有，可以不有，虽欲存焉而不能。"我上面所说的那种以画石膏像和人体为造型基础的教学方法，并非绝对不能用，只是不必强求每一个人皆因此法去学。近代的美术教育以林风眠主持的国立艺专所出的人才较为杰出，如赵无极、李可染、朱德群以及吴冠中等等，皆出于这个学校。这恐怕和林风眠提倡学术自由有关，也和他继承蔡元培兼蓄并收各派的思想有关。林自己是主张调和中西的，但黄宾虹、潘天寿就反对调和中西，林不主张分系，潘力主分系，并认为要拉大中西距离，但林都能容纳他们。现在，我们的教师只要见到学生不听他的一套，就压制，或者在考试时打分少，不让通过。据调查，有些领导人对犯有偷窃、流氓行为的学生不以为意，却开除了一些尝试新法的学生。学生为了毕业，不得不窒息自己的思想，而老老实实地按一个模式去学习。结果，人变得老实了，作品也老实了。一个模式的思想导致一个模式的作品。这是画坛死气沉沉的根源之一。

（五） 造就生气勃勃又符合社会需要的人才

要创造艺术上生气勃勃的局面，必须首先造就一批生气勃勃的艺术人才。我在《中国山水画史》一书中分析了清初山水画的三大势力，仿古派的画家四王之流皆是降臣顺民，随人俯仰，守法循律，安分守己，不反抗，不革新，无怨无怒，安然自得。所以艺术上，他们大谈古法，主张"与古人同鼻孔出气""刻意师古""宛然古人"，对于稍有创新的人，则大骂"古法茫然，妄以己意炫奇"，担心会"流传谬种，为时所趋，遂使前辈典型，荡然无存"。所以，他们的画也小心谨慎，温和驯柔，无任何刺激性。遗民派画家以弘仁为首的一批人看到清王朝强大，反抗无益，又绝不愿出仕新朝，于是杜绝了一切跃跃欲动的念头，不争不为，自甘寂寞，对世界冰冷，虽有刚正之气而不打算再发泄，所以他们的画也冰冷、静谧。石谿一派，龚贤一派，戴本孝一派又各不同，但遗民派在理论上皆反法，一直反到"六法"，所谓"六法无多德"，"澄怀岂有涯"，"古人六法少知津"，"非世间六法所可方物者"。因为他们对清人的法不承认，所以，见法就反。遗民派大谈"道"和"理"，主张"澄怀观道"，即人格的修炼和胸怀的澄彻。石涛、梅清一派是自我派，强调自我，"我自用我法""我自发我之肺腑，揭我之须眉"。这一派人，力图出人头地，急于在社会上树立个人形象，想方设法接近皇帝、巴结权贵，奔走于仕途、来往于官府，文人、商人、遗老、新贵，无不接触。通过各种途径，八方运动，呼风唤雨，为了达到个人目的不择手段。在他们为达到个人目的的奔波中，同时也显示了他们在社会中的生气。所以，石涛的画也不择手段，不拘一法，纵横捭阖，生气勃勃，代表着清初奋发向上的精神和一部分士人通过各种途径求功心切的情绪。当然，石涛晚年失意后，流落扬州，人变了，画风也变了。梅清多次赴京考试，落选后，也心灰意冷，艺术也开始变"清"变"冷"了。

画如其人，人有生气，画才有生气，这是无可辩驳的。很多有成就的人，会遭到别人的攻击，而且，往往和领导关系搞不好，就是因为他们有一股冲动力，有角有棱，有个性，甚至有偏见，和一般人不一样，很难随人俯仰。正因为如此，他们的画才有个性，才不一般化，甚至偏怪。反之，老实人，性格随和，领导和同事都称赞其"人品"好，往往画一般化，缺乏个性，乃至类同工匠。

人有生气，画才有生气，社会才有生气。

我们要造就一批改造社会的大艺术家，而不是死气沉沉的工匠。

人有生气，是各方面因素形成的。外国的大学不包分配，学生要自谋职业。因而学习时选择专业，就必须考虑社会的需要，他们就要了解社会，然后决定自己主修什么、选修什么，教育也必须符合学生们的需要，也就是必须符合实际需要。毕业后，他们要到社会上闯荡，寻找职业，因而，每一个人必须发挥主观能动性，同时也要锻炼，否则就会被淘汰，这样，整个社会也就生气勃勃。之前我国的学生只要考入大学，然后就由国家包下来，由组织分配，学生无需了解社会，也不必考虑主修什么，选修什么，只要毕业就行了，他们不必到社会上闯荡，主观能动性就得不到发挥，一代传一代，人的活力就会退化，整个社会也就死气沉沉。而且，所学和社会所需不合。所以，国外学纯绘画创作的学生不多，多学工艺（艺术设计），他们毕业后都能为社会创造财富。我们的学生多学纯绘画创作，对社会并无多大益处，学生毕业后，基本上由国家养起来。各地设立画院、美协、文化馆，由国家出钱，把这批画人养在里边，他们领工资、领游览费去名山大川"体验生活"。领纸张钱、笔墨在家中涂抹自娱。因而，他们完全可以和时代、国家脱节。因为，国家只供给他们，而不需要他们。在国外，很少有专业画家，而且除了极少数画家外，一般皆很贫困。我在美国任研究员期间，曾到美国各地考察，很多美国人都问我，我们美国是世界上最富有的国家，可是政府不但养不起一个画院，连一个画家都养不起，你们中国目前还很贫困，为什么养那么多画家？而且还养那么多画院？国家很需要吗？这话引起我的深思，中国的工人要上缴利润，农民要交公粮，而画画的人则不必。现在不但省有画院，连市县都有画院，中国的画人既清闲，又富裕（比较而言），所以，学画的人越来越多。很多家长到处找人指导自己子女学画，很多科技方面人才也设法转向绘画。学画的人越多，各种机构、学习班、各种活动、各种美术出版物也就越多。这样，本来就多余的美术人才，反而不够，所以，又要抓紧培养。就量而言，绘画事业越来越发达，这对画家来说是好事，对国家却未必是好事。荀子讲过，要想使国家兴盛，必须"朝无幸位、民无幸食"。朝中有侥幸做官者，民中有不劳而食者，人的主观能动性便会用到坏的一方面去，对国家、对社会都非幸事。最终对事业，包括美术事业也未必是好事。我在《中国山水画史》中分析吴门派的衰弱，就是因为吴门人购画太多，画人也太多的原因。扬州画派的粗糙，原因也在此（详见拙作《扬州盐商和扬州八怪及其他》载香港纽约合办的《九州学报》）。

所以，自谋职业还需国家配合，大批地把画家养起来，不利于竞争，不利于自我调节。自谋职业便于尽快地发挥艺术的价值作用。我们知道，任何艺术必须得到社会的认可，才有价值。诚然，有一些超越时代的大画家，他们的作品一时得不到人们的理解，而要等待很长时间，甚至几个世纪才能被人发现和欣赏。它的价值也是到被人发现时才开始，在此之前，只不过是一种潜在的价值，潜在价值期间其实是无价值。现在很多人不认真学画，不理解现代派绘画，自己胡涂乱抹，为怪诞而怪诞，自以为百年之后自有人欣赏；还有人用垃圾、果皮作为自己的创新作品，不管别人是否理解，是否欣赏，而一意孤行。自谋职业，如果有人需要这些作品，也未必不可；如果无人需要这些作品，他们就会自动放弃，另下苦功学习一些社会需要的艺术了，这对教学也大有益处。

再如美术师范学生，很多学校既需要，又不欢迎。需要是因为缺美术教师，但很多学校并不需要一个专门的美术教师，宁可找一位懂美术的数学、或语文、或史地老师兼任一下就可以了。所以，基础美术教育十分差。如果自寻职业，美术系的学生就会自动地选修一门语文、数学或史地的课程。当然，自谋职业还需要国家在人事制度、机构设置、以及官员的廉洁奉公等方面相配合，这些皆不在本文论述之列。

（六） 扩大学生的视野和知识面是创新的关键

扩大学生的视野和知识面，是成为大艺术家的基础。没有见到一个视野和知识面狭小的人能成为像样的艺术家。印象派、点彩派，如果不是熟悉科学上对光学和色彩方面的先进成果，是不可能成功的。雕塑历来只是静的，现在出现了活动雕塑，如果不精通力学，也是不可能成功的。中国文人能诗善书，所以才创造了诗书画三结合的独特形式。汤天池因为会打铁，所以才创造出铁画。现代科学证明，近亲结婚，后代不优。其实，春秋时人们即知道"同姓通婚，其生不蕃"。所以美术系的学生除了绘画技巧外，要特别注意文史哲、数理化方面的学习，而且必须对其中一种知识有较深入的了解，甚至有所研究。否则，进行较大的创新（而不是大同小异的自然变化），只能是一种空想。

西方的美术系学生美术专业的学分只占40%，文史方面学分占40%，还有20%要到数理化等学科中去选。这就是说他们注意培养有全面知识的人才而不是培养工匠。中国宋代以画学和画院为中心的美术教育也是如此。

画和文、理各有长短，但开拓人的胸怀、丰富人的头脑、改变人的意识、增加人的知识、训练人的分析理解能力等等，文、理更胜于画。所以，中国优秀的画家，无不以文心启道、诗意开境。以画启画，则如"同姓通婚"，结果必是"其生不蕃"。事实证明，画画好的人，文章不会写得太差；画画差的人，文章也不会写得太好（从事史论研究的人，又与此不同）。

我们现在的美术教育也有文学、史论乃至哲学课，但很少，且又一是教授的方法不对头，二是老师和学生都把它看成负担，不算专业课，只是点缀一下，学生们并没有真正地学习这些知识。很多美术系的美术史、美术理论、美术鉴赏课，大都是画画缺乏才气和基本功的教师而改行应付工作的课。这样简直是本末倒置。因为这些课，尤其需要最优秀、最有才气的教师担任，画画缺乏才气的人改行搞理论就更不行。美术鉴赏课，非大画家或修养特深、见解特高的学者不能担任，否则便是误人子弟。

中小学的美术，尤其要加强美术史和美的鉴赏方面的教育。因为一个人不会画画并不遗憾，一个社会不可能所有的人都去从事绘画工作，但应该是所有的人都懂得美，会鉴赏美，这样整个社会文明才会进步。

（七）加强美术史的学习

加强美术史的学习，这一条其实包括在上一条之中。之所以再一次特别提出，因为对于美术系的学生来说，这是最容易见效的一条。美术史不属艺术范畴，它是学术，是社会科学。以学术和科学启发技术才可能成为艺术家而不致落为匠人。我在八年前曾经举过一个例子，现代最为人所公认的大画家有四人，黄宾虹、齐白石、傅抱石、潘天寿。黄宾虹75岁之前主要精力在美术史方面，著名的《美术丛书》就是他和邓实合编的。至今，他未发表的文章还有几百万字。他当教授，既教绘画，又教画史。傅抱石去日本留学是学美术史的，回国后，在中央大学、南京大学、南师美术系一直担任美术史教授，而不是美术教授。他在重庆组织的一次大型活动乃是研究顾恺之的美术史活动。然而他和黄宾虹都成为近现代山水画史上的代表画家，潘天寿到国立艺专也是担任美术史教师，他是最早写出中国绘画史的学者之一。他后来成为著名画家，但仍然从事美术史的研究和著述。齐白石虽然没有专门从事美术史的教学工作，但从他的诗文中可以知道他对美术史十分精通。徐悲鸿对中西美术史也是颇有研究的，他的学生张安治是著名的中国美术史教授，刘汝醴是著名的外国美术史教授，皆可为之证明。所以我总结：唐末以后，没有一个大画家不通美术史。

以上的话，我多次在学术会议上和课堂上讲过。后来，张大千死了，有人找到我，说张大千不研究美术史，不也成为大画家了吗？其实张大千是以造假画而闻名的，世界各国都有他造的假画，造假画的范围从六朝的张僧繇一直到清代石涛。这说明他对画史的研究不但广而且深精细致，恐怕为一般的美术史家所不及。张大千的功夫主要在美术史，他自己的创作并无建树。为什么终生手不释笔地练画，成功者甚少甚难，而把大部分精力花在美术史上的人却能捷足先登，更轻松、更顺利地成为美术家呢？道理很简单，如前所述，以学术启发技术，点石成金，技进乎道，庶几不惑，则更易于成为艺术。终生作画的人，犹如低头看路，天天看，也不过是一小块水泥或几个脚印。通晓美术史的人，犹如登上高山之巅，俯视天下，千峰万壑，九曲回肠，尽列眼下。见识有大小之分，胸怀有阔狭之别，眼光有高下之异。得于目，会于心不同，应于手，现于纸，当然有异了。不过，如果要急功近利，还是前者更易见效。

（八）　政治责任心，作品、流派和时代思潮

最后再谈一个不合时宜之论，即加强学生的政治责任心、公德心和社会意识方面的教育。当然不是增加政治课。一般人认为，政治是肮脏的、丑恶的，学术、艺术是清白的、高雅的。其实，并不尽然，有时甚

至相反。现在很多人一提政治就厌烦了，认为只有潜心于纯艺术，研究笔墨、色彩、构图、形式，不问政治才是正路。其实，这恰恰是艺术颓废的原因之一。大家所推崇的大画家毕加索就是共产党员，他曾多次以自己的艺术作品声援人民的正义斗争，为反对帝国主义侵略和保卫和平的事业，作了很大贡献。他的名作《格尔尼卡》就是对暴行的控诉。他还说过绘画"是抵抗和打击敌人的一个武器"，"艺术家同时也是一个政治人物，他会经常关注悲欢激烈的事件，他从各方面来作出反应，他怎么能不关心别人，怎么能够以一种逃避现实的冷漠态度而使你自己同你那么丰富的生活隔离起来呢？不，绘画并不是为了装饰住宅而创作的，它是抵抗和打击敌人的一个武器"。毕加索之所以能成为一个伟大的画家，其根源正在于此。

大卫是革命的雅各宾政党党员，他明确地宣布"艺术必须帮助全体民众的幸福与教化。艺术必须向广大民众揭示市民的美德和勇气"。当马拉被刺死之后，他勇敢地拿起画笔，创作了不朽的《马拉之死》。高更看到土人遭受虐害，曾不止一次地向当局提出过抗议，在临终前，由于抗议冒犯了当局，还被判了三个月的徒刑。毕沙罗和马蒂斯也都是热爱真理、热爱祖国而又具有人道主义和正义感的画家。马蒂斯还说他的画是"对于一切脑力工作者，无论是商人或作家，它好像一种抚慰，像一种镇定剂，或者像一把舒适的安乐椅，可以消除他的疲劳"。珂勒惠支和麦绥莱勒都是同情工人阶级、反对剥削压榨、赞美社会主义事业的艺术家，肯特和里维拉也都是面向广大人民的艺术家。再早一些的如16世纪初期的米开朗基罗更是佛罗伦萨革命党的前锋之一，他参加了守城会议，担任佛罗伦萨卫戍总督，勇敢地尽其职守至终。

中日甲午战争时吴昌硕曾投笔从戎，和吴大澂同出山海关，参与戎幕，抗击外族侵略。李叔同出家之后仍不忘爱国抗日，他曾书写很多条幅："念佛必须救国，救国不忘念佛"分赠闽南各寺。黄宾虹曾奋起响应康有为发动的"公车上书"，并致函康、梁，认为"政事不图革新，国家将有灭亡之祸"。后又与陈去病等人组织"黄社"，为反清做舆论准备，且能路见不平，拔刀相助，还拒绝日本人的拉拢。徐悲鸿多次卖画捐款为抗日集结资金。傅抱石曾辞去大学教师之职，去重庆参加政治部三厅工作，宣传抗日。

　　两耳不闻窗外事，一心只想做画家的人，未必能成为画家，至少说不能成为伟大的画家，因为他想的只是技法、色彩、构图等等，而真正的艺术离不开美的观念和生命的冲动。由生命冲动而形成的艺术，才是有生命的艺术，才能冲动别人的生命。生命的冲动是以时代的节奏为鼓动力的。历史上，屈原"哀民生之多艰"，李白要"奋其智能，愿为铺弼，使寰区大定，海县清一"，杜甫要"致君尧舜上，再使风俗淳"，陆游"但悲不见九州同"，辛弃疾率飞虎兵冲杀金营，直至清代的康有为"缚将奇士作诗人"，他们都不想作一个专业诗人，但他们却都成为最伟大的诗人。冲出时代画风，开一代新面的大画家，徐渭、八大山人，皆不是因他们的技法，而是他们的生命的冲动。南宋的画家正是基于民族的义愤而出现了一代"水墨苍劲"。只有元代的画家是不问政治的产物。元代的政治限制了士人无事可做，并发展为使个休与社会总休分离的社会性精神运动。当外在的反抗和经邦济世等前途渺茫时，人们就会追求向内在的精神自由和性情的抒发。所以，元画虽无外在的雄强之势，却有内在丰富的蕴藉。隐逸性的画只能产生在适应的时代。明清绘画以静、柔、暗（含蓄、不刻露）为最高准则，且由静至死，由柔至弱，由暗至软，正与当时社会精神相契。清末，民族处于生死存亡的紧急关头，民族和国家再也不能坚持内在的含蓄，更不要静、柔、软、媚、淡，需要的是浑厚雄强气势和强大的冲击力，因而产生了吴昌硕式的艺术。从康有为、陈独秀、蔡元培等为代表呼出了采用西法、革"四王"命的响亮口号，一直到现在，这正是时代的需要。塞尚、凡高、马蒂斯、毕加索也正是西方社会的时代产物。中国绝不可能产生这样的画家。

　　任何伟大的作品都必须以时代为基础，中国现在不需要隐士，也产生不了隐士型的艺术。中国隐藏着被开除球籍的危险性，焦急的时代期待着艺术家的鼓动，不安的人民需要艺术家的呼叫，需要艺术传达他们的复杂而激奋的感情，因而，只有符合时代需要和人民期望的艺术家和作品才能留下时代的强音。"文革"后，给人们留下深刻印象的作品，由歌颂毛泽东至转向周恩来，再转向彭德怀，再转向《农机专家之死》《父亲》一类题材。这些作品题材的变化，反映了人民思想感情的变化，但都给人们留下深刻的印象。

再谈一谈流派和作品问题。作品靠反映时代而流传，流派靠新的鲜明的风格而成立。但新风格所产生的流派，也只能使一两个人成功。画史上，浙派的戴进，吴门派的文、沈，江西派的罗牧，娄东派的王原祁，虞山派的王石谷；外国的各种现代派中也只有一两个画家为人所知。而且，风格必须和时代思潮一致，才能成立。汉人深沉，艺术因之。"魏晋风度"乃为一时特色，其时人语言宽缓，衣着峨冠博带，因而艺术上也出现一代宽缓风度。唐人雄强博大，艺术亦然。北宋人保守复古，艺术同之；南宋人偏安一隅，国势危阽，人人胸怀愤怒，剑拔弩张，艺术上也出现刚猛苍劲、剑拔弩张的刻露之痕。元人松散，清闲悠淡，艺术也正相同。明清已处封建社会末期，如人之老年，喜静、柔、淡，最后弄得"万马齐暗"，毫无生气，艺术亦然。绘画和时代的思潮完全同步。现代的青年为什么对西方的现代派感兴趣，正是时代的思潮所致。改变这一思潮的方向，惟一的办法就是改造这个时代。改造时代靠青年，青年靠教育。

我这一不合时宜之论，写到最后，又似有趋奉时尚之虑，但却是我一贯的观念，虽然我的观念也经常随着我的思想意识或情绪的波动而波动，甚至改变，但这一观念却从未彻底改变过。

1993年秋

（载《美术史论》1993年第1期）

五、论画家画——我对艺术发展的看法

理论的研究，和对人生及世界的看法差不多，到了一定时候，开始时那种鲜明的是非观便渐渐模糊，再向前发展，又总有点无是无非、皆是皆非的感觉。每一种理论，只要被人接受，总有其正确的一面。但只要深究、反问，也有不能成立的一面。六朝时期，谢赫提出的"六法论"，被后人尊为"六法精义，万古不移"，然而，清初遗民派画家便群起而攻之，认为作画岂能为法所束缚呢？只要"澄怀观道"写出自己的胸怀就行了。"六法"尚有人反，其他理论又何能无人反？但和遗民派画家同时的"四王"又极力推崇"六法"。反对一种理论，就可能拥护另一种理论。一种理论有其可以成立的正确之处，有的也有不能成立的片面之处。画家各取所需，合其所需则推崇，不合则反对。

我一向主张"多元论"。

"万物并育而不相害，道并行而不相悖"。世界是多元的，大自然是多元的，人类是多元的，宇宙间没有"单一"可以长期存在下去的东西。所以正确的理论也应是多元的。多元便可弥补单一的不足。比如关于美的讨论中，有人主张："美是主观的"；有人主张："美是客观的"；还有人主张："美是主客观结合的"；等等。各人都能说明自己理论的"绝对正确"，而又能说明对方理论的不正确。但当对方出来反驳时，又会得出相反的结论，甚至几个反问便使之不能成立，争论了几十年，甚至几千年，都无结果。这就说明其理论有正确的一面，也有不成立的一面。如果完全不正确，就不可能说得头头是道；如果完全正确，就不会被人驳倒。但，如果改为多元的，便会更合乎情理。比如：美，有的是主观决定，或主观成分占多一些；有的是客观的，或客观成分占多一些；有的又是主客观结合的。美不是物质，而是感受。从这一点来说，美是主观的。但，千载难逢的美人，世界上最美的风光，不论具有什么样主观想法的人都会认为其美。这种美基本上可以说是客观成分居多。不要说千载难逢的美人，就连现今的美丽的电影演员，不仅知识分子认为其美，领导干部认为其美，就连工人、农民、小商贩、售货员、理发匠都认为其美，否则就不会到处张贴他们的头像，而且不管什么情绪下也不会否认其美。这说明美是客观的，主观的因素不过是一种载体。但另一种美就不同了，客观的人未必美，但因为观者有了感情才觉得其美，中国人说："情人眼里出西施。"外国人说："因为我爱你，所以你才如此美丽。"（〔保〕奥瓦迪亚）这种美，主观成分就居多了。一尊怪石、丑石，文人看了十分美，甚至下拜，而农民看了则掉头不顾；一把好的禅杖，爱武术的和尚看了美，文人则掉头不顾，这种美就是主客观结合的美。

硬要说美是客观的，和主观无涉；或硬要说美是主观的，和客观无涉；或者必须是主客观结合的，都能说通一部分，而不能说通全部，都经不起反问。如果以多元的说法加以解释，便不会有问题。

经常有画界朋友问我赞成哪些观点、反对哪些观点，或问我对中国画发展的看法，我都无法用一句话奉告，因为我是多元论者，绘画不可能也不应该朝一个方向发展。

我已说过，画家的理论以他个人的体验为基础。理论家的理论就应该周密些。论从史出，必要时还要加以论证。

中国的绘画（外来的暂不论）大体可分为三部分：文人画、民间画、画家画。我所说的文人画、画家画和古人说的文人画、画史画不同，古人把李成、范宽、郭熙的画都说为文人画，而他们说的"画史画"（画家画）即是"画院画家画"。

民间画，很清楚，反映一种民间趣味，质朴、稚拙，出于民间，流行于民间，虽不代表中国文化的精华，但在民间却大有势力，远远超过文人画。民间画的许多长处也常为文人画所吸收，甚至连国外的大画家如马蒂斯等皆吸收中国的民间画。民间画应保留民间画的风格，或按民间的趣味去发展，千万不能加以干涉。一办学习班，或送往大学训练，或经专家指导，民间画便消失了。受过训练或指导的民间画家便立即失去了质朴的情趣，或向文人画靠近，或向画家画靠近，其艺术水准又不逮文人、画家远甚。一个优秀的民间画家一经训练，民间画家的桂冠便失去，再想做一个最末流的文人画家或最末流的专业画家都不可能。所以，民间画只能任其发展（严格地说，不是发展，而是保留），莫加任何干涉。比如地下的文物，你用砂纸打磨，或刷上油漆，企图提高其价值，结果是失去其价值。

文人画和画家画就复杂得多了。

什么是文人画？什么是画家画呢？我曾撰文谈过，中国画艺术有两种，其一是意在艺术本体的、正规的、认真的、严肃的绘画，又叫作为艺术的艺术；其二是意在艺术主体、逸笔草草的游戏式、自娱式的绘画，又叫作消遣艺术。前者如唐宋主流绘画，现存世的范宽的《溪山行旅图》、郭熙的《早春图》、李唐的《万壑松风图》、王希孟的《千里江山图》，唐人谓之"五日画一石，十日画一水"的认真严肃之作。后者则如宋苏轼的《枯木竹石图》、米芾的《云山图》、明陈道复的花卉、清扬州八怪的大写意等。"明四家"的画大多则介于二者之间。这类画，作者意不在画，而在抒发个人的逸气，以笔墨做游戏。艺术都有作者的性情在内，但作为艺术的艺术品，作者在认真地画画，其意全在艺术品的主体，同时也流露出作者的性情。作为消遣式的艺术，作者意不在画，画之工拙、美丑、似与不似，全不在意，只一任作者的性情在流露。画面上留下的是作者的情绪，所以，这类画多是写意，不可能有范宽、王希孟式的严谨。我把前者称为画家画，后者称为文人画。本来，画应该是画家画得好，而文人在诗词文章做官之余作画，只能是涂抹自娱。苏东坡等文人当年作画时，也并不以为自己画得好，他们自称"墨戏"，苏东坡说："为之不已，当作着色山也。"意思是说，不停地练习画下去，也可以（像画家一样）作着色山水画。但在元以后，情况发生了变化。宋以前的文人基本上都努力为国着想，忧国忧民，"进亦忧，退亦忧"，他们没有过多的时间作画，只有少数文人在失意时，因无事可做，才涂抹自娱，所以这类自娱方式绘画不占主流。主流绘画还是画家的画，即使是文人，如果想当画家，也必须把主要精力用于画，真正地把画画好才行。但到了元代，一代文人无事可做，便都把精力用在排戏和绘画上。明以后的文人因受政治和时代的影响，大多不关心国事，他们固然也读经学文，只是为了博取功名，一旦功成名就，便采取明哲保身的态度，尽量少问国事，于是便把大部分时间用于作画自娱，但他们又缺少那种严谨的基本功，便简单地涂抹几笔，配以优美的书法、诗文。为了证明自己这些画是高明的，便谓之潇洒，反过来称那些严谨认真之作为俗气。本来，文人业余涂抹的画只是偏师别派，而非主流，现在画这种画的人多了，便变别派为主流，原来那种认真严谨的主流绘画，便被排斥了。所以，元明清以降，唐宋式那种长篇巨构、气势雄大的谨严之作，愈来愈少。历代那些有志于画的文人（画家而兼文人）本可以在绘画本体上下很大功夫，把唐宋式的绘画发展下去，但却被写意、自娱、逸笔草草误了。所以，一部分外国人心目中的中国画就是那种草草几笔式的花卉或山水小景。但当外国人看到范宽的《溪山行旅图》、李唐的《万壑松风图》时，竟惊得目瞪口呆："怎么，中国还有这样的绘画？"王希孟的《千里江山图》，现存北京故宫博物院，一般人不给看，如果外国人见到这巨幅重彩的佳作，又不知如何惊讶呢！所以有人说中国画到了宋便不发展了，到了元以后即衰落了，这是就原来的主流绘画而言；但也有人说，中国画至元以后，大发展了，这是就大写意和自娱消遣式的绘画而言。

一辈子把精力全用在画上，能把画画好，已属不易，而只是在诗词文章做官之余，偶尔涂抹，能把画画好，更难。所以，文人画只好另找门径发展，只能仍是消遣式。但代表一个国家的艺术水平和精神面貌的画应该是画家画。画家固然要通文，但都是为了把画画好。荆浩、李成、范宽都是文人，但更是画家。所以，画家画、文人画如果分头发展，画家在绘画本体上下工夫，画出那些长篇巨构、谨严精密、深沉雄大、气势磅礴、人见之惊叹"神乎技矣"的作品，这类作品分量重，有睥睨世界之伟力，才能显示中国的深厚和伟大，才能和西方画分庭抗礼而不显得薄弱。文人画，应由真正的文人去画，以挖掘文人的思想和情趣。文人画的意境、趣味、笔墨都不应是一般化的。而现在很多不是文人的画者强用写意作类似文人画的画，除了草草笔墨外，并没有什么文人趣味。这就是强求一律，或自求一律的结果。多数所谓文人画和新文人画的画家并不是文人和新文人，因而他们的画也不可能好。

专业画家也硬画文人画，最大的损失是使中国画坛失去了作为正规艺术品的精密谨严一类的绘画，同时又不能反映文人的情趣，真是学步邯郸。

因而，我主张，中国画应分头发展。民间画依旧保持民间的质朴传统。画家画应向精密谨严的道路上发展，应继承超过范宽的高大、深沉、雄浑、厚重或王希孟的精工浓艳、灿烂辉煌，而创造出显示中国气魄的伟大作品。文人画则应由文人去发挥文人的意境趣味。但文人画毕竟是业余之画，只应处于别派偏师之位置，作为绘画，理应由画家画居主流。明清以降，恰恰是弄颠倒了。

三家画可否互相吸收呢？当然可以，但吸收是加强自己的特色，而不是削弱自己的特色，更不能失去自我。明清的画家恰恰是失去了画家画之风格，而向文人画看齐，但又无文人画之情趣。

我曾写文提倡阳刚大气的民族绘画，但我又十分欣赏阴柔秀雅的小品。二者缺一不可。但理应阳刚大气的绘画居民族绘画之主流。实际上凡称为大家画，都是阳刚大气的。虚谷的画，就艺术水平而言，超过了吴昌硕，但虚谷只是名家，而吴昌硕是大家；陆俨少的画就传统功力而言，远远高于李可染，而李可染是大家，陆俨少是名家，就是因为吴昌硕、李可染的画是阳刚大气的，而虚谷、陆俨少的画是清新秀雅的。后者的画在艺术情趣上超过前者，但气势和分量却逊之。当然这问题我已另文讨论了，此处不赘。

以上是我就中国画发展提出自己的意见，也算作理论吧。而我对中国画很多具体问题的看法，都散见于我的著作和论文中。我写史，实际上都是藉史来阐述自己的理论，论文如之，这里不再重复。

至于每一个画家的发展，也要根据画家本人的具体情况而定，不可一概而论。蒋兆和、徐悲鸿、李可染以及李斛、刘文西、杨之光等人的成功，主要靠他们的素描基础，他们因为有素描基础，就应该利用这个基础去发展，不必强求他们学陈老莲、任伯年。齐白石、黄宾虹、潘天寿、傅抱石没有素描基础，只能在传统基础上发展，如果强求他们以素描为基础，他们便无法发展，努力去发展，也赶不上徐悲鸿、蒋兆和。但齐白石、黄宾虹这批不懂素描的人，成就似乎更高。如果要他们去补素描，再丢掉传统去按素描画，后果则不堪想象。至于学素描者也有不同，苏联式的、欧洲式的，欧洲各大师的素描也各不相同，所以也要作不同对待。学传统的人不同，各种各样的传统，也不可强调一律。人是复杂的，社会是复杂的，艺术也不应该单一。

但国家应该重视画家画，民间画、文人画可基本上任其发展。学校亦应以培养学生画画家画为主，而对民间画、文人画兼知则可。现在中国画的画院太多，如果有个别画院可以存在，应该是兼收作画家画的画家，要必须创作出反映历史重大题材、显示国家伟大气魄的重要作品，而不是涂涂抹抹的文人画。至于学校培养的画家，理应是学院式，即我上面说的，以作画家画为主，兼知文人画、民间画等等。当然，学院式到了社会上还会变化，根据社会需要和个人习性以及个人知识面等等，会有各种各样的变化，有的去画壁画，有的去画装饰画，有的画文人画，有的画画家画等等，西方很多有成就的画家不也是学院式画家改的吗？但学院培养学生必须以学院式为主，否则便无法进行教学，当然什么是学院式，又值得研究。此外，还要根据各个画家的个性、气质去发展。一个狂放豪爽的人，硬要画细腻柔秀的画，肯定画不好；反之，一个严谨温和的人，硬要去画狂放的大写意，也是画不好的。要选择适合自己性格的风格去创作，也是很重要的。当然，一个人的文化修养更为关键，一个人所处的环境也很重要，每一个画家都应尽可能画自己熟悉的内容，一个长年处于热带的画家去画冰天雪地，肯定画不好，反之亦然。

但要画别人未画过的内容，就容易成功。明清时代，画家多出于江南，江南人画江南山水，后代很难突破前代，这也是明清绘画陈陈相因的原因之一。无数画家学倪云林，惟弘仁成就突出，就因为弘仁学倪云林的画，而去画黄山。黄山，以前无人画过。其高山峻岭、花岗岩石组成的山峰，和倪云林所画的太湖风光完全不类。所画的对象不同，画面的构图意境自是不同，而且用倪云林的画法去画黄山，自然不够，很多地方就必须自创。画法有异，内容不同，风格面目也就自然不同，所以，弘仁成功了，成为黄山派的领袖。

石鲁的成功，主要在于他画黄土高原，历来没有画黄土高原的画家，石鲁画了，其画中风光、意境、气势以及给人的各种感受都和其他画家不同，所以，他的画特别引人注意。因为以前无人画，也就无现成的画法可供借鉴，他必须面对黄土高原，自己独创一套画法，于是他成功了。

于志学的成功，完全在于他画北方冰雪风光。画北国冰雪风光，他是古今第一人，他要表现北方冰雪，自是无法借鉴，只有独创，他找到了（独创）画冰雪之法，画法新、景色新，给人的感受就新，他"独诣"而不"同能"，所以，画史上必须记载他。

关于引进外国的流派，只要有道理，有意义，有人欣赏，我也是赞成的。但是无道理、胡来的东西，我就不赞成。比如很多人认为外国很多流派的画无须有道理，自己不理解，也无须别人理解。大概说是毕加索讲的：你们能理解鸟叫吗？难道非要理解鸟叫吗？我的画，我自己也不知道什么意思，也不需要别人理解。（大意）于是很多青年以此为口实，胡涂乱抹。其实，毕加索如果真的这样讲，也不过是讲讲而已，或者是他故意这样回答别人。只要看看他的画，哪一幅都有意思，都有道理，都可使人理解。我到国外考察过，鲜有讲不出道理的作品。

但摹仿、重复外国的艺术便没有意思。有一位自称是前卫派的理论家郑重地告诉我："搞传统的，太轻松了，天天坐在家中画画，没有任何风险。搞前卫画可不一样了，他们苦啊，要冒风险啊。比如国外的垃圾艺术家，他们不敢公开在街道上布置垃圾艺术，不但警察干涉，连一般市民都不理解。所以，他们只能等到半夜后，到街上布置垃圾，还要有人掩护，万一被警察抓到要坐牢的。在我们中国搞前卫艺术更不简单，政府不支持，垃圾艺术至今没有兴起。只有极少数人在做，也是偷偷地做，他们太艰苦了。为了艺术，他们也都准备去坐牢。理论家应该支持他们……"所谓垃圾艺术，不知是不是像他讲的这样，如果是如此的话，那实在对不起，我虽然是极具同情心的人，但对这种垃圾艺术家绝不同情，更不会支持他们。反而主张一旦抓获，一定要重重处罚，直到判刑。西餐可以吃，西服可以穿，但把头发染成黄色的便不必，把眼睛挖掉换成蓝色的更不必要。学习要有选择，有益则学，无益则弃。引进外国先进的技术、先进的思想，来丰富发展我们的国家，当然应该支持。但如果把外国肮脏的东西也引进来，污染损害我们的国家，那就必须反对，必须制止。

而且，从发展的观点看，正如孔子说的"君子和而不同"。"和"，就是学习和吸收，但最终要"不同"。我曾写过一篇文章，谈"和而不同"者兴，"同而不和"者亡。"和而不同"就是求大异而存小同，"同而不和"就是求大同存小异。孔子提出"和而不同"后，我们国家自战国至唐在世界上一直是强大发展的。宋代朱熹等人提倡"同而不和"，自宋代始，我们的国家就开始衰弱了、退化了。艺术也如此，如果完全同于别人，也就是"同而不和"，那就必然退化，变成别

国的殖民艺术。中西艺术不同，"和而不同"，正好发展。如果西方有
什么艺术，东方马上搬过来，完全同于西方，变东方艺术为西方的殖民
艺术，"同而不和"必然导致艺术的退化，结果是先亡东方艺术，继之
则退化西方艺术，世界则不复发展了。当然东西方艺术不是不能互相学
习，"和"首先是学习，但不是什么都学，更不是照搬，否则又"同"
了，还是前面说的，"和"，最终要"不同"。

（载《国画家》1996年第6期）

六、绘画创作的灵感、欲望和批评（一）

题目是编辑部根据读者的要求而出的，实际上是三个问题，所以分三段来谈。

（一） 艺术创作的灵感

"灵感"这个问题，我以前思考不多，刚才翻了几本书，其中有专谈"灵感"的篇章，但看半天，不知所云，只见什么"心理学的一个重要分支"，"人类行为"，"动机的引发"，"心理驱张力"，还有什么"极富创造性的心理状态"等等。硬着头皮看了很久，结果一无所获，十分后悔。我是搞理论的，尚且看不出名堂，而且也不想看，搞创作的人，恐怕更望而生畏了。

理论有两种，其一得于外者，其二是得于内者。得于外者，是作者通过系统的理论学习，读了一些黑格尔的书、康德的书、弗洛伊德的书，还有心理学、逻辑学、符号学等等，然后从这些书中得出一些理论，这是一种根据纯理论的学习、理解、观想以及对他人作品的欣赏所建立起来的理论，即先把外国人的某些理论弄懂，并把它变成一种框子，在这个框子内找出一种什么"主义"，或什么"法""学"之类，根据这些"主义"再谈一点质呀、量呀、本体、载体、主体呀。这类理论是真正正规的纯粹的理论，作者功力皆很深，皆是三折肱的好手，仅那些名词就不得了。但我却不喜爱读这种理论。得于内者的理论是作者根据自己的感受、总结和思维而写出的理论，没有专业性的名词，不太正规。但读得轻松，有启发。我这个人自由惯了，所以，我只能根据我个人的喜好写。我按照我自己的理解和体验谈这个问题。简单地说：所谓"灵感"就是感而有灵者。无所感的人是不能作为艺术家和文学家的，感而深，感而灵，才足以成家。感而灵，灵而贯通，灵而验，重大问题、重大构思等等就解决了。原则上说，只要一个人有知觉，能听、能看、能思考，则对任何事物总有所感。但感而不深、不强烈，则无所动心，也即近于无所感。感而深刻，感而强烈，则有所动心，就会茅塞顿开，忽然有所得，忽然明白一种道理，或忽然醒悟一件事情，这就叫"灵感"。我曾经写过一篇文章，题目是《感·觉·悟》，论述创作家由感而觉，由觉而悟的三个阶段，感觉和觉悟都是佛家语，由感而觉只进入菩萨境界，由觉而悟方是佛的境界，"灵感"则是由感而忽然跃入悟的境界，顿时大彻大悟，往往能使长期不得解决的问题骤然得到解决，甚至得到平时未曾想到或无法想象的解决方法。凡是成功的艺术作品必然有灵感参与才能成功，否则，便是平庸之作或陈陈相因之作。

艺术家可能最关心的是"灵感"的由来，人人都想得到灵感，但灵感却并不随意光顾。有人经常有灵感，有人很难得到灵感。知灵感之作用固然重要，知灵感之由来更为重要。

要说清"灵感"之由来，可先从"灵"谈起。我在我的《六朝画论研究》一书中曾论及神和灵的关系，神是无形而不可见的，寄托于形体之内，或游离于太空冥冥之中，灵则是神的显现。不可见的神落实到具体物上成为可见之形，则是灵，一般人说的"显灵了"而不说"显神了"。说"方物生灵"，"生灵涂炭"，都用"灵"而不用"神"，物无神则不灵，灵无物则不见。《老子》云："神得一以灵"，"神无以灵将恐竭"，灵之出现基于神。神如果不显现于灵，也就"将恐竭"。

所以，很多文章中说，灵感是一种心理作用，确有一定道理。但这种心理作用必须有所结果，也就是说必须产生一定的形态，心理作用也就是精神作用，由精神作用而产生的某种想法、某种艺术形象和构思，这就是"神得一以灵"，就是神的具体显现，而这种精神作用是由感而发，也称"灵感"。

知道"灵感"的原由，也就可以明白，"灵感"是精神作用（心理作用）和感的结合。艺术家的"灵感"固然是一下子出现的，但却是艺术家在长期积累思考和生活实践及艺术实践的基础上从量变到忽然的质变而产生的。所谓"踏破铁鞋无觅处，得来全不费工夫"，忽然得到似乎"全不费功夫"，但却正是在"踏破铁鞋"的基础上。觅总是要花功夫的；得到，总是在一瞬间。觅的过程，固然以体力的大小为基础，但功夫总是必花的。灵感的得到，固然有天资为基础，功夫也是必下的。

其一，对自己所从事的专业有较深的研究，有很高的修养。一个不研究诗、不写诗的人，就不可能有诗的灵感；不研究书法的人便不可能有书法方面的灵感；不研究绘画的人也绝无绘画方面的灵感。书法家看到屋漏痕而能悟出笔法，一个厨师终日见屋漏痕也不会悟出书法上的笔法。黄山谷在泛舟时，见舟在水中左右摇摆而创书法上的山谷体，山谷体字中笔多擒纵之势、摇摆之趣，固然来于泛舟的启示，然而也和他终日研究书法有密切的关系。一个不研究书法的人，不会得到这个灵感。高其佩创指画法得之于梦，然而梦正是他平日研究绘画、力求创新的结果。

灵感不来于传统的启示，便来于生活的启示。生活更为重要，因为传统也基于生活，任何人不能在无生活基础的情况下产生灵感。关良早年作画不能独创一格，常为此而苦恼，后来他忽然"灵感"一来，人们爱看戏，也一定爱看画戏，于是决定画戏，遂成一派。他画戏的灵感正来于他平日爱看戏。他的戏画画得好，也得力于对戏的熟悉。

金代张瑀画《文姬归汉图》，前面画一母马带一小马驹，后面画一猎狗和猎鹰，真是神来之笔。母马出征时，肯定是无孕的，否则，便不会令其征，但途中生了小马驹，说明路途遥远。蔡文姬归汉的最大痛苦就是不能携带自己亲生的子女同行（必须留在胡地），而母马尚能携带自己生下的小马驹同行，这就形成了鲜明对比，增加了画面的悲剧气氛。跟随在后面的猎犬和猎鹰都很瘦，说明草原行旅的艰苦，靠鹰犬追捕禽兔之类充当野味，但野味并不多，致使犬鹰都饿瘦了，人之艰苦则可想而知。这些细节的描写增加了画面的内涵，显示了作者的艺术修养。神来之笔来自作者的"灵感"，这"灵感"的基础正是作者对草原生活的熟悉和体验，否则，这些"灵感"便无法冒出来。

古人画"野渡无人舟自横"，今人画"蛙声十里出山泉"，皆非不谙生活者所能为也。

画家的生活越丰富、越深刻，获得的"灵感"也就越多。一个生活十分贫乏或对生活知之甚浅的人，创作时就很难产生"灵感"。

生活是基础，还必须和创作构思相结合才能产生灵感，一个不精思于创作的人，生活基础再雄厚也不会有灵感。齐白石本来就熟悉青蛙、蝌蚪、山泉，但只有老舍出了"蛙声十里出山泉"的画题让他构思时，他的"灵感"才猛地出现。写诗也是这样，曹植很早就熟悉"煮豆燃豆萁"的生活，但只有曹丕欲加害于他并令其七步成诗时，他要构思一首劝阻曹丕不要兄弟互相残杀的诗，"……萁在釜下燃，豆在釜中泣。本是同根生，相煎何太急"。他的"灵感"正是生活基础和创作构思的结合。反之，无论你怎样苦思冥想，无论你怎样构思，没有生活基础，也是不可能有"灵感"的，曹植如果根本未见过煮豆的场面，他怎么构思也写不出那首诗。故如果根本不熟悉野渡在无人渡水时，其舟自横于水边，而舟子却安闲吹笛于旁的生活，他面对"野渡无人舟自横"的诗句，也构思不出那个真实的画面。实际上，很多人就构思出舟上栖一鸦于篷背，或养鹭于舷间，多系空舟岸侧，以为无人是无舟人，乃不知无人是无行人也。

其次，触类旁通和联想也是"灵感"的由来之一。当然这也是生活基础的一种形式。张旭见担夫争道、公孙大娘舞剑器，而灵感顿生，书法大变；黄山谷观荡桨拔棹而得灵感，笔势大变；怀素览夏云随风而悟草书之变；雷简夫闻江瀑声而笔法流宕；文与可见蛇斗而草法顿能飞舞……都是在作者对于创作作长期的苦思冥想中，忽然在生活中受到某种启示而产生的"灵感"，这种"灵感"主要是联想。

古人画"万绿丛中一点红"，"一点红"不是红花，而是美女，这就奇了。美女如花，美女是红颜，诗句和画面结合，意境和意义更非寻常，这就是联想产生的灵感。但绝不是知识浅薄、见解低下的人所能达到的。

很多画家喜欢画"诗意画"，读到好的诗句，使人产生一种美好的想象和向往，于是非画不可，画的时候又加入自己的意思。笔者也曾画过一幅《坐禅图》，就是在读到王维诗时忽然冒出来的"灵感"，而且不画出来不安，画的时候，又凭自己的感觉加上意识流，由"观云"到不知是观云还是观水。

诗意画如果要画得好，也就是说从诗意中产生画的"灵感"来，必须对诗有深刻的理解和联想，同时也对画有很深的修养，二者缺一便不能产生出真正的"灵感"来。

多读书犹如得到"灵感"的金钥匙，人的生活经历有限，从书本上可以间接地扩大人的生活经历、扩大人的视野。读书尤可启发人的智慧，改变人的素质，所以，很多有成就的画家都提出"三分学画，七分读书"。"灵感"来自人的精神，读书正是培养锻炼人的精神。实际上，创作中有过灵感的人都知道读书对产生灵感的重大作用。有关读书的问题，谈的人很多，笔者也写过不少文章，这里就不再多谈了。

艺术固然是精神的产品，但却是以技术为基础的，技术有能拙之别和生熟之分．但真正上升到艺术还要靠修养，修养靠学识，学识靠读书、学习、思考、见闻，古训云："士先器识而后文艺"，"士之致远，先器识，后方艺"，"士当以器识为先，一号为文人，无足观矣"。画家的胸怀、学识、见解决定其成就，也决定其"灵感"的有无和多少。

文人画诗书画相结合，正因为文人通诗通书；点彩派的成功正得力于其色彩和光学知识；动的雕塑正得力于其力学知识。王维正因为既通画，又精于诗，所以才能"诗中有画""画中有诗"。知识不渊博，专业太单一的画家是无类可触、无旁可通的。无触无通也就无感，更谈不上灵感。知识渊博，精通多面，在触通中互相碰撞，"灵感"便一一被启动。

有关"灵感"的由来问题还可以谈很多，限于篇幅，不再一一列举，有些问题在下面谈创作的欲望中还要补充论及。

（二） 艺术创作的欲望

艺术创作必须有创作欲望，欲望有强微之别，完全没有创作欲望的人是不能进行创作的。某些应付之作，本来作者不想画，但他不得不画时，仍然要有一点欲望。不过，这种创作欲望不是发自内心，而是外界某种压力所致，所以，创作欲望很微弱，乃至于勉强，这时是画不出好画的。

郭思在《林泉高致集》中记郭熙作画："有一时委下不顾，动经一二日不向，再三体之，是意不欲。""又每乘兴得意而作，则万事俱忘。"前者是无创作欲望，后者则有创作欲望。

引起创作欲望的原因很多，有"灵感"时，创作欲望最为强烈，也最易把画画好。成功的作品大抵皆成于此时。事实上，每一个艺术家并非都等到灵感来了才动手，但创作的欲望不同，即创作的动机不同，作品也会有异。比如，艺术作品既是商品，为了卖钱而创作也会产生积极的欲望。拼命地创作，为了顺利地卖掉就可能注意迎合买主的欣赏趣味，艺术的格调和情趣就可能因之而改变。但大画家、成名的画家却不致如此。他们靠自己作品的艺术价值赢得买主。正确的态度应是：虽然为了卖钱，但并不迎合买主，仍然按自己的理想去创作。这样既可督促自己积极创作，又不降低格调。齐白石就是这样的大画家，他一生作画都是为了卖钱，但却朝着正确的方向去奋斗，一生数变其法，既卖了钱，又成为著名的大画家。但齐白石的卖钱心仍重了些，致使他把一些废画、差画、本应该烧掉的画都卖了出去，影响了人们对他的评价。

一部分侨居海外的画人往往过分地迁就买主的需要，结果把作品弄得不伦不类，他们创作出来的只是商品，而不是艺术品，损害了艺术，也损害了自己。但迎合买主有时也有好的一面，比如北宋和清代的绘画处于保守和复古气氛之中，大部分画家因袭前人，不知变革，却有少数画家根据买主需要进行变异，买主需要的形式，有的是传统中没有的，画家就要独创，反而出现了一种新的形式。《史记·货殖列传》有云："天下熙熙，皆为利来，天下攘攘，皆为利往。"为了利而作画，欲望就强，画家们比我体会得更深刻，毋须赘言。

为了名而创作，也会产生强烈的欲望。想出名就要努力把画画好，希望自己的作品在社会上打响。其中有的人在努力创新、力争以更完美更新颖的作品打动读者，但也有人会想一些怪点子，玩弄一些空洞的形式，假以骇世。

为了自己的作品能在刊物上发表，或参加展览会，也能产生创作欲望。实际上，每一次展览都是对创作的一次大促进。而各种刊物的任务，除了发表优秀的作品外，就是要培养一批作家。所以，希望发表而产生创作欲望是正常的。

创作欲望的产生是多方面的，因人因事因时因境而异，可以举出无数例子。但最高层次的创作欲望莫过于因大时代的呼唤，激动着艺术家的情怀，非用笔表现出不可。而且，最高层次的作品、代表时代的作品、在历史上占有一定地位的作品也是这一类作品。历史上诗人以南宋的陆游作品最多，他"六十年间万首诗"，就因为南宋的时代是一个非常的时代，虽偏安一隅，仍时时遭到金人的攻击，陆游"位卑未敢忘忧国"，他"中原北望气如山"，感时感事，忧国忧民，"谁怜爱国千行泪，说到胡尘意不平"，他时时要用诗表达自己的不平，抒发自己的激情，所以，他的诗最多，也就是说他的创作欲望不可遏止。一个对时代无动于衷的人，是不会写出那么多爱国的诗篇的。陆游的诗之所以能代表南宋的时代，也就是因为他的感情和时代息息相通。他的创作欲望正是时代的需要所致。

南宋时代画家最爱画《文姬归汉图》，现存这类作品就有十六幅之多，当时之多，殆可想见，就是因为南宋画家流离失所，思念故国，思念家乡，希望有一个安定的时代，尽快回到自己的故地去，所以，画家们不约而同地想到了"文姬归汉"。他们要表现这个题材，寄托自己的心愿，所以，这类作品画得都很好。

"文革"结束后第一年，画家不约而同地想到画周恩来总理，仅得奖的作品中，有关总理题材的就有三幅之多，次年画彭德怀的题材又较集中，而后，《农机专家之死》之类画较多，再后《父亲》之类题材较多，再后，画知青题材又较多。题材的改变反映了画家的意识在改变，画家的意识正是一代人意识的集中反映，这"意识"激励着他们的创作欲望。因而这类作品都是时代的佳作，都在人们心目中留下了深刻的印象，它正是一代人意识之形态和思维之印证。那些闲情逸笔乃至无病呻吟之作，有的也风靡一时，但终归不能登大雅之堂。他们笔下的"荡妇""半裸的姑娘"，固然也是创作欲望使然，但这种欲望却不是时代的需求，因而其作品的情趣和格调都不可能太高雅。

创作欲望既有层次高低之分，自然也影响到艺术的风格。陆游、辛弃疾等人的爱国诗篇风格当然是豪放的、磊落的、气势磅礴的，境界也自然是开阔的。"花间派"的诗篇，专意于"美人香草"的描写，其诗格自然是卑弱的、柔媚的，境界也必是狭小的。

自娱的作品，表现美好的境界、美好的内心世界之作品，必是轻松的、柔和的，其中因感情纯真，其作品也必天真、自然、高雅，也能给人们留下深刻的印象。这类作品多属玩赏性的作品，其读者，一般说来较多且持久。

强烈的思想感情既是创作欲望的由来，又是"灵感"的由来。陆游有一首诗题为《五月十一日夜且半，梦从大驾亲征，尽复汉唐故地，见城邑人物繁丽,去西凉府也。喜甚,马上作长句,未终篇而觉,乃足成之》诗云:"天宝胡兵陷两京,北庭安西无汉营。五百年间置不问,圣主下诏初亲征。……"宋代的疆土最小,宋人一直希望能恢复汉唐故地。陆游的这种爱国思想最为强烈,所以,他做梦都从大驾亲征,尽复汉唐故地,而且在梦中构思了诗句。这个时候既有强烈的创作欲望,也能出现好的作品。前人论杜甫确"身历兴衰,感时抚事,惟其胸中有泪,是以言中有物。"这和无病呻吟的作家不可同日而语。很多感情强烈的画家都有这种感受,当他极想画某一题材时,走也想,卧也想,不画出来,坐卧不安,直到完成后,心情方得宽舒。有激情的诗人,更是如此。

一个感情强烈、思想奇特的人,其创作欲望和灵感必然强烈和奇特。一个思想平庸的人、感情麻木的人,是很难有什么强烈的创作欲望和灵感的。因而,加强创作的欲望和灵感的产生,重在加强思想的锻炼,感情的培养,多读书,多投入火热的生活,多体验人生的悲苦辛欢,多游观名山大川,使其心胸不凡,乃为最大的关键。

(载《书与画》1993年第3期)

七、绘画创作的灵感、欲望和批评（二）

（三） 关于书画批评

"批"是把书画中隐秘不易为人知的东西揭示出来给人看；"评"是评论，评其优劣，论其得失。因而，"批评"应该是有好说好，有坏说坏。"批"的本意还有手击劈削之意，因而，真正的批评文字不应是温吞水，而应该是激烈的、鲜明的、响亮的，否则便不能引起人们的注意。

中国绘画在汉代之前发展很慢，在魏晋之后，发展十分迅速，就是因为魏晋始有绘画批评，顾恺之《论画》《魏晋胜流画赞》就是最早的专门批评文章；接着谢赫的《古画品录》不但是更详细的批评著作，而且他还树立了"万古不移"的批评法则——"六法论"。从此，中国画走上了自觉的道路，日新月异地向前发展。

旗帜鲜明，尖锐地指摘，大胆地揭露，正确地评判，是批评的重要特点。古代的批评文章从来都有这个传统。顾恺之所著第一篇批评文章《论画》中第一条就说：《小列女》"刻削为容仪，不尽生气。又插置丈夫支体，不以自然"。评《周本纪》"人形不如《小列女》"。评

《壮士》"有奔胜大势，恨不尽激扬之态"。都能指出每一画的优缺点。谢赫《古画品录》中评袁蒨的画值"十城之价"，但仍批评他"但志守师法，更无新意"。批评丁光的画："非不精谨，乏于生气。"评刘绍祖的画："述而不作，非画所先。"评王微（景玄）和史道硕的画："王得其细，史传其似，细而论之，景玄为劣。"就连大名鼎鼎的顾恺之的画，他也说"迹不逮意，声过其实"。

唐代张彦远批评就更直率，如丁光擅画蝉雀，他便说："若以蝉雀微艺，况又轻赢，则猥厕画流，固有惭色。"王默的泼墨画被人称道不已，但张彦远却说："余不甚觉默画有奇。"他从来就不承认泼墨画："不见笔踪，故不谓之画。如山水家有泼墨，亦不谓之画。"

苏东坡则批评自己的好朋友也决不留情面，《程史》记："元祐间，黄、秦诸君子在馆，暇日观画，山谷出李龙眠所作《贤已图》，博奕樗蒲之俦咸列焉，博者六七人，方据一局，投进盆中，……适东坡从外来，睨之曰：'李龙眠天下士，顾乃效闽人语邪？'众咸怪，请其故。东坡曰：'四海语言，言六皆合口，惟闽音则张口，今盆中皆六，一扰未定，法当呼六，而急呼者乃张口，何也？'龙眠闻之，亦笑而服。"苏东坡还写过一首诗批评李公麟："东坡虽是湖州派，竹石风流各一时。前世画师今姓李，不妨题作辋川图。"分明批评李公麟的画不过是唐人王维《辋川图》的翻版。而苏东坡和李公麟却终生都是好友，关系愈加密切。石曼卿则是和苏东坡同时而年长的一位诗人，苏东坡仍然批评他的诗："若石曼卿《红梅诗》云：'认桃无绿叶，辨杏有青枝。'此至陋语，盖村学中体也。"他还批评徐凝的诗是"恶诗"。并大骂张旭和怀素的书法："颠张醉素两秃翁，追逐世好称书工。何曾梦见王与钟，妄自粉饰欺盲聋。有如市娟抹青红，妖歌曼舞眩儿童。……"当然，张旭、怀素的书法并未因苏轼严厉的批评而失色，但反映了古人批评的直率和尖锐。

米芾批评更是直抒胸臆，他说"关全人物俗""王端学关全人物，益入俗"。李成、关全、范宽、黄筌的画，举世称颂，他却反复地说：

"李成、关仝俗气。"范宽画"晚年用墨太多，土石不分"，"黄筌画不足收，易摹"，"黄虽富艳皆俗"。李公麟是米芾好友，但他批评李公麟画"神采不高"，而且说："李尝师吴生，终不能去其气。其乃取顾高古，不使一笔入吴生。"他并说："柳公权师欧，不及远甚，而为丑怪恶札之祖。"米芾的批评是否正确，姑且不论，但他们都能旗帜鲜明、尖锐地指摘。《四库提要》论其讥贬古人"毫无客气处"，是值得今天批评家学习的。

直到清代的批评风气仍如此。恽南田和"四王"是好友，而且恽南田后期主要依靠"四王"而生存，但恽却对"四王"动辄"仿某家"大加批评，他反复地说："……辄侈口曰：'仿某家。'曰：'学某法。'其所矜，剩唾也，其所宝，涤溺也，其所尚，垢滓也，举世贸贸莫镜其非，耳食之徒，又建鼓而趋之。"

石涛和王原祁的关系也不坏，但石涛对"四王"的摹古理论抨击就更狠。他们皆未因此而伤和气。

赏析和批评不同，赏析主要是论其对作品的审美感受。《别林斯基论文学》中说："批评是哲学意识，艺术是直接意识。"而艺术赏析只是对直接意识的审美感受，批评应有赏析的基础，并通过一定的理论分析，对艺术作品作出客观的社会价值和美学价值的判断。因而，艺术批评必须有批评的标准。常见的所谓批评文章大多是根据自己的直观任意褒贬，是否正确，读者和被批评者无法反过来检验批评者的理论，因而也不能盲目相信，所以，很多批评文章影响不大。

古代的批评文章都有一个理论，谢赫以"六法"来衡量作品的价值，荆浩有"六要""四势"等，郭熙有"三远""四法"等。米芾、苏东坡等以"平淡天真""萧散简远""清新疏澹""绵里裹针"等为标准。倪云林以"聊写胸中逸气"为上。董其昌以"南北宗论"为标准，即崇尚柔和轻缓，反对刚硬猛烈。恽南田以"静、净"为标准。真正的批评家应该有他的批评标准，没有批评标准的"批评"文章可能只是一些直观感受，只能算作读者的意见。批评家根据自己的批评标准去评判艺术作品，实际上是宣传自己的观点，让更多的人接受他的观点，至于批评家的批评标准是否正确、是否符合客观现实，那还要接受更多读者的检验。批评家的影响不是靠文章的多少，而是靠他的批评标准被读者接受的程度和范围。一般说来，批评家应具有渊博的知识、超人的见解、高度的艺术修养、精确的判断能力以及审美经验、哲学思辨、心理探测、社会研究等等素质。批评家应该是创作家和读者的良师益友，应该具有指导、启发作家和读者的能力及水平，认识能力应该是高于一般创作家，否则，便不足以称为批评家。

因而，有分量的批评家的批评，不仅对创作家和作品有举足轻重的引导作用，而且对一个时期内的创作事业的发展都能产生巨大的影响。特别有影响的批评家之批评，甚至可以改变一代风气，并创造一个新时代的风气。如苏东坡的"论画以形似，见与儿童邻"，齐白石的"妙在似与不似之间"，其影响之巨大、深远，绝非一代创作家的作品之可比。董其昌的"南北宗论"一出，对上，影响人们对画史的把握，对下，左右了一般画家乃至文学家的审美心理。没有批评标准的文章是不会有如此大的影响的。

没有很高的批评家就很难有很高作品，"世有伯乐，然后有千里马。千里马常有，而伯乐不常有"。真正特别高的作品，一般读者是很难理解的，甚至不知好在何处。这时就需要批评家给以阐说，不但指出其好处，还要指出其好的道理。甚至创作家凭感觉创作出的作品，自己尚不知其好的程度者，经批评家的阐说，既提高了一般读者的欣赏水平和文化素质，也提醒了创作家的思路和指出其努力的方向。而一般平庸之作，又可能广为大多数读者所喜爱，这样下去，整个社会的文化水平和素质就会停滞不前，甚至处于落后状态，批评家指出这类作品平庸之处以及应朝哪个方向上发展，整个社会便会向高和雅的方向发展。对于艺术作品作单向鼓吹或无聊攻击的那些所谓批评文章是无益于创作和欣赏，也无益于社会的。

创作家需要读者欣赏其作品，读者需要创作家为之创作出作品，二者是互相依存的对等关系。而批评则需同时提高启导二者，即既提高读者，又引导创作。当然，也并非说所有的批评家都高于所有的创作家。如前所论，批评的目的之一是为了引导创作，最终还要达到出好作品的目的，如果不能落实到创作中去，批评也是空的。还是前面提到的"批评是哲学意识，艺术是直接意识"，二者不是一回事。

（载《书与画》1993年第4期）

八、论早熟和晚学、晚成

前年我写了一篇文章，题为《近日不闻秋鹤唳，乱蝉无数噪斜阳》，那是评文学界的，说当代文学界没有"鹤鸣于九皋而声闻于天"的大家，虽然弄文学的人数多了，那不过是"乱蝉无数"，小说、诗文等以及研究文章多了，那不过是"噪斜阳"，为时不会太长。文章在《文论报》上发表后，《中华文学选刊》（人民文学出版社）等好几十家（已知道有二十七家）刊物转载，向我约稿的文学刊物有二十多家，说明鄙文引起不小共鸣。本来还想继续评下去，把那些名噪一时且被青年人盲目崇拜得五体投地的人物分析一下，证明他们不过是"乱蝉"而已。后被友人以不可到处树敌为由而劝阻。还是研究我们的美术。

美术界也有这个问题，当代画画人之多，超过历史上任何一个时代。但大家大师没有了，这是大家公认的事实。而当代又最需要大师，很多评论家高呼："时代呼唤艺术大师。"但又为什么没有大师？这才是研究家最需要研究的问题。

一些浅薄的画画人只希望读到怎样制作、怎样构成以及市场调查之类的文章，而部分以"理论家"面貌出现的人也乐于写这类文章以迎合画画人。这恰恰是当代出不了大师的原因之一。

大师的出现需要各种因素。"大器晚成"，而今天的画画人，三十多岁还不成名，作品还卖不出大价钱，就惶惶不可终日了，又如何能成为大师呢？

本文从学画的年龄时间分配、练脑、练手等问题着眼加以探索，只是为出大师级艺术家而作的理论上探索问题之一，也可以说是我研究这一问题的一个分支。

一般说来，早熟的画家都不会大成。以前有一位画家十九岁时便名气大振，不久便当上教授，但后来他的画就不大能看了——水平极一般。还有一种现象，儿童作画成名者，大半后来就完全不画了。我在儿时，遇到一位比我大几岁的孩子，他的画当时在全国展出过，大人们都说这孩子将来一定了不起。但当我学画时，他已多年不画了。我的家乡睢宁县以儿童画闻名于世界，儿童们以自己的作品参加国际儿童画展并得奖者比比皆是，但这些孩子到了少年时，大多都不画了，到了青年能坚持画画的，已寥寥无几。一般说来，十五六岁学画而不是被迫的，大多都能坚持下去，年龄再大些学画，兴趣就愈浓。近代著名画家吴昌硕三十七岁（一说五十岁）始学画，后来成为一代大家，这是人所共知的。清代"扬州八怪"之一的金冬心学画时也年近五十岁，他的画在"扬州八怪"的画中算是最有特色的。大器晚成，齐白石、黄宾虹学画时并不太晚，但成名都在七十多岁，都是一代大家，而且愈老画愈佳。

为什么早学画不如晚学画，早成不如晚成？（当然不是绝对）但学外语、学文、学科学就不同了，而是越早越好（当然不是早到婴儿），这问题使我和很多人感到困惑。我研究这一问题已有一二十年了，从绘画的本体到绘画的主体，最后注意到国内外的医学成果，从而得出一个科学的结论，即：练手和练脑。

结论很简单，但阐释起来便不简单。

为了阐释这一问题，我先声明三点：

一、如果以"抬杠"为目的，则练手也是练脑，因为手受大脑指挥。如是，则一切行为皆出于脑，那么，用脚踢人实是用脑踢人，足球亦应叫脑球，拳击也是脑击，枪杀应叫脑杀，因为枪受手控，手受脑控。抬杠意思就不大了。如果以研究问题为目的，则练手和练脑，肯定有一定的区别。学外语就不要练手。二、为了避免名词上的纠纷，我把练手称为艺或技，练脑称为学和识。三、高品位的绘画艺术实际上有练手和练脑两个方面，即有艺有学，有技有识，这正是我们要解决问题的根本。

医学研究结论显示，人的大脑功能分有几个大的时期，形成期、发展期、成熟期、衰退期。总之，愈早期其接受能力愈强，小儿学语，在某一地，则某一地之方言音调，终生不能变，而且接受能力最强。小儿学画，多数是大人强教，因其年幼接受能力强，能画得很好，但其中大部分儿童不具备画家素质和天分，年龄大了接受能力减弱，便不画了。但语言是人人必备的素质，终生不能忘，少时儿时植入大脑也最深。人愈老接受能力愈弱，老年人可以把儿时所记忆的东西复述出来，但几小时前的事反而会忘记。人的大脑记忆力大概在三十多岁衰弱，如果基础好，则到四十岁时大脑仍不会太差；最好时期是二十岁之前。所以，大脑的开发，应在二三十岁前充分利用；以后不是不能利用打基础的，但效果就不及以前了。

手的功能则不然，儿童的手一般不会强于大人的手，拳击的例子暂时不举，耕地、驾车等例子也暂时不举，因为这里有力气问题（力气也是手的功能之一）。举绣花的例子吧，儿童绣花就不如大姑娘巧。取物、捆扎、搬运等，儿童的手都不会强于大人。当然，人太老，手颤眼眊，则又不行。所以，人老手颤、眼眊时再学画也是不行的，五十岁人尚无手颤眼眊的问题。

问题就出在这里，早学画，早成的画家（实际上很多人不配称画家，应称为画画人，姑且以通说称为画家吧），在少年青年时代就把过多的时间用于艺，而荒于学，而这段时间，恰恰是应该练脑增学的阶段。学识才能改变人的素质，画画只增加技能。这部分人在这阶段宝贵时间内不去增加学识，而在练手练艺技。无疑，这段时间学艺，效果也很好，有些属于记忆的内容，也必须在这阶段时间内掌握，比如画准确的人体，甚至鸟兽之类，造型有一定准确性，也要靠记忆，学晚了也不行。吴昌硕偶尔也临摹一些八大山人的猫鸟，但在创作时只画花卉石头等，一般不画人物、鸟兽（有的乃是别人代笔），这就因为他晚年学画，造型能力不行。花卉、石头的形是很随意的。当然，"作画以形似，见于儿童邻"了。

练了手艺，荒了学识，年龄大了，再增加学识，因大脑退化，就困难了，有人就不愿再在学识上下工夫，有人学不下去，即使认识到学识的重要，再学下去，效果也远不如青少年时代佳，不是事倍功半，而是事十功一，甚至事百功一。中国的小孩子到了英语国家，完全不要人教，英语便很流利。十几岁的孩子到了英语国家，便要花点力气学了，但仍能学得好，年龄越大，学起来越吃力，有的大人在英语国家，终生不会说英语，因为这完全是脑的作用。大脑的退化是随年龄增长而增长的。但学开汽车等技术则不同，二十岁、五十岁都可以学得好。

画画儿，要修养，要人格，要学识，但基础是手艺。李白、杜甫、屈原的修养高，但他们都不能画，主要因为他们没有这个手艺；黑格尔、尼采精通美学，但不能画，也是因为他们没有这个手艺。如果他们有齐白石和达·芬奇相同的手艺，他们的画一定超过齐白石和达·芬奇。学手艺，少年青年时可以学，中年也可以学，只要人不太老，三十、四十学起来都没有问题。如此看起来，学手艺，年龄大小差不多，但也不是完全相同。年龄大了，如果学识增加，脑子经过锻炼，成熟了，以之指导手，会更正确，不会走弯路，不会产生坏习气。所以，经常见某人"一出手就不凡"，就因为他眼高，眼高的基础是脑高。缺点也有：艺中也有靠记忆的部分，如前所述，复杂的造型，年龄大了，学起来就不易了。

现在说晚学、晚成的画家。

晚学指学画（手艺）晚，而不是什么都晚学，如果晚学画的人在学画之前书也不读，诗文和其他知识什么都不学，那就更糟糕，其况就远远不如早学画的人了。晚学、晚成的画者，只是学手艺晚，因为这时期正是练脑的时期，他们正是把时间和精力花在学识上，学和识的根基打厚了。这是年龄大的人所无法弥补的。

学手艺，四五十岁的人都来得及。我在下乡时遇到一位出色的木工，他在四十六岁前完全不懂木工技术，但有一点文化（能读书看报），四十六岁时，他被捕入狱，后被判去劳改，劳改期间，开始学木工技术，出狱后竟成为一名超过他老师的出色木工。如果反过来，他从小学木工，四十六岁时学文化，他不但没有文化，木工也未必出色。四十六岁始学文化就绝对不行了，世界上还没有一个年龄大的人开始学文化而成功的先例。很多军人为革命立了功，国家准备重用他，帮他学习文化，但因年龄大了，效果极差，有的几乎无效。我的外祖父就是这样，他是一位革命家，从小参加革命，战争结束后，政府帮他学文化，学了几年，他自己受了很多苦，结果只会写自己的姓名和一些简单的字，在文件和报告上写"同乙（意）"等。我在淮北工作时，一位干部担任一个市级大局的第一把手，工作能力颇强，50年代初期及后来几次扫除文盲运动，都曾对他强化学习，但他学了就忘，终生不会写自己的姓名，遇到签字时只盖个印章，而且要秘书指好盖在什么地方。

宋代有个大文学家苏洵（号老泉），传说他二十七岁始读书，这个故事被写进《三字经》中，作为鼓励后进青年努力学习，不要因年龄大而气馁，用意是好的。但事实上，苏洵如果真的二十七岁始读书，他绝对不会成为唐宋八大家之一。苏洵父、祖、母都是很有知识的人，能写诗文，而且巨富，他们能赞助其他人读书，自己的孩子岂能不读书？我们读苏洵自己的文章，可知他自幼便读书，少年时就努力于科举，他说："洵幼而读书，固有意于从宦。"（《谢相府启》）幼年读书，为了从宦，从宦就必须读书，这是无疑的。他在《上皇帝书》中又说："臣本凡才，无路自进，当少年时，亦尝欲侥幸于陛下之科举。"幼而读书，少年时努力于科举。所以说他二十七岁始读书是绝对错误的。不过苏洵青少年时虽欲做官，但功名心不是太强，二十七岁始，他发愤要干出一番事业，并不是二十七岁始识字、始读书。欧阳修写《苏明允墓志铭》（苏洵字明允）说他"年二十七，始发愤。谢其素所往来少年，闭户读书，为文辞。岁余，举进士，再不中"。这个"再不中"说明他二十七岁前已考过进士。后人说他二十七岁始读书，大概是从欧阳修的这个墓志铭中得出的结论。但事实上，苏洵是幼年即读书的。他还在《上梅圣俞书》中回忆自己："自思少年尝举茂才，中夜起坐，裹饭携饼，待晓东华门外，逐队而入，屈膝就席，俯首据案……"可见是很苦的。如果苏洵真的是27岁始读书，那就晚了。读书和学手艺是不同的。

晚学的人指晚学手艺，但不是晚学文。金冬心、吴昌硕学画晚，可是在学画前，他们都有高的文化修养，又是诗词高手。该用脑时用脑，到了年龄大时再学艺，手并没有退化，所以，他们是学技、学艺、学学、学识都不误。齐白石、黄宾虹晚成，道理也正同。如果齐、黄只是一味地学画，他们的"成"也许会早些，但不可能大成。黄宾虹七十岁前，主要精力用于美术史，他主编了《美术丛书》几十本，写了《古画微》等著作，至今仍有几百万字著作没发表，又搜集和研究黄山诸画派的资料，他还长期为故宫博物院的古画作鉴定，组建中国美术研究所及民间美术研究所，并从事研究工作，等等。他的修养提高了，眼光高了，理解力强了，然后出手则不凡。齐白石早年学画，并不专门，他同时拜名师学诗，"自烧松火读唐诗"，到各地游览、练字、刻印、读画史画理，提高修养，心胸豁然，因此才能衰年变法。一举成名，"变法"，哪个画家不想变，但没有基础又怎么变？早熟的画人，过多地在技艺上下工夫，技不过是勾皴点染，还有多少门道？勾来皴去，不过是那几下子，没有相当的学养，如何能变？如何能加深？如何能提高？这就是早熟的画者很难大成的原因。

前面说过，高品位的中国画正是有艺有学即必须手、脑都达到一定水平的画家才能画出来。仅有艺，即主要靠手上的技巧，表现出来的一般是比较低劣的、庸俗的、匠气的、缺少内涵的作品，严格地说这种画不能称为艺术。一个有一定技巧的画家，其身所具有的文化修养、认识能力以及人的精神气质、涵养，必在画上有所表现。

画固然是自我表现，如果画者是一个无知的人、艺术修养低下的人，自我表现出正是无知、低下，反之，知识渊博、艺术修养高尚，自我表现出则是渊博和高尚。所以，自我表现首要在人格的锻炼和提高，或者干脆就保持原始气。人们欣赏真正的文人画，真正有文化人的画，厌恶低下的无文人修养的所谓文人画（包括什么新文人画），但也欣赏完全不识字的农民画。这是什么原因呢？

龚自珍说："万物之数括于三，初异中，中异终，终不异初。"初级阶段处于质朴阶段，有值得肯定的一面。中级阶段必否定初级阶段，质朴消失了，故"初异中"，终又否定中，但终却和初相似。大文人画往往有些部分类似民间画，有些是吸收了民间画的风格，有些未必是吸收，而是相通。大智若愚，真正大智慧人，不是装愚，而是修养得和愚相通。《庄子·达生篇》记载一个"呆若木鸡"的故事，说纪渻子为周宣王培养斗鸡，训练十日，王问"鸡可斗已乎？"回答说"不行，方虚骄而恃气"，即骄横昂扬，恃气好斗。又十日，曰：不行，因为这鸡听到另一只鸡的声音，见到其形影就有反应，仍好斗（即修养未到），又十日，说：不行，还有一股盛气，怒气。又十日，说：差不多了（修养已到一定程度），别的鸡鸣叫，这只鸡听了都无反应，一动不动，呆若木鸡，精神凝寂（其德全矣）。其他鸡见到这只"望之似木鸡"的斗鸡都害怕地不敢应战，转身就逃。人之大智若愚，鸡之最善斗者呆若木鸡，艺术亦然。最高的艺术总会有一定的回归，回归到原始气息和质朴状态。但却和真正的原始质朴不同，乃是经过长期修炼而成。我常说：大文人必无文人气，大商人必无商人气。"小儒规规焉"，大文人知识高，品质人格类于质朴的常人；商人必讲究派头，必炫耀财富，大商人则不必，巨富甚至衣着简朴类贫者，大商人甚至类文人或文化的支持者。大画家类之，古人要去除画家"习气"，就是这个道理，儿童和不识字农民作画无"习气"，大画家亦无"习气"，二者相通。我有一位画家朋友看不起民间画，可是他的人物画却恰恰有民间味，民间画家无能力画准，在不准中见稚趣，这位画家是不愿画准，他说他的笔走到哪里是哪里，也别有稚趣，二者正相通。当然，我已多次声明，最高的文人画和民间画在相通的基础上却有质的区别。

再说一遍"中异初"。有一点文化，但文化修养不高，它永远处于"初"和"终"之间，如前所述，"中"的阶段，"初"的质朴，自然消失了，但"终"的高雅，自然（淡、朴）又未达到。所以，它（中）处于否定阶段。这类"艺术"太多了，打开绘画、书法等杂志、专集，滔滔天下，触目可见，都不值得欣赏，都是等待消失的"噪斜阳"，为时不会太长，它表现书画家的浅薄和无知。其根不在技术，而在修养。

人必有质朴到浅薄的阶段，小儿总是质朴，质朴绝不庸俗，小儿画无一庸俗（画不好不等于庸俗），真正的农民画也不庸俗。但农民画家一经各种训练，便失却质朴的"真"味，因为他已由质朴变为浅薄了。浅薄固对质朴否定，但可以加厚，《老子》云："朴散而为器。"容物，加厚，积德，到了一定程度，便会产生另一个飞跃，而进入否定之否定阶段，则大成。但不是每一个人都有这第三阶段的高度（初、中阶段必有），因为加厚必须有基础，这就需要青少年时对大脑的开发，打下艺术修养的基础。早期过多练手，大脑便会失去加厚的基础。所以，大脑和手的训练时间问题便十分重要，也就是要解决好艺和学的问题。

艺和学同时达到相当的高度，颇不容易，需要很长的时间，但在很长的时间内，时间必须分配好。正在练脑的时候，如果用于练手，到了练脑的时候，脑又退化了，这就少了一半。因而能早熟的画家便难于大成。正在练脑的时候，抓紧练脑，手晚练了，这样就会晚成，但当脑退化时，手尚没有退化，练手还来得及，所以，手和脑都能达到一定的高度，即有艺有学，故晚成而大成。

不过，学画太晚，亦非最佳。吴昌硕、金冬心作为一个画家都有很大的局限性，题材都很狭窄。最佳的方法是：可以早一点学画，但青少年时期甚至中年的初期要注意把更佳更多的时间、更大的精力用于学和识，即练脑。练脑之余练手，练手不影响或少影响练脑。

古人说的：七分读书，三分学画。陆俨少说：三分练字、三分练画、四分读书。我则认为：儿童时全读书，练字练画是可有可无的事，或者是兴之所至的事，只要保持兴趣（好奇心）就行了。少年时，一分练字，一分练画，八分读书，十几岁时读书、背书终生不忘，效果最好。20岁左右，则要抽出一段（或几年）时间抓紧练画，以学画为主，当然，至少还要有一半时间读书，包括匀一点时间练练字。待绘画的基本功基本掌握后即恢复到三分学画，七分读书（最好再专门学一点诗、词、文的写作）。30岁始，基本停止练画，专练字、读书，也读画史、画理、书史、书理方面的书、读画，读帖。练字达到一定水准后，即恢复到读书、练画、练字各三的阶段。四十五岁后，即四分读书或五分读书，六分或五分练字画（字画练习的分配视画家个人情况定）。再以后即随心所欲，读书、作画、写字。因为一个人只要在中青年前养成读书习惯，他以后不可能不读书，他是一个画家，不可能老是不画画。画画紧一些就专画画，松一些就专读书。反之，有书必须读就专读书，画就放一放。得到一部好字帖就专读帖写字。当然不能过于偏废。但到了五十岁后，如果仍然以用脑为主（即在学识上下工夫），用手太少，那只是业余书画家了，也是成不了大家的。即使成不了大家，也一定高于修养不高学识不丰的早成画家，他的画必不俗，甚至可以成为逸品画家。因为中国画的成功，修养和学识是远远重要于技巧的。

一般说来，学书法不宜太晚，盖人不必都会画画，但人识字了，总要写字，日久习气太重，改之甚难。当然，要成为大书法家，学识更为重要。历史上还没有一个无学的大书法家，王羲之是右将军，其《兰亭序》一文为历代散文之精品，欧阳询的《艺文类聚》、虞世南的《北堂书钞》乃后代学者必备，颜真卿、柳公权都有诗文集行世，苏东坡、黄山谷更是诗文大家，赵孟頫、倪瓒诗文为元代高手，直至现代的于右任林散之，都是大诗人。习字和学识可以同时进行，相误不会太大。对于学书法的人来说其实是相长；但对于做学问的人来说，过多地学字则会误了学问，启功的学问就误了。学画多了，必然会误学识，画又比字复杂得多。学油画也不宜晚成。油画家不是不要修养和学识，相对来说，油画的技巧性较重。而油画的技巧不仅是手的技巧，其中有对物的分析、理解，对光的观察和认识，对色彩的调配等等，乃是一门科学。科学学晚了，也不行。学油画必须有长期的、认真的科学训练，否则很难成功（国画也要训练，相对来说要简单）。技巧太严的艺术，晚学是不行的，尤其是人物画家。油画家一般来说在四十岁左右大成，然后可以保持到五十岁左右，再后有一部分画家便会退步。当然，也有少数画家能保持更长时间，甚至到晚年，但太少。如果有的话，也必须他的精力、思维、身体一直保持在四十岁左右时的状态。

油画家四五十岁以后如果能比以前画得更好，那只在"写意"部分，年龄大了，"意"更深更强，故可以"写意"更佳，但也必须画家有学，无学的画家是不可能的。而且古典派、写实派也是不可能的。

此外，还要补充说明，写实派的中国画画家也不能晚学、晚成，而且必须早学、早成，我说的主要指借鉴西画方法的写实派中国画画家。这里也有一个科学问题，写实的画家一般也在四十岁甚至更早达到他自己的高峰，以后也许能保持一段时间，但大多数后来便退步了（其原因，待另文探索）。

不过，太写实的画，格调高到相当程度者十分少（当然也有，宜另论）。既写实而格调不低的画家高峰也在四十岁甚至三十余岁甚至更早，然后也会退步。因为他的画靠写实和格调两部分的总和而有价值。年龄大了，其中一部分降低，总价值也便降低。蒋兆和晚年的画远远不如他中青年时的画，便是明证。蒋画固然格调不低，但其价值还主要在形神，技的成分居多，学识修养之不足。所以，晚年便退步。

李琦也是写实派的画家，也是早熟的画家。他画《主席走遍全国》时三十二岁，成为他一生中作品的最高峰，而后，他再也没有达到这个高峰，晚年更是下降。

刘文西、方增先、黄胄三位画家在1960年代前后产生过巨大影响，三位画家基本上以写实为基础。刘文西的人物画，以《祖孙四代》和《支书和老贫农》水平最高，当时他也只三十余岁，而后他的创作水平虽然也保持一段时间，但最后还是下降了。他不是不用功，而是早年学艺学技的时间太早太多，练脑少了。人没有天资是不行的，不用功也是不行的，有天资又用功，时间分配不好也是不行的。刘文西如果在三十岁之前成为饱学之士，画的技术即使差一点，"成"晚一点，他晚年的"成"就会更大。

方增先写过一本小书（技法书），文化水平可能比刘文西、黄胄略高一点，但也高不了太多。他和刘文西一样，上大学前就努力于技艺，上大学时又在技法上用功，所以他才能够早成，他的成就也在三四十岁之间，后来他力求变法，但因早年练脑少了些，变得并不理想，似乎比黄胄不知道变化要好一些。黄胄以速写入画，似乎更加生动，其实不过是速写加一些色墨而已。但他读书更少，艺术修养更差，晚年画更是每况愈下，有时胡涂乱抹。这三个人都是早年读书不够多，练脑少，练技艺太多，所以早成，而晚年下降。不过，李琦和这三个人还算幸运，他们在一段时间产生过巨大影响，在写实绘画上留下不朽杰作，后来虽然下降了，但在那一段美术史上留下了痕迹。

这里有一个问题必须说明，和刘文西、方增先、黄胄同学的人是否都超过了他们呢？如果没有的话，又是什么问题呢？那说明这些人既没有好好学画，也没能好好读书，而且画画的天资（艺术细胞）也不及他们。因此不好作这类横向比较。只能以他本人的情况比较，如果他们在早年把练手的时间分一些出来练脑，晚年就会更好。所以，画家的时间分配是个科学的大问题。

不过，我本人对写实派的画还是颇看重的，我力主有一部分画家从事写实绘画，而写实绘画又必须早成，百花齐放不同时，这又是一个矛盾。难道我们能要求体育运动员晚年水平高于青年吗？

附记：

我于去年初家遭大火灾，数间屋书籍资料手稿焚烧一空，元气尚未恢复，今年初又惨遭车祸，住院动手术，此稿写于病房，完全没有资料参考，全靠记忆。写作此文，也是为了检验我的思考能力和记忆能力恢复如何，然左臂疼痛难忍，不能集中思维，更大的探索，只好俟诸异日。

1996年2月于南京铁道医学院附院病床上

（载《美术观察》1996年第9期）

九、"唯上智与下愚不移"
——谈美术理论的作用

　　我这篇文章的初稿题目叫："论美术理论的无用性"。实际上，美术理论并非绝对的无用，只是对"上智"与"下愚"无用。从理论上分析，理论是指导创作实践的，它能引导、教育、改变作者。改变、教育、引导就是孔子说的"移"，他老先生说"唯上智与下愚不移"，即理论（宣传）对"上智"和"下愚"是改变不了的。美术方面的"上智"就是感觉特殊，具有第一流才智的大画家型人物，"下愚"指的是困而不学、呆笨迟钝（不开窍）型的人物。理论对这两种人都是不起作用的，也就是"不移"（按：孔子这句话只有按我这样解释才是正确的，其他的所有解释，如通常谓之：上等高贵人和下等卑贱人的身份是改变不了的，等等，皆是不合孔子原意的）。天才型的画家如果受理论左右和控制，那就不成其为天才；愚蠢型画家如果接受了理论的指导，而改变了自己，也就不成其为愚蠢。

　　其次，还有一部分道地的民间画家，他（她）们因环境和历史的原因，缺乏教育，见识短小，甚至目不识丁，他（她）们作画也只靠感觉，这部分人不能称作"下愚"，但理论对他（她）们也是不起作用的。实际上，世界上真正了不起的艺术，首先是感觉特殊的第一流大画家的作品，美术史上记载的也是这种作品。其次便是具有稚拙趣味的民间绘画。这两种画的作者都是不受理论影响的人，正因为如此，他们的作品才了不起。

我本人还认为：纯美术理论不能单独成立（不能作为一门独立的学科而成立），古代的美术理论属于美术史范畴，现在的美术理论应属于美术范畴。比如教图画的人，总要讲点理论，搞创作的人总要有点理论。不过，理论有理论家的理论和自己的理论之别而已。美术史则是一门独立的社会科学。所以世界上有美术系，也有美术史系，但却没有美术理论系。最近浙江有一个学院建立了美术史论系，在史之后又增加一论字，倒有些画蛇添足了。因为论证包括在史之内。

目前，学生最厌倦的也是美术理论课。所谓美术的功能、本质、特征、作用、规律、原则，怎样创作，怎样反映生活等等，连所谓理论家自己都弄不懂，自己都糊里糊涂，却叫学生去背诵，结果却是阻碍学生的思维，约束学生的创造。其实，一切新形式的美术都是在突破了所谓美术理论约束的情况下才产生的。

美术理论如果还可以存在，只能起到造舆论的作用。如湖北的《美术思潮》、南京的《江苏画刊》，其中被人称赞的所谓重要文章，初读之，新名词和骇人听闻的观点令人惊叹，退而思之，都一无所得，只留下一片噪音。然而这噪音却大大冲击了沉寂的画坛，这可以惊俗，却不可以变雅，对于有主见、有知识的画家，却是完全无用。

靠所谓理论指导如果能产生作品，那也只是第三流的，或者是千篇一律式的作品，不可能产生伟大的、开创式的作品。伟大的、开创式的作品是感情冲动的结晶，记录的是画家的伟大的心灵和非凡的感觉，而不是理论的图解。爱因斯坦也说过："真正的艺术应该产生于丰富的艺术家心中的一股不可遏制的激情。"理论可以加强逻辑思维，却正是消解这种感情冲动、缓冲这种激情的。如果一个人因感情冲动要去杀人，理论的分析和启发却消解了他们的冲动而停止杀人，这当然是好事，但艺术创作却不需要理论去消解这种冲动。感觉和第一印象更不需要理论，有了理论的干扰也许会使你印象不鲜明、感觉模糊，乃至怀疑自己的感觉。创作的经验更是掩阻感情冲动，模糊真正的感觉和印象的。艺术家非理性的感觉，以及以诚实态度再现这种感觉才是十分可贵的，它往往是一种新的发现，甚至能启发一代人的思考。以理论分析：空间是三度的，视觉是直线的，时间不可能是弯曲的，但画家却忽然从某种现象中感觉到并不如此，空间也可以是二度的、四度的，视觉本来就是立体的，并敏感地、诚恳地表现出来。这在理论上是不可思议的。果然，不久，现代物理学也开始对传统的物理学时空观产生了怀疑，并研究出了成效。艺术家靠感觉，科学家靠思维，但艺术家往往更敏感。其感觉往往早于科学家的思维，甚至艺术家的幻觉、错觉乃至凭空想象，皆十分宝贵。古代艺术家很多离奇的幻想，现在皆经过科学家的努力而变成事实，这是众所周知的。

艺术（包括文学）都是在没有理论或突破理论时才产生或兴盛的。理论兴盛之时，也许便是衰亡之始。唐人不论诗而诗盛，宋人论诗而诗亡，这是事实。《三国演义》《水浒传》《金瓶梅》《红楼梦》，都是在没有小说理论的情况下产生的。所谓美术理论如果多了，美术必衰弱。画史清楚地证实了这一点：五代的画论最少，五代的画却是中国古代绘画的最高峰。照耀千古的大画家皆产生在此时，山水画的荆、关、董、巨，花鸟画的徐熙、黄筌，人物画的周文矩、顾闳中。北宋之后，再也没有这样的大画家。李成、范宽生于五代，虽死于宋初，实则也是五代遗响。北宋的诗论多，画论也不少，于是绘画走向保守和复古。正如宋郭熙总结，"齐鲁之士，唯摹营丘，关陕之士，唯摹范宽"（参阅拙者《中国山水画史》）。北宋几乎没有什么大家；南宋完全没有画论，绘画面貌却为之一新，产生了李、刘、马、夏四大家和梁楷、法常等怪杰。所谓"荆、关、董、巨一变也，刘、李、马、夏一变也"，惟没有北宋的创新画家。元代画论极少，所以，元代画水平极高。明代画论愈来愈多，到董其昌的"南北宗论"，可谓达到一个高峰，明代画也衰微之甚。清代的画论最多，可谓汗牛充栋，据苏联学者查瓦茨卡娅教授统计约有四万篇（见《中国古代绘画美学问题》11页），清代的绘画也最衰弱，几近于亡。

美术如果理论太多，乃亡画之论也。

所以，我给学生讲课时曾反复交待他们，千万不要读现在的美术理论；宁可去看小说、唐诗、宋词，也不要看现在的美术理论。我本人从来不读美术理论，也不看美学理论。我只凭我的感觉，这样东西是美的就是美的，不美就不美，不需要理论去指导。我作画，如刘国松先生说的是"画若布弈"。画史上有创见的画家李、刘、马、夏、梁楷、法常、徐渭、八大山人、扬州八怪，直至任伯年、吴昌硕，学过什么美术理论，他们懂得什么美术性质、功能、法则和规律，不还是成为第一流大画家？

以上是说美术理论对于天才型大画家即"上智"不起作用。对"下愚"不起作用，读者自可意会。如前所述，民间画工因为不接触理论，更谈不上理解理论，因而理论对他们也是无用的，正因为如此，他们的作品才不俗。

为什么又说美术理论并非绝对无用呢？因为美术史上还有另一种现象，即美术理论影响最大，一种理论一出，带动一个时代，理论开道，创作只是紧跟。如六朝时顾恺之的"传神论"一出，以后的画家皆在传神上下工夫；谢赫的"六法论"一出，千余年，无出其格者；宋代欧阳修总结了"古画画意不画形"，又提出"萧条淡泊，此难画之意，画者得之，览者未必识也。故飞走迟速，意浅之物易见，而闲和严静趣远之心难形。若乃高下向背，远近重复，此画工艺耳"，因而出现了米芾的云山。苏东坡的"论画以形似，见与儿童邻"一出，影响至今不衰。明代董其昌的"南北宗论"一出，向下，影响到绘画主流的发展；向上，影响到对画史的把握……

西方现代派则更不然了，他们总是先有个什么理论，甚至宣言，然后再去实践。比如立体派声称要打破传统的时空概念，波普艺术声称"在任何物体中，甚至在街头的废物中也可以发现艺术的价值"，等等。但这些所谓理论似乎并非从绘画中来，且也都十分具体明了。对于现代派的问题，我另有些看法，这里暂置而不论。现在仍谈理论的有用性一面吧。

孔子又说过："生而知之者，上也；学而知之者，次也；困而学之，又其次也；困犹弗学，民斯为下矣。"生而知之，即悟性好具有独创精神的人，也即上智。其次是学而知之和困而学之者，对于这两种人来说，理论还是起作用的，如果没有理论指导，或者这两种人不学理论，就无所进步，而永远处于昏昧状态，通过学习理论，他们的作品才可以进步，才可以进入第二流或第三流，如果不学习，或缺乏理论指导，他们的作品就会跌入末流，或不入流。而在画人当中，这两种人占绝对的多数。所以，理论又往往可以影响和带动一个时代。不仅美术理论，其他艺术理论也如此。

不过，在美术理论指导下所产生的作品，只能起到辅衬天才画家作品的作用，或者可以满足一般读者的需要，而在美术史上，这些作品大都是可有可无的。只有少数作品因反映时代而能流传，但主要却不因其艺术，而因其内容。

学画的人要充分了解自己，判断自己，是天才型、智慧型、渐悟型，抑或是苦学型。如果你是天才型，你尽可根据自己的感觉去创作；如果你在绘画方面是愚蠢型，你就应该尽快弃笔，到其他领域中去寻找你的天分；如果你不是天才型，而是渐悟型、苦学型，还是要学一点理论，理论对你还是有"移"的作用。

不过，美术史还是要学习的，而且还要认真学习（论从史出，美术实践如果需要理论指导，还不如直取美术史）。美术理论属于美术的范畴，美术史却不属美术的范畴，它是学术，是社会科学。以学术和社会科学启发技术才可能成为艺术家，而不致沦为匠人。美术理论犹如引路人，它领着你向前走，领到哪里是哪里，固不会陷入泥潭，但也绝发现不了新大陆。美术史则如航舰，它可以载着你到达任何一个理想境地，少了它，你就无法发现新大陆。

（下略。以下内容和《美术和美术教育问题之研究》第七部分重复，请参阅本书前文）

附记:

此文前半部分为夜晚写，后半部分为次日晨定。故口气前后略有不统一处。当时匆匆寄出，未加细审。然若以批判态度待之，自不能成立；若以利用吸收态度待之，仍有启发之处。故收入本集。

十、关于皴法和皴法的学习

　　"皴"字从皮，从皮，本是皮肤上的裂纹，天寒受冻，皮肤（尤其是手）上开裂很多纹路，叫做"皴"。北魏贾思勰《齐民要术》中谈道："以药涂之，令手软滑，冬不皴。"《南史·武帝纪下》亦有："执笔触寒，手为皴裂。"杜甫诗有云："手脚冻皴皮肉死"，皴的本义即此。后来谓皮肤上有很多皱纹，也叫皴皱。唐薛逢《老去也》诗云："老皮皴皱文纵横。"山水画上的皴法也确实和皮肤上皴差不多，故借以名之，乃是一种形象的说法。

　　山水画古已有之，但皴法却并非古已有之。最早的山水画，只是用细线勾出轮廓，然后填色而已。如传为顾恺之的《洛神赋》《女史箴》中的山水，现在故宫博物院（北京）的隋展子虔画的《游春图》也是有勾无皴的。传为唐人的《明皇幸蜀图》基本上也是有勾无皴，但《明皇幸蜀图》中勾线较之《游春图》繁复，对山石的纹理阴阳有所交待，所以，它是后世皴法的萌芽状态。到了唐末五代时，皴法已出现了。现存上海博物馆的孙位《高逸图》、传为荆浩的《匡庐图》中都已有皴法。五代宋初之后，画山水鲜有无皴的。

　　著名画家胡佩衡先生著书说："皴法这个词古代没有，到了明代中期才出现，明末以后才大量使用。"一代山水画大师兼史论家傅抱石先生在他所著的《山水·人物技法》一书中也说："大约在元明之际就有了皴法的名称，如披麻皴、云头皴等。"其他画家说皴法这个名称在明代才出现，大抵皆依据以上二家之说。但这两种说法皆不太负责任。说到底，都没有下力气去研究，只是随便一说，所以，他们都没有说出根据，没有举出哪几本书中说到皴法。

如前所述，五代宋初的山水画差不多皆有皴法。我在拙著《中国山水画史》一书中也作过详细分析。现存的北方荆浩、关仝、李成、范宽的作品，南方的董源、巨然、卫贤等作品皆可证实。宋人的著作中已普遍使用"皴法"一词了。

韩拙《山水纯全集》中《论石》一节有云：

> ……其体无定，而入皴纹多端也。有披麻皴者，有点错皴者，或斫垛皴者，或横皴者，或匀而连水皴纹者，一点一画，各有古今家数体法存焉。

这里不但提到皴，而且提到具体的皴法如披麻皴等。他说的"点错皴"即相当于雨点皴。"斫垛皴"即近似于刮铁皴和斧劈皴。韩拙是北宋人，可见在北宋时代，不但有了皴法的名称，而且认识也很成熟。

米芾的《画史》是读者最常见的一本书，他提到"皴法"一词更多：

> 王诜学李成皴法，以金碌为之……
> （苏）子瞻作枯木，枝干虬屈无端，石皴硬，亦怪怪奇奇无端，如其胸中盘郁也。
> 宗室仲仪收古庐山图一半……石不皴，林木格高……
> ……其屏风上山水，林木奇古，坡岸皴如董源。
> 沈括收毕宏画两幅一轴，上以大青和墨，大笔直抹不皴……

　　宋人提到皴法的地方很多，不再一一考证了。总之，很多大画家说"皴法"一词在明代或元明之际（仍是明代）才使用，是不符实际的。读者往往震于大画家的大名，以为皴法一词真的在明代才出现，那就上当了。

　　宋代人已提到皴法，元人著作中便不可能没有"皴法"一词。饶自然和黄公望都是地道的元人，黄公望还是自宋而入元的，他在《写山水诀》中提到：

　　董源坡脚下多有碎石，乃画建康山势。董石谓之麻皮皴，坡脚先向笔画边皴起。

　　山水之法，在乎随机应变，先记皴法。

　　饶自然的《绘宗十二忌》中也说过：

　　各家画石，皴法不一。

　　金碧则下笔之时，其石便带皴法。

　　元代画家和理论家提到"皴法"者也不止于此，明代画家和理论家提到皴法者就更多，董其昌《画禅室随笔》中说："皴法用董源麻皮皴，及潇湘图点子皴……""画中山水位置皴法，皆各有门庭，不可相通……""能分能合，而皴法足以发之。""宋人院体皆用圆皴。""北苑……画山即用画树之皴。""用直皴""山之轮廓先定，然后皴之。""古人云：有笔有墨，笔墨二字，人多不晓，画岂有无笔墨者，但有轮廓而无皴法，不分轻重、向背、明晦，即谓之无墨。""王右丞画……绝无皴法。""雪江图，都不皴擦，但有轮廓耳。""湖庄清夏图，亦不细皴。""大家神品，必于皴法有奇。""郭忠恕辋川粉本，乃极细皴。""凡诸家皴法，自唐及宋，皆有门庭，如禅灯五家宗派，使人闻片语单词，可定其为何派儿孙。""每观唐人山水，皴法皆如铁线。"

明人汪珂玉《珊瑚网》中记："大斧劈皴，李唐、马远、夏珪；小斧劈皴，刘松年；泥里拔钉皴，夏珪师李唐。"

明以后，各类皴法名称就多了。大略计算一下有：

披麻皴（又称麻皮皴。其中又有长披麻皴、短披麻皴）。

斧劈皴（大斧劈皴、小斧劈皴、长斧劈皴。又有人称之为劈斧皴）。

点错皴、斫垛皴、横皴、匀而连水皴、雨点皴、米点皴、矾头皴、芝麻皴、卷云皴、云头皴、弹涡皴、荷叶皴、解索皴、乱柴皴、骷髅皴、折带皴、泥里拔钉皴、玉屑皴、马牙皴、鬼面皴、点子皴、条子皴、刮铁皴、直皴、混皴、牛毛皴、没骨皴、金碧皴……

戴熙云："凡画谱称某家法者，皆后人拟议之词，画者本无心也。但摹绘造化而已。"这是对的。比如披麻皴，乃用柔而曲的线条轻松地勾写而出，犹如披挂着的麻皮，所以，又叫麻皮皴。斧劈皴，下笔狠，笔触纸后，猛地一扫，犹如斧劈柴竹一样。其他类推。只有米点是因米芾、米友仁创造而出，故称米点，又称"落茄点""落茄皴"。不过米点也有点儿像米粒一样。各种皴法，拟在下面另作详论，此处不赘。

皴法名目虽多，实际上最基本的不过是点子皴、披麻皴、斧劈皴，其他皴法大多从此变化而出，比如牛毛皴，不过是更细更柔更密的披麻皴而已。披麻皴的线条再圆勾就是卷云皴。卷云皴，上下交叉勾，便是解索皴。荷叶皴乃是披麻皴的一种特殊形式。折带皴则近乎一半披麻，一半斧劈。马牙皴则是短而粗的斧劈。芝麻皴则不过是更小的雨点皴。乱柴皴不过是披麻、斧劈的更率意化……

始则画者摹绘造化，继之在原有皴法基础上随心所欲，根据画家的情绪和画面需要而变化。是以出现了变化变形的披麻皴、斧劈皴、点子皴，后人拟议物象而名之，于是出现了很多皴法。但几乎所有的皴法都不是根据披麻、斧劈等名字而变化，如前所述，乃是皴法先出现，后人看到皴法似披麻就以"披麻"名之；看似斧劈，即以"斧劈"名之。所以，早期的皴法很少有十分"标准"的。有的画有一部分线条是披麻，又有一部分不是披麻，斧劈等类之。画家表现的不是披麻、斧劈，而是山水，所以，他只注重笔墨的发挥，这是对的。我们选编各类皴法，也只能大概分类，不可能一根一根线条去计较，一笔一墨去套名词。有些皴法之间也并无严格的界限，条子皴画柔曲一些便是披麻，长一点便是长披麻，短一点便是短披麻，细密一点便是牛毛；雨点皴画长阔一点、疏一点便是小斧劈，再长一些阔一些便是大斧劈，再扩大面积便是泼墨。所以，读者不可斤斤计较地硬用某名词去套某笔墨。所以言者，物之粗也；所以意者，物之精也。

清代一部分正统画家之所以作画缺乏生气，就是过分地计较某皴某法。他们选择几家较标准的画法，一笔一画地临摹，不敢越雷池一步，更不去摹拟自然。当然，一开始学习时，为了锻炼笔墨技巧，完全按照古人的皴法学习是可以的，但不必追究这一笔是不是披麻，那一笔是不是斧劈。

但有一点要注意的，皴法的运用和人的性格似乎也有些联系。一般说来，披麻、牛毛易于表现一种文秀潇洒的性格。斧劈、刮铁易于表现一种刚猛粗浑的性格。同是点子，雨点皴易于表现北方刚硬直率的性格，米点皴则易于表现南方人柔细灵活的性格。学习皴法，最好先把各种皴法都掌握好，最后选择一种符合自己性格的皴法深入地学习。如果你想改变自己的性格则相反，古人诗云："为嫌诗少幽燕气，故向冰天跃马行。"画亦同之。

我在很多文章和著作中都说过："大画家风格的多样化必统一于其性格的同一化之中。"反之，大画家必具多样风格。你若要成为大画家，就一定要掌握多种方法。画山水画，皴法是必须掌握的基础，那么，就从各种皴法学起吧。

1995年10月于南京

补记：

本序写毕后，我又翻阅了一些资料，发现有人把众多的皴归纳为三类。其一是：圆皴，包括披麻、解索、荷叶、卷云、牛毛等；其二是：方皴，包括大斧劈、小斧劈、乱柴、折带等；其三是：点皴，包括豆瓣、雨点等。

还有人把各类皴法归纳为另外三大类。其一是：线型皴法（如披麻、解索、荷叶、卷云、鬼面、牛毛、折带等）；其二是：面型皴法（如大小斧劈、刮铁等）；其三是点型皴法（如雨点、豆瓣、钉头、米点等）。

两种归纳法皆有道理。但严格地说，皴的本义是线条，而不是面。但线条变阔了也就是面。若以科学分析，线又是点运动的轨迹，面又是无数点的组合。不过，点子原来不称为皴法，就叫点子，后来为和披麻、斧劈等皴法统一，也就被称为点子皴了。两种归纳法，以前一种归纳法价值较大，它是真正地按笔法区分的，圆皴一般用圆笔，方皴一般用方笔，这样可以给学画人一些启发。但也不是绝对的，要灵活运用，不要胶柱鼓瑟。

1995年11月于南京师范大学美术系

本文为湖南美术出版社1997年出版《历代山水画皴法大观》序

十一、儿童画的价值和睢宁县儿童画

　　总的说来，儿童的价值在未来，即是说，儿童本身鲜有能成为大政治家、大军事家、大文学家或大科学家等，甚至也不能成为一个出色的工人或农民，儿童必须经过学习、培养、锻炼，到了一定年龄才能成为有用人才。但任何特出的人才都是从儿童过来的，所以说，儿童的价值在未来，儿童本身的价值就在于他将来能成为有用的人才。宋朝王安石写过一篇《伤仲永》文章，说仲永五岁时就能写诗，被人称为"神童"，现在金溪林三十六峰中有"神童峰"，就是纪念仲永的，实际上是因王安石的文章而来。但仲永的诗文一篇也没流传下来，如果不是王安石这篇文章，我们都不会知道历史上还有这位仲永。仲永的诗之所以被"邑人奇之"，是因为他年龄小，如果高要求，恐怕还是不行。

　　但儿童画就不同了，儿童画的价值就在其本体。绘画的价值在审美，儿童画本体就具有独特的、不可替代的审美价值，它反映了儿童纯真、幼稚、天趣，这是不可做作而得的。儿童们的画，不论画成什么样子，都绝不庸俗；它可以不像，可以不合情理，但绝无俗气。"绝俗"是最难得的，大人画家可以画像，可以画得合情合理，但没有俗气者少之又少，这正如演员，成人演员表演得很自然者十分难得，但儿童演员没有一个失败者，这源于儿童的天真本性。明朝的李贽力倡"童心说"，他认为："童心者，真心也。""童心者，绝假纯真，最初一念之本心也。若失却童心，便失却真心；失却真心，便失却真人。人而非真，全不复有初矣。"艺术是"心印"，有真心，才有真的艺术。所以，纯真的儿童画出来画必是纯真的，纯真的艺术才是真正的艺术。儿童画的价值即在于此。

毕加索看到孩子们的画后，感叹地说："我十几岁时，便可以画得和文艺复兴时代大师们一样好，但要学他们（孩子），要用一辈子时间也难学到。"欧洲文艺复兴时代大师们的画都是艺术史上的杰作，毕加索十几岁时便可达到，为什么一辈子努力也达不到孩子们的水平呢？就因为孩子们纯真的心是不可强学而得的。实际上，儿童画家在儿童时代画得很好，过了儿童时代，他（她）的见识、知识、技巧和造型能力都提高了，但大多数人画反而不好了。因为童趣失去了，画的天真趣味也失去了。有很多儿童画家随着年龄增长画兴渐失，有的干脆就不画了，这原因我曾写文论述过①，这里不再重复了。所以，我说儿童画的价值就在其本体，而不在其发展和未来，儿童画发展成大人画时，可能走向庸俗，至少是失却天真和童趣。只有极少数儿童画家未来可以成为大人画家，但那也基本上和儿童画无关。所以，如果有人认为把儿童画抓好，将来便可以培养出大画家，那是错误的，同时也是对儿童画的亵渎。儿童画的审美价值是无法替代的，它本身就是绝好的艺术品，当然要看你会不会欣赏。科学研究，大人（包括老人）和孩子们一起，心理便会年轻，心理年轻，人便真正年轻，原因之一是大人看到孩子的幼稚味、天真气，感到有趣，心情便愉快，于是便年轻。孩子们不知什么叫趣味，然而一言一笑、一举一动，无不有趣，孩子大了，知道什么是趣味，其言笑举止反而无趣了，孩子作画如之。

儿童画除了自身的欣赏价值外，对成人的艺术有启导作用吗？当然

---

①见陈传席《论早熟和晚学、晚成》，刊于《美术观察》（北京）1996年第10期。这篇论文中也谈到睢宁县儿童画。

是有的，毕加索后半生一直借鉴儿童画，中国的大画家注重吸收儿童画的稚拙味，从儿童画中吸收营养。当然不是模仿儿童画，儿童画也是无法模仿的，这也要看画家的修养如何，不会吸收的，可能会弄成东施效颦，会吸收的便可使自己的画艺大大提高。中国的大画家历来主张"白首童心"，学习儿童画的稚拙味。孟子所谓"不失赤子之心"，赤子便是初生儿；老子所谓"复归于婴儿"，"比于赤子"，"专气致柔，能婴儿乎？""如婴儿之未孩"，"圣人皆孩之"等等，圣人皆像孩子一样纯真，婴孩无欲无私，专气致柔，一任自然，艺术家如能像婴孩一样纯真朴实，其艺术才能达到崇高的境界。苏东坡在文学和书法等方面都取得崇高的成就，诗僧参寥称赞他："直将和气接儿童。"（《东坡先生挽词》）学儿童画当然不是重复儿童画，而是从儿童画中得到启发，使自己的艺术更加天真自然。所以，对于修养高的艺术家来说，儿童画是至为宝贵的。

儿童的可塑性最强，可以说每一个儿童都能学好画，关键在于引导，有的儿童本有绘画天才，因疏于引导，便泯灭了。这是十分可惜的。

吾乡睢宁县，地属徐州。《宋书》有云："英才起于徐沛，茂异出于荆宛。"商、周、汉时代，睢宁文化最为发达，闻名世界的汉画像中《牛耕图》《纺织图》，青铜器牛形缸灯等都出土于睢宁县。[1]楚汉相争时，两国英才人物皆在睢宁县左右，也就是说，吾睢居英才人物所处地之中心。被称为"人杰"的张良，隐居、发迹之地皆在睢宁，汉高祖后来封张良于齐，张良不受，说："始臣起下邳，与上会留……臣愿封留足矣。"[2]"乃封张良为留侯"[3]。据《史记》注，留城在徐州沛县

---

[1] 欧、美出版的《中国艺术史》，封面用的《牛耕图》，即是睢宁县出土的。几乎所有的《中国艺术史》著作都选了这幅《牛耕图》，中国历史博物馆的门票也刊用这幅《牛耕图》。

[2] 见中华书局版《史记》。

[3] 见中华书局版《史记》。

东南，所属地也正是睢宁。张良不愿封齐，而择留，可见当时睢宁之重要。睢宁有此悠久文化历史，至今已发展为百万人口的大县，睢宁人优良的文化素质并未完全泯灭。其中儿童画名震国内外，居世界之先。自60年代初，在部分美术教师引导下，睢宁县开展儿童画创作活动，现已发展到五百多所学校，数百名辅导教师和十余万名学生开展儿童画创作活动。至1996年底，睢宁县已有4600幅儿童画参加过国际儿童画展览和比赛。获国际各类奖项405个，其中金牌116枚。睢宁儿童画在日本、苏联、德国、法国、美国等70多个国家展出时都获得好评，并吸引了他们前来参观、考察。联合国教科文组织还专门发来贺信，云："感谢你们为世界的和平进步作出的贡献。"中国的党和国家很多领导人以及美术界负责人和很多知名人士都给予睢宁儿童画以很高的评价，1996年底，国家文化部命名睢宁县为"儿童画之乡"，这是全国惟一的"儿童画之乡"。

睢宁县作为"儿童画之乡"，名气大振，中央电视台、人民日报等全国各大新闻单位专题报道了三百多次，引起了国内外有关人士的注视。为了进一步促进国内及国际方面的交往，促进社会主义精神文明建设，睢宁县委、县政府决定出版《睢宁县儿童画获国际金奖作品赏析》一书，约我为之撰文。我看了这批儿童画后，心境为之一清，每幅画都清新活泼、天真自然，绝无做作之气。而且生活气息也都十分浓厚，画出了孩子们眼中的现实生活，如小渔村上的红房子，海边的小船、飞鸟，水乡的清溪纵横、小舟荡漾，河上小桥，春天里孩子们在游戏、帮妈妈养肥猪，家前家后的绿树红花，水乡的插秧，和孔雀比美，鸟儿营窝，巷子里的生气等等，无不栩栩如生。他们的表现方法也和大人不同，而且用笔皆很沉着，绝无轻浮之感，更无庸俗之气。当今中国画家可谓多矣，各种画展触目可见，各种画册铺天盖地，多庸俗不堪入目。然而睢宁儿童画却无一俗气，很多画用笔、用墨和设色，都是大人画家所达不到的。8岁女孩李莉画的《小渔村》，放之当代名画中也是出类拔萃的，那用笔的沉稳、用色的厚重，小鸟的概括和装饰趣味，名画家中很少有人能达到。倘毕加索再世，也要佩服得五体投地，自叹弗如。10岁女孩李会的《在海边》、另一 10岁女孩张洁的《小岛上的红房子》、9岁男孩武锐的《我的家》、8岁男孩杜杨的《小巷里》、9岁女孩张曼红的《鸟儿有了安乐窝》、8岁女孩曹晓丹的《打渔在河湾》等等，都是脱尘出格的作品，令人反复观看而不厌。老画家们追求的"童心"，在孩子们笔下是自然地流露出来了。

睢宁县儿童画是睢宁文化的宝藏，也是世界文化的宝藏，它丰富了世界绘画的品种，留下了儿童们纯真心灵的形态。我希望国家建立一所儿童艺术博物馆，把儿童画的精品收藏起来，供世人欣赏，供学者研究，也供成人画家借鉴。

睢宁县儿童画早已走向世界，而且走在世界儿童画的前列，愿睢宁县儿童画进一步发扬光大。

1998年2月28日于南京师范大学

十二、违背美的历程的《美的历程》

  《美的历程》一书理论上的正误我们姑且不论，单是那些属于基本史实的常识性错误就够怵目惊心的了。但详尽地指出其每一个史实上的错误，那是足够我们写一部厚书的。限于丛刊的篇幅，我只就该书第九节涉及美术史方面的部分史实错误，随读随记于后。

  165页这一节的第一句话就与史实不符。其云："如果说，雕塑艺术在六朝和唐达到了它的高峰；那末，绘画艺术的高峰则在宋元。"接着又补充说："这里讲的绘画，主要指山水画。"其实"汉人石刻，气魄深沉雄大"，这是已成定论的事实（我这里说的和李泽厚所说的一样，皆指雕塑的艺术而论，而不是指规模而论）。若细而论之，雕和塑不是一回事。塑的艺术，汉代最为深沉朴茂，汉的塑艺术的高峰，一直为后世所不能过。六朝、唐以降，每况愈下，现存于各地博物馆的各种汉陶塑（四川尤多）如"陶说书俑"等，触目可见，只要有一定欣赏水平的话，是不能不为之绝倒的。说塑的艺术在六朝和唐才达到高峰，起码是不了解雕塑艺术或者不熟知雕塑史常识。至于雕的艺术，六朝及唐是有所发展的，但就其内含深沉而言，也一直不能超过汉代。现存西安等地的雕像如霍去病墓石雕《跃马》《飞虎》等，造型浑朴，气派宏大，显得其内在的力量特别雄厚，一直为后世雕刻家所敬仰。至于绘画艺术的高峰，准确的说法应该有两个。第一个高峰是在五代宋初，它产生了山水画最伟大的画家荆浩、李成、关仝、范宽、董源、巨然。这一高峰是重要的，包括"元四家"的画多从董、巨中来。北宋中后期，山水画风格多样。南宋自李唐开始又是一变，变得刚劲挺拔。南宋的山水画几乎都是李唐这一派系，可以说枝无旁出。元代赵孟𫖯出来阻止南宋画风，变刚性为柔性，在简的方面则又吸收了南宋的长处，元代山水画由于社会原因和艺术本身的发展，形成了写意的高峰。这是继五代宋初的山水画高峰之后的又一个高峰。笼统地说"绘画艺术的高峰则在宋元"，乃是一种含糊不清的说法，尤其是舍掉了五代宋初这一个艺术上的大高峰，更是常识性的错误。

接着该书166页又有云："隋、唐有所进展，但变化似乎不大。"事实是山水画的变化唐代最大，是超过历朝、历代的。由初唐的二阎"渐变所附"变而至李思训的金碧辉煌、工整严谨、"笔格遒劲，湍濑潺湲，云霞缥缈……宵然岩岭之幽"，再变而为吴道子的"只以墨踪为之"、气势磊落、"怪石崩滩，若可璚酌"，再变而为王维的"水墨渲淡"。韦鹏、张璪、杨炎、朱审、王宰、刘商等人各自努力，日益变化。现存唐末孙位《高逸图》中几块石头，完全可以看出它的成熟程度，非前代可比。李自己也说："情况开始重要变化，看来是在盛唐。"盛唐不是唐吗？怎能一会说唐"变化似乎不大"，一会又说"重要变化"呢？

该书166页又有云："山水由附庸而真正独立，似应在中唐前后。"这又岂是有画史常识的人所说的话呢？所谓独立，就是不依靠其他。纯粹的山水画诞生了，山水画就算由附庸而真正独立了。众所周知，山水画和山水诗几乎都是同时在晋宋之际独立的。当然如果硬要上追，也还可以上溯得更久远一些。汉画像中很多山水画倒是不错的，但仍是作为劳动的背景而成立的，我们也未有算它是正式的山水画。东晋山水画已经萌牙且得到社会的重视，晋顾恺之《论画》第一句便是："凡画，人最难，次山水。"顾恺之还写了一篇《画云台山记》，开宗明义："山有面，则背向有影，可令庆云西而吐于东方，清天中，凡天及水色尽用空青，竟素上下以暎日，西去山，别详其远近……"最后又云："凡三段山，画之虽长，当使画甚促，不尔不称。"六朝文人对山水有特殊的感情，大画家顾恺之、戴逵、戴勃、陆探微、张僧繇、宗炳、王微、萧贲等几乎都能画山水。据记载，戴逵画"山水极妙"[①]。戴勃画"山水胜顾（恺之）"[②]。晋末宋初的宗炳写了一篇《画山水叙》，阐述了山水画的功能和画法特点等理论问题，它完全不涉及人物，已经是一篇独立的山水画论。理论是实践的总结，它表明了山水画在晋宋之际已经彻底独立。接着王微又写出第二篇山水画论——《叙画》。对山水画艺术进行了更深的探索。[③]唐初的独立山水画作品至今仍有遗存，初唐产生了专攻山水画的大画家李思训。怎么能说"山水由附庸而真正独立，似应在中唐前后"呢？

该书179页有一段错得更离奇的问题，其云："刘、李是连接南北宋的，他们似可与马、夏列入一类。"李、刘、马、夏四大家，早有成说，向无争议，用不着"似可"，此且不论，问题在"刘、李是连接南北宋的"一语。李（唐）生于北宋，且在北宋即进入画院，南宋时又复入画院，当然是连接南北宋的。而刘（松年）是南宋淳熙年间(1190～1194)画院学生。生于南宋，死于南宋，又如何连接南北宋呢？刘是李唐学生的学生，刘的老师张训礼是南宋光宗时期人，虽学李唐的画但并未见到李唐（李久已入木）。这在《画继补遗》《图绘宝鉴》等书中都有明文记载。李泽厚的错误在于想当然。该书179页，李引王世贞《艺苑卮言》云："刘、李又一变也。"（按：查《艺苑卮言》原文是："刘、李、马、夏又一变。"《美的历程》书中引文随意增字、删字、错字者极多。例如，《画继》卷十有"孔雀升高必先举左"，《美的历程》175页引文中删去"先"字，这一删，原话就毫无意义了）一般的排列是"李、刘、马、夏"，因为李早于刘大半个世纪还要多。王世

---

① 见《历代名画记》。

②见《历代名画记》。

③关于《宗炳画论研究》和《王微画论研究》，我已写了专门文章将发表于《朵云》第6期和第7期。可以参看。

贞云："刘、李、马、夏"，李是连接南北宋的，李泽厚也想当然地认为刘也是连接南北宋的了。实不考之故也。然这一不考，闹出了一个在南宋建立几十年后才出生的刘松年，却成了连接南北宋绘画的大笑话。

该书180页又云："院体画随着赵宋王朝的覆灭而衰落、消失，山水画的领导权和审美趣味由宋代的官庭画院终于在社会条件的变异下落到元代的在野士大夫知识分子——亦即文人手中了。'文人画'正式确立。"如果说山水画有领导权的话，则元代山水画领导权当然在赵孟頫手中，这是众所周知的。"元四家"①的画皆出于赵孟頫，"元四家"之外的画家，还有赵的妻、子、侄、女等画家亦皆出于赵孟頫，这都是常识，无须我再去罗列资料——论证。赵孟頫画的实践和理论影响了有元一代，明张丑说他："上接六朝唐宋之脉，下开元明神逸之门。"赵孟頫是在野士大夫知识分子吗？否。赵从年轻时就做官，后累官至翰林学士承旨，他直接参与政事，且极得元最高统治者信任。文权、政权，"荣际五朝，名满四海"②，是道道地地的在朝文人。

至于"'文人画'正式确立"，有人说自苏、米，有人说自王维，有人说自宗炳、王微，有人说自顾恺之、王廙，但至迟也在苏轼、米芾。米的墨戏是道地的"文人画"。苏在理论上确立了文人画，且亦有实践。这都是最基本的事实，不好否认的。关于"文人画"，是一个复杂的问题，不要说李泽厚不懂，甚至连一些美术史家尚未弄清，要说清这个问题，那就非要另写文章不可，因之暂置不论。但我要郑重声明，"文人画"正式确立，绝不如李所云是在元代，它至迟在北宋，这是极其清楚的事。元代只是大兴而已。

《美的历程》182页有云："从元画开始（按：注意这个"开始"）的另一个中国画的独有现象，是画上题字作诗，以诗文来直接配合画面，相互补充和结合。这是唐宋和外国都没有和不可能有的。"（按：

---

① "元四家"本以赵孟頫为首，董其昌去掉赵，而加入倪云林，遂成为流行说法，亦有道理，此当另议。

②见《图绘宝鉴》卷五。

着重号点是我加的，请注意）又说："……宋人开始写一线细楷，但绝不使之过分侵占画面，影响对画面自然风景的欣赏。"这岂是有画史常识的人所能说出来的话呢？如果有哪家刊物准许我充分摆事实，我可以集一本画集，再集一本文字集，让李这段话不驳自倒。方薰《山静居画论》有云："款题图画，始自苏米。"苏东坡、米芾（还有米友仁）皆在画上大量题诗题字，这是众所周知的。如果说苏轼、米芾、米友仁是不是宋人还弄不清的话，那么宋徽宗何许人也是应该知道的吧？宋徽宗者，宋朝徽宗皇帝也。宋徽宗所画的《腊梅山禽图》（见附图），至今尚在，我们还常能见到这幅画的印刷品。画的右半部画一株梅花树，伸向画幅当中的一枝上栖息两只山禽（白头翁），画面左半很大一块位置上，宋徽宗用他的"瘦金书"题上他专为此画而作的一首五言诗，曰："山禽矜逸态，梅粉弄轻柔。已有丹青约，千秋指白头。"画的右下方，宋徽宗亲书"宣和殿御制并书"七个大字，并有草押"天下一人"。画面上每一个字都比腊梅的干（画的主要内容）的最粗部分直径还大得多。且字题数行，绝不像李泽厚说的"一线细楷"，至于宋徽宗的题诗也正是"直接配合画面，相互补充和结合"。诗的前两句配合画面，把山禽和梅粉的神态勾画得毕肖，使诗和画都变成了"有我之境"，后两句尤妙，"已有丹青约，千秋指白头"，用白头翁鸟喻指年轻的夫妻白头偕老，妙极。真难为了宋徽宗，这皇帝老官还颇有点"人性论"。这首诗若单独成立，也许读者不甚了了；这幅画若不题上这首诗，也仅是一幅单纯的风景画；诗画"相互补充和结合"，画的寓意深刻，诗的境界明远，诗画相得益彰，各自增色无穷。不过李泽厚的宋人没有和不可能有"以诗文来直接配合画面"的论点却无法成立了。因为这不是"理论"，不是"己见"，而是画史事实。再说这首诗的字也写得大而清晰，绝非李云："绝不使之过分侵占画面，影响对画面——自然风景的欣赏。"恰恰相反，它在画面上占有显著位置，是画面上一个重要组成部分。它引导读者对画面——自然风景的欣赏。类似的例子还很多，比如宋徽宗还有一幅《芙蓉锦鸡图》。画面是一只锦鸡蹲在一枝芙蓉（木本）上，画面左方偏上最显著的位置以正正规规的"瘦金书"题上他自己专为此图而作的一首五言诗，曰："秋劲拒霜盛，峨冠锦羽鸡。已知全五德，安逸胜凫鹥。"画的左下大书"宣和殿御制并书"七个显赫的款字，并草押书："天下一人"。（见附图）无须分析，这事实又使李的绝对化说法无法成立。

宋徽宗不但自己题字题诗，有时自己题后，又请别人再题。如《听琴图》[①]。宋徽宗亲题"听琴图"三个大字，每一个字都比画中主要人物的头都大得多。下有草押书"天下一人"。他还叫蔡京在画上部显著位置题七言诗一首，曰："吟徵调商灶下桐，松间疑有入松风。仰窥低审含情客，似听无弦一弄中。臣京谨题。"显然诗是专为画而作、而题的，也绝非"一线细楷"（按：此图学术界有疑非宋徽宗亲笔所画，然宋徽宗和蔡京的题字、题诗确是真的，画也确是宋徽宗时的画，这是无人怀疑的）。

或许有人说，你说来说去皆是宋徽宗一人的作品，那我就再举其他画家的例子吧。李唐（宋）的《晋文公复国图》（此图现藏纽约的大都会艺术博物馆。谢稚柳编的《唐五代宋元名迹》，古典文学出版社，1957年版选印，可以参看），上有宋高宗专为此图的题字五百四十余，字的内容正是直接配合画面的。马远的《华灯侍宴图》有宋宁宗题诗五十六字，占去画面的四分之一位置。[②]马麟的《层叠冰绡图》上有杨氏题七言诗一首，题字分量比画还重。

也许又有人说，这些均是别人代题，但另外还有大量的自画自题的例子。如陈容（号所翁）画《墨龙图》也是题了字的，他先题自己的名号"所翁作"，然后又题三行行楷大字曰："骑元气，游太空，普厥施，收成功，扶河汉，触华嵩"，字的位置也很突出。

北宋画家乔仲常画《后赤壁赋图》，把苏东坡的《后赤壁赋》的全部内容，分别题在画的不同位置上。[①]

------

① 参见《中国历代绘画——故宫博物院藏画》，人民美术出版社。

②参见《中国绘画史图录》，第235页、239页、269页。

③ 参见《唐五代宋元名迹》，古典文学出版社，1957年版，图版23～33页。

我们用不着再一一列举下去了。总之，在画上题字作诗，绝不如李说："从元代开始。"以前所有画史上也没有这样说过。在画上题诗、题字，从元代上溯，可以跨过南宋，在北宋就已有大量的事实，而且已有各种各样题法，我上面举的例子亦可见其一斑。这些都是画史常识。

当然，如果李说题字题诗"大兴于元代"，我们也便不必追究。但他却说得那么肯定和干脆，既用"决不"，又用"唐宋""都没有"，"还不可能"。这就使人难以同情。它尤给天真的青年学习者带来错误的"常识"，我不能不为之辩，"予岂好辩哉，予不得已也"。

该书182页有云："与此（按指元代）同时，水墨画也就从此压倒青绿山水，居于画坛统治地位。"李的意思应该是"水墨山水画也就从此压倒青绿山水画"，因为水墨画还包括人物、花鸟等等。要说水墨画，初唐的殷仲容"或用墨色，如兼五彩"①就很成功。但他的水墨画未能引起社会的充分重视。②至王维用破墨画山水，便从此兴起了一个水墨画的高潮（王维被后世研究家称为"墨皇"）。唐代所谓破墨和今日所说的破墨以浓破淡，以淡破浓不是一回事，它是用加水量的多少把浓墨破成浓淡不同的层次，③用这种浓淡不同的水墨渲染出山石的阴阳向背。而不是像李思训那样，用青绿颜色填写以表达山石的量块。当然，王维时候，水墨画新兴，似乎还不能说压倒青绿山水，但已显示了水墨山水画的生命力和后来居上的趋势。《历代名画记》卷十记王维"工画山水，体涉今古"。所谓古，即青绿山水画。《笔法记》云："夫随类赋彩，自古有能。"所谓今，即王维等人兴起的水墨画。④《笔法记》云："如水晕墨章，兴我唐

---

①见《历代名画记》卷九《殷仲容》条。

② 当武则天当道时，李思训等被迫潜逃，而殷仲容却被重用。当武则天政权垮台时，李思训恢复高位，而殷仲容的画却一张也未有流传。从记载可知，唐宋内府对殷画一张都未收藏。

③《笔法记》、《图画见闻志》、《山水纯全集》等书皆对破墨的意境深浅功效作了程度不同的解释。可参看。

④严格地说来，水墨山水画应从"只以墨综为之"的吴道子开始。但吴道子变法未有最后成功。此当另议。

代。"又《图画见闻志》卷三董源："善画山水，水墨类王维，着色如李思训。"王维同时而略后，张璪一次就用破墨画八幅山水画。结合《历代名画记》和《唐文粹》及其他文献的记载，张璪主要是用水墨作画。所以《笔法记》云："张璪员外……笔墨积微，真思卓然，不贵五彩。"王维之后，见于记载的大山水画家大多都是画水墨山水画的。所以，唐末荆浩《笔法记》提出"画有六要"，就只谈"笔、墨"，而不提色彩了。因为当时的水墨山水画已居统治地位，而青绿山水画问津者甚少。总之，不论从文献记载，或理论分析，还是从所遗画迹来看，唐末以降水墨山水画已经压倒青绿山水画，这都是尽人皆知的常识，无须我再去论证。李说："从元代开始""水墨画也就从此压倒青绿山水"。说法固然新鲜，只是违背了最基本的绘画史实，也就不能称为真正的"美的历程"。

可以说《美的历程》一书，凡涉及美术史方面的内容，包括常识性的内容，不错的地方是很少的，我这里指出的主要属于美术史方面的问题，文论方面的情况还要糟些，我举两个例子为证，其他由搞文学史或文学理论发展史的同志去做。比如李在《苏轼的意义》一段中说："其实苏的文艺成就本身并不算太高。"这真是"李说新语"，论散文，苏轼是"唐宋八大家"之一，在宋代六大家中，恐怕能列首位。词的方面，苏轼更有特殊的地位，他创立了与传统的婉约词相对立的豪放派。这给词的发展开辟了广阔的途径。其"大江东去"，唱彻千古；"中秋词'水调歌头'一出，余词尽废"。书法方面，他是宋代"四大家"之首。中国古代书法艺术中，"晋书取韵，唐书取法，宋书取意"。以后的书法基本没有超出三种形式，苏书"点画信手烦难求"，为"宋书取意"开辟了新的道路。绘画方面，苏是"文人画"理论的奠基人。……民间常流传"苏才郭福，姬子彭年，"把苏拭作为古代学子才人的代表。可以说像苏轼这样具有全面才华而又在多方面都取得极高成就的人还不多。李却说"苏的文艺成就本身并不算太高"，真是奇谈。李又说："比起屈、陶、李、杜，要大逊一筹。"这话又从何说起呢？屈、陶、李、杜四家中，任何一家以己之长，皆可使其他三家大逊一筹，即在同代的李、杜，李诗杜不及，杜诗李不及。以"四家"比苏，诗或胜之（苏诗亦足名家），然于词、文、书、画，则屈、陶、李、杜尚不是名家（陶在文方面例外）。屈、陶、李、杜和苏皆是"各领风骚"的一流人物。文和艺，若单以艺论，说"四家"大逊苏一筹尚可，硬说苏"大逊一筹"（注意这个"大"字），实在令人费解。

又如，李在该书第104页中说："超脱尘世的陶潜是宋代苏轼塑造出来的形象。"其实陶渊明本人就有其超脱尘世的一面，这有其"采菊东篱下，悠然见南山"，《归去来辞》《桃花源记》等诗文为证。要说他人塑造，《晋书》《宋书》《南史》皆把陶列入《隐逸》，一人而入三史《隐逸》，五千年来尚不多。颜延之、萧统等也都塑造过陶潜，且皆甚于苏轼，即使陶诗文在六朝地位尚不十分高，但陶潜的"超脱尘世"的形象早已树立起来了。到了唐代李白、杜甫、高适、白居易、李商隐等大诗人皆盛赞过陶潜。中国社科院文学研究所编写的《中国文学史》中说："唐代诗人几乎都或多或少地受过陶渊明的影响。李白、杜甫都曾从陶诗中汲取过一些意境。……从整个作风上说，王维、孟浩然、储光羲、韦应物、柳宗元等人都受陶诗影响很深。"这些话，确是事实。以上这些人皆在苏轼之前。李泽厚又在该书163页中说："终唐之世，陶诗并不显赫，甚至也未遭李、杜重视。"这是未读过李、杜的诗集而又缺乏文学史常识的话。所以李泽厚随便一句话，我们为了证其非，就要花费数千、数万字摆事实、讲道理，要把陶的诗文、《晋书》《宋书》《南史》中的有关文章都拿出来；把萧统的《陶渊明集序》、颜延之的《陶徵士诔》，甚至《莲社高士传》等文都找出来；然后，还要把唐代大诗人们推崇陶的诗文也罗列出来，我们也未有这个时间和精力，更未有这个必要，因为这都是常识，众所周知。

当然，这本书中理论上的错误以及在史实上更麻烦的错误，我们还是有责任再指出来的，否则便会贻误青年。不过本文限于篇幅，只好暂置而待后论了。

（载《美术评林》第六辑，1984年1月版）

十三、评论评论家——答李毅峰先生

毅峰先生：

信悉。我在遭受大火灾后，生活写作都失去条理。我以前曾一天复过八十封信，现在迟钝了。另外，文学刊物向我约稿的有二十多家，我也要一一应付，所以，至今才给您复信。

你的信中说"组织一些学者或画家来评论评论家，以期矫正一下当前评论界的弊病"，我十分赞同。目前的评论风气太坏，有目共睹。有一部严肃的学术刊物，其中有一篇文章说某人是"权威的权威，教授的教授"，一位外国学者问我，"教授的教授"是干什么的，我身旁一位朋友说："是教授的儿子。"结果大家一笑。爱因斯坦、杨振宁、黑格尔都是世界上最著名的学者，也只是教授，又哪来的教授的教授呢？

"大师"的帽子已是满天飞，现在又常见到"著名大师"，"大师"本来就必须著名，哪有不著名的大师呢？我去年接到一本画集，前言中竟称这位画家是"一级艺术大师"，又借别人口说他是"超级艺术大师"。他在画集上用毛笔赫然写道："请陈传席教授指教"。"超级艺术大师"还要我来指教，你说我应该是哪一级呢？老实说画画的人能被称为画家，已十分了不起。一般人说的成名成家，能成家还不满足吗？实际上又有几个人能成为画家？我给画家下的定义是：风格成熟的才是画家。有风格，而且还要成熟。再简单些说，你的画能赫然成为一家，在人心目中有清晰的、突出的面貌且又成熟者，才足称家。齐白石可以称家，黄宾虹可以称家，李可染、潘天寿、傅抱石可以称家。我们闭上眼睛都可想见他们画的突出面貌，其他还有几个人可以称家？成千上万的画中，有几个有突出风格？依我说，最好连画家的桂冠都不要随便安。我给老甲写了两篇评论文章，一篇叫《说老甲的画》，另一篇叫《老甲画杂谈》，既没称他是画家，更没有说他是"大师""著名"。老实说，老甲的画确有突出风格，他的名气也确实很大。但评论文章主要是对其作品客观的社会价值和美学价值作出评价，对画家有一定的启发。至于是否要加"大师""著名"的头衔，并不是评论文章的目的。

真正的"著名""大师"是不必要加"著名"和"大师"的。我们称鲁迅、郭沫若，一提其名大家都知道了，还要加上"著名作家"鲁迅吗？我们一提齐白石、黄宾虹，大家都知道了，还要加上"著名画家"吗？加上"著名"，一般说都是不著名的。但评论家们却偏要加，弄得"大师""著名"比比皆是。这个风气应该变了。当然这只是风气问题，实质问题就更大。

什么叫评论？记得别林斯基说过："批评是哲学意识，艺术是直接意识。"评论、批评应是哲学意识，评论家必须有高度的艺术修养、独到的审美能力和判断能力，包括丰富的历史知识、社会知识，而且都应是超过画家的，否则，不足以作评论家。如果你讲的内容画家都知道，甚至比你体会得更深刻，又何苦要你讲呢？当然，批评是哲学意识问题，比较复杂，留待以后作专门论述。

很多评论家评论文章没有一个评论标准，因而写评论文章，信口雌黄，任意贬褒。我在几年前就论写过有关批评问题的文章，阐述批评必须有批评标准。批评也就是评论。你自己没有一个评论标准，你怎么评论人家，人家又怎样反过来检验你评论得是否正确呢？当然，大批评家对艺术批评有一个总的标准，包括艺术的目的是为人生的、为社会的、为自娱的等等，而对于具体艺术作品又应有个别的标准，比如我是提倡阳刚大气的，但并不反对阴柔秀润，只是反对所有人都泯灭自己的个性而向阴柔秀润方面靠近。阳有阳的标准，阴有阴的标准，两者都有不完美和尽善尽美的问题。北方老甲的画是阳刚大气的，你若以阴柔秀润去要求他，那你就错了。南方马小娟的画是阴柔秀润的，你若以阳刚大气去要求她，你也错了。批评家必须有标准，而且必须有正确的标准。没有批评标准的"批评家"是不配做批评家的。

"批评是哲学意识"，哲学属社会科学，因而批评家首先要学会使用科学的语言。什么叫科学的语言呢？什么叫不科学的语言呢？比如"东晋前期，皇帝宝座不牢，走马灯似的换来换去，弄得人心惶惶"。这就不是科学的语言。科学的语言应该说："东晋前期28年间（公元371～345年），换了五位皇帝，最短的只两年（晋康帝司马岳）。"文学艺术都可以给人想象的余地，准许读者在理解中再创造。科学的语言，必须是准确的、鲜明的，不容给人产生含糊的理解。其实，好的文艺语言，也应在生动中给人以鲜明的印象。13年前，我与刘汝醴教授也谈到使用科学的语言这个问题，刘老当时就叫我写一篇文章专门谈这个问题，并说：美术评论界的人大多从学美术转过来，缺乏做学问的基本训练。这问题要认真谈一下。但我觉得这是最简单最基本的问题，无需专门谈。可是我常看到美术史和美术评论的文章中出现："看到这些画，我们不由得耸了耸肩膀""啊，我看到那汉子"。这些语言用于写小说和诗歌也许可以，但用于社会科学方面的论文就不行了。可以说，不懂得使用科学语言的人就不懂得写文章。十几年来，我在教学中，尤其是指导研究生写论文时都十分强调这个问题。但对整个社会影响并不大。很多批评家并不懂得这个简单的道理。正如你说的："许多所谓评论家或称艺术批评家，自身根本就不具备评论他人的资格，没有广博的文化功底，没有扎实的专业知识，缺乏艺术实践……"

还有很多人写文章，不是扎扎实实地研究，而是挖空心思把画分成延续型、开拓型，或者这个主义、那个派别，一分了事。你到底告诉读者什么？很多人对于这种浮华的"理论"，争论不休，至于严肃的学术流于肤表。

附庸风雅，故弄玄虚，也是评论文章中一种恶劣现象。我曾在贵刊上发表文章谈过这个问题，很多人不懂《庄子》《老子》，却硬说其画受了《庄子》和《老子》的影响。有人根本不知《周易》是怎么回事，即一口咬定，要想画好画，必须研究好《周易》。又有人说，他的画主要是靠《孙子兵法》指导的。其实他又根本没有读过《孙子兵法》。还有人说他的画中有什么哲学，不把西方哲学研究好根本无法理解他的画。真是活见鬼。对此必须认真地揭露，以免误人子弟。

评论文章应该在考察和判断艺术作品之后进行，应该立基于作品的客观实际。但很多人写评论闭上眼睛，乱发议论。有的画明明是从西方学来的。只是把油画改为彩墨，用毛笔、水墨和中国颜料画西画，不能说它完全没有精神上的东西，但基本上是技法问题。但评论家完全不提这些，更不披露其画法来源于西方某家某派，而说是"纯粹的精神求索""心灵的弥补""情绪的痕迹"。还有一些画家作画时，明明是小心翼翼地使用技法，谨慎地描写，评论家却说"冲动极了"。哪里有冲动呢？我们又不是傻瓜蛋。有的"作品"是用木棒钉在一起，用石头垒成，用笔反复涂画，用尺子量来量去，稍不留神便会量错，但"评论家"却说"达到一种物我两忘境界"。我们看怀素的书法、徐渭的大写意，确是"冲动极了"，也可以说"物我两忘"，但不能乱套，用钉钉，用胶水粘，用尺子量，能"物我两忘"吗？

还有些明明是普通的作品，评论者硬说它"震撼心灵"。

更有些莫明其妙的语言，如我前面提到的："啊，我看到那汉子"，"啊，孤独极了"。到底说什么呢？又不是写诗，诗人写诗要靠激情，他们激动起来，"啊"呀，"嗷"呀，叫上两声，问题不是太大。学者要有冷静的头脑，进行科学的分析，你"啊"什么东西呢？

还有一些文章模仿外国某书中的口气，扯到纽约的大楼，扯到性、女人，扯到假设给你十万美金，叫你不画画行不行。人家是记者采访，可以这样问，你写评论，胡说这些有什么用。正事都谈不清、谈不完，扯这些邪事有什么价值？

总之，评论文章中存在的问题太多了，真有点"罄竹难书"了。

还有一类评论也颇成问题，这些作者还是认真读过些书，能讲一些西方的"质"啊、"量"啊、"主义"啊、"派别"啊，也翻译过一些西方的书，自视都很高。他们写文章也比较正规，谈大宇宙意识，生命的本源，给人很深的感觉。但读完之后，仍然一无所获。写文章就要发现问题，揭露问题，解释解决问题，说明问题，让读者读后，明白一些道理，增加一些知识，有所启发，这才是好文章。读了这类文章，除了给人留下"高深"的印象外，其他并无所获，那又有什么意思呢？我考虑这类批评家是有知无识，因为无识，不知讲什么是好，所以，搬出一些西方的名词，再加上贡布里希、黑格尔、弗洛伊德，其实他自己也不知自己讲些什么。这类貌似高深、内无真实内容的评论文章，也应该评论评论才是。因为这类文章迷惑性更大。

老实说，我有几年不看评论文章，因为看了无所得，经常上当，所以就不看。有时翻翻，当做笑料看的。以上举的例子，就是从这里来的。所以，你说要评论评论家，这是非常必要的。"世有伯乐，然后有千里马"，要繁荣和发展美术事业，首先要有好的评论，好的评论靠评论家。评论评论家，提高评论家的素质，乃是根本。有人说，美术上很多坏现象都坏于评论家，是评论家引坏了的。这话恐怕有点道理。

我们等待你刊这一专栏的开设，我相信它会在全国美术界产生重大影响。我本人如果能抽出时间来，也一定写一篇。近一年来，我脑子乱，心烦不止，以上所谈不知当否？

1995年11月于去武汉船上

（载《国画家》1996年第3期）

十四、品壶"六要"

艺术是人生的支柱之一。人的文化层次不同，所需要的艺术层次也不同；人的习性和兴趣不同，所需要的艺术门类也不同；人的经济状况和所处之环境不同，所需要的艺术形式也不同。因而，便产生了各层次、各门类、各形式的艺术。

在中国各层次、各门类、各形式的艺术中，以陶瓷艺术在世界上的影响最大。中国的丝绸虽然也十分出名，西方国家从古到今不停地来人到中国进行丝绸贸易，但也只以"丝绸"名路（即"丝绸之路"），却未尝以之名吾国。西人以"China"称吾国，"china"即陶瓷艺术也。可见吾国之陶瓷艺术在世界上之显要地位。

陶和瓷在艺术上属于同一门类，但陶和瓷却有着根本的不同，不仅其制成的原料不同，焙烧的温度也不同。瓷器以江西的景德镇最有名，被称为"瓷都"；陶器却以江苏的宜兴最有名，被称为"陶都"。

陶都中，诸陶各显风姿，紫砂陶又可谓陶文化之极。这是因为紫砂陶显示出的文化层次较高，它不仅是文人雅玩之物，也是文人参与制造的，其审美观始终受文人的思想制约，折射出中国传统文化内涵最多。它除开陶瓷本身艺术外，还集绘画、诗文、书法、印章、雕塑等于一壶，家中有一把紫砂壶，甚至有一批紫砂壶，不但可以实用，可以当做艺术品去陈列、欣赏，还可以显示一个家庭的文化素养。所谓"艳花赠美人，良剑赠英雄，精壶赠文士"。"一杯清茗，可沁诗脾"。当然，家中有精壶的人不一定就是文士，但可以说其家有文化气氛。

《孟子·滕文公上》有云："饱食、煖衣、逸居而无教，则近于禽兽。"所以，中国人历来不注重物质财富的炫耀，而注重文化艺术的装点，否则便会被讥为富家俗儿。有些不懂艺术的人，也要附庸风雅，以避免"无教"或"近于禽兽"之讥。为了显示自己有教、不俗和文雅，稍有财力的家庭总要布置一些艺术品，客厅里，书房里，或挂些字画，或摆一张古琴，或放置一些紫砂壶，等等。昔时，生计稍有宽余的家庭，建造和布置住房，都留有专门地方挂画、摆设古玩、紫砂壶之类。所摆设之紫砂壶如果确实高雅，也确能增加家庭的雅趣，令人企慕；但若摆设的是一件庸俗之物，那就会适得其反。同样的饮茶时，用一件俗壶便会引起俗趣。如明人梁小玉做的壶，以女人的乳房作器身，以男人的生殖器作壶流（嘴），以绣带作壶把，壶底刻"三秀祠祭器第三"（他以三位名妓薛涛、苏小小、关盼盼为"花坛三秀"），又刻"金茎甘露玉乳香谷九郎题"，充满了淫荡之气。持此壶饮茶者决不会产生高雅之感。如果持一把文人设计的雅壶，欣赏其高雅的神韵、优美的形态，以及壶上"石古而黢，补天之余……"等等名句，人的情思就会被带入荒远的时代或崇高的境界，情趣也就大不相同了。还有一些壶虽然并不恶，但形俗或无神，无文雅之意而有庸俗之气，置之无益。所以，一把紫砂壶，大有学问。

紫砂壶确有高低、雅俗、生死之别。因之，必须学会欣赏。欣赏并非易事，"鲁臣以麟为麕，楚人以雉为凤；魏氏以夜光为怪石，宋客以燕砾为宝珠。形器易征，谬乃若是；文情难鉴，谁曰易分？"[1]因而欣赏紫砂，便成为一门重要的学问。老子有云："知，不知，尚矣；不知，

----

① 《文心雕龙·知音》。

知，病也。"①意思是说，知道的却不自以为知道，这样就很好；但不知道的却自以为知道，这就是缺点了。

古人还说过："一物不识，儒者之耻。"

所以，对紫砂壶有兴趣的人必须学会欣赏，如前所述，紫砂壶集多门艺术于一身，所涵盖的中国传统文化内容甚多，如能真正地、全面地欣赏紫砂壶，增加人的知识也非止一端。

实际上，一切艺术的全部学问都在欣赏之中，真正会欣赏某一艺术，也就真正地了解了某一艺术。在欣赏中知道其美之所在、本质、价值、意义；知道其滥觞、发展、变化等等历史沿革；知道其产生的时代背景；知道其作者思想、经历和社会意识对他的影响（这是他造壶的风格之基础），知道其文化内涵和背景对其和其他艺术的联系及互相影响作用；知道其产生的地理环境以及当时社会政治、思潮，乃至于国内外的贸易状况，等等，这一切都对紫砂壶的产生有着巨大的影响。"一滴水中见太阳"，一把壶中可见到整个大千世界。禅家云："青青翠竹尽是法身，郁郁黄花无非般若。"②我们也可作一别解，紫砂壶不过是一团泥，然而，我们却可以从中看到很多它自身之外的内容。

要欣赏紫砂壶，首先要有一个标准。中国的书法、绘画，乃至棋、琴，皆早有品评的标准，惟紫砂壶的欣赏，至今尚无标准。近来，虽众说纷坛，然或知其一端，而遗其大要；或虽知其实，而言之无文。览者每引以为憾事。笔者不敏，综采古今，心师百家，立此"品壶六要"，以为标准。"六要"者何？

一、神韵；二、形态；三、色泽；四、意趣；五、文心；六、适用。

凡将品赏紫砂壶者，须知此"六要"，然后方能无私于紫、白，不偏于憎、爱；复能平理若衡，照壶如镜也。

---

①《老子·第七十一章》。
②见《景德传灯录》卷六。

兹将"六要"略加阐释如下：

"六要"第一条，也是最重要的一条：神韵。

凡壶皆有形，然未必皆有神韵。神者，精神生动也；韵者，风姿仪致也。二者皆可感受而不可具体指陈。凡有神韵之壶，皆有鲜明的个性，富有生命的活动感。凡无神韵者，皆是死壶，不过是用泥土捏制出的用具而已，不能算做艺术品。它们在外形上有时并无太大差别，其大小、高矮、曲直、转折，有时区别无几，只是过度的韵律、节奏组合上略有着意，壶的高雅、粗俗，便立即区别开来，做壶者的修养、思想、灵气等也就显示出来了。所以，做壶者仿其形易，得其神韵难。凡壶所显示之神，所流露之韵，如古朴、玲珑、秀彻、疏朗、清爽、天真、雅淡、宏伟、简洁、明快、高昂、浑朴、轻素、柔润、挺拔等等，皆高雅脱俗，生气勃勃。昔苏东坡诗云："从来佳茗似佳人。"茗壶之佳者亦然，或端庄如燕赵佳人，或娉婷如吴楚姝丽，虽风格各异，然皆各具其美。

有神韵之壶，家中置之一把，则生意盈然。反之，俗壶满室，曷如废泥污墁。

其二，形态。

壶之神韵，不可自立，要在形态中流露出，这叫"栖形感类"。神寓栖于形中，寄物而通，使人自然感受出来，故无形亦不可见神。壶之有形者未必有神，无形则神无所附，神须在形中求，韵须在态中见。形者，点、线、面也；大、小、高、矮也；厚、薄、方、圆也；曲、直、转、折也。差之毫厘，则谬以千里。

形和态又有别，形有"三形"，曰：筋纹、几何、自然（见图一）。图一中(1)是标准的筋纹形。所谓"筋纹"，即犹如植物叶中之叶筋纹。在壶上壁面有类似摺痕并有摺、棱隆起，筋与筋之间隆起部分有圆浑感，且隆出部分不是外贴附而出。有的花瓣形壶也类似筋纹形，应视为筋纹与自然结合之壶。图一中(2)是几何形。所谓"几何形"，即以几何之形为造型，如立方形、长方形、菱形、球形、扁圆形、筒形或其他几何形状。图一中(3)(4)是自然形。所谓自然形，即完全似自然界中的梅干、南瓜、梨等花果树木以及飞禽走兽之类动物，但也还有一部分壶只有一点似自然界中的某物，如菊蕾壶，似菊蕾又不全似，这一类壶可叫类自然形。

态也有"三态"，曰：静态、动态、平态。"三态"具三美，曰：静美、动美、平淡美。当然，有的静中有动，动中寓静，动静兼有。

形态中又有柔感、刚感、刚柔兼济感。又有圆中寓方、方中寓圆、方圆互济。或端立稳固、或挺拔清刚、或英姿飒爽，由是观之，"态"的一半乃属神韵，但又微有别。正如佳人，作态而生韵。

形态者，神韵之体也。

"三形""三态"外，尚有"三平"，即壶之把和嘴的最上端与壶之口相平（如图二）。"三平"是壶的一般原则，而不是绝对原则。"三平"处置易见均衡美，然亦可变而取奇突之美。突破"三平"，仍须以"三平"为基础。

又，"实形"之外，还有"虚形"，如壶把内（把与壶体之间）所形成之空间，提梁与盖之间所形成之空间，三弯形的壶嘴则自占一空间。这些空间叫"布白"，如绘画中的"计白当黑"，壶艺上叫"计虚当实"。这个"空间"白有形，也是壶体之一部分，对壶的美观和雅俗影响颇大。壶把之处理，或方弯，或圆弯，或椭圆弯，或角形弯，除其实形外，还为得到一个美而适当的虚形（空间），并使之与嘴、体和谐均衡。虚形与实形同等重要，赏之者和造之者皆不可掉以轻心。

"六要"之三，色泽。

壶之色泽，亦必须讲究，宜兴诸山产泥，其色有紫、黄、朱红、乌、白、绿、棕，调和加工，其色愈多，各色之中又有深浅光暗之别，或单独使用，或混合使用，务使其色不艳不俗，而见其沉着古雅、朴素自然、清新冷隽、明秀柔和，使人览之舒目悦心为是。若其色火而艳、昏而俗、花而俏，览者一见则精神不宁，或刺目，或烦心，或不爽，则非雅玩之色也。

品鉴佳人，必重姿色；佳壶如佳人，姿和色，皆至为重要。清人吴梅鼎作《阳羡茗壶赋》，其论紫砂壶之色泽有云：

原文	释文
若夫泥色之变，	（泥色的变化）
乍阴乍阳。	（有的阴暗深沉，有的光亮明朗）
忽葡萄而绀紫，	（有的如葡萄而呈绀紫色）
倏橘柚而苍黄；	（有的又似橘柚而呈苍黄色）
摇嫩绿于新桐，	（有的像新桐抽出的嫩绿）
晓滴琅玕之翠；	（有的青翠欲滴如琅玕宝石）
积流黄于葵露，	（有的流黄如积似带露之葵花）
暗飘金粟之香。	（似乎飘动着金粟的暗香）
或黄白堆砂，	（有的泥面上撒有黄白硇砂微微凸起）
结哀梨兮可啖，	（像梨一样令人想吃它）
或青坚在骨，	（有的胎骨青坚）
涂髹汁兮生光。	（外面却似涂上一层赤黑色而发光）
彼瑰琦之窑变，	（那些美玉般的纷瑰绮丽之窑变）
非一色之可名。	（并不是用一种颜色可概括得了的）
如铁、如石	（如铁、如石）
胡玉？胡金？	（是玉呢？是金呢？）
备五文于一器，	（备各种纯正之纹色于一器）
具百美于三停。	（具百美于匀停之体）
远而望之，	（远而望之）
黝若钟鼎陈明庭。	（黝暗如古钟鼎陈列于皇庭）
迫而察之，	（近而细察）
灿若琬琰浮精英。	（灿烂如圭宝玉璧般浮现精英）
岂隋珠之与赵璧可比	（其珍贵奇异岂是隋珠
异而称珍者哉。	和赵璧之可比呀。）

按：隋珠，古代最宝贵之明珠。又称隋侯之珠，隋侯是远古时代一位姬姓诸侯王，他曾见一大蛇受伤，即以药傅之。后蛇于江中衔一大珠以报之，盖明月珠也，珍异无比。隋珠也称灵蛇之珠。赵璧，即和氏璧，卞和得之荆山以献楚王，秦王曾许以十五城换取此璧，赵璧又称荆山之玉或和氏之璧。隋珠、赵璧代指古代最珍贵的明珠和璧王）。

吴梅鼎对紫砂壶之色泽的描写，十分生动形象、真切而不失其实。

"六要"之四，意趣。

人由主观情意而见于物，物奇则生趣，趣又见意。壶者，其体原非实有，形态由感生。然壶之成，又能见作者的思想意趣。如壶之小薄者，以见玲珑之趣；厚重者，以见古朴之趣；清刚者，以见爽利之趣，等等。见之而能生美好之联想或某种高雅之趣。移情变心，神与物游，思与趣接，感与意通。又如壶之作竹、梅状，以见其高风亮节、孤高不群之意趣。又如作东陵式（俗称南瓜式），以见其高尚之意；作八卦太极式，以见哲理；作周鼎汉钟，以见古雅之趣。又或作禽鸟虫蛙，以见可爱；作瓜果树瘿，以见可喜等等，皆见其趣也。

壶之趣出于人之意，作者有思想，有修养，方可致之。而览者亦需有思想，有修养，方可知之。

"六要"之五，文心。

六朝梁人刘彦和作《文心雕龙》，言为文之用心也。夫制壶、赏壶者亦然。

以为文之用心而作壶，此文心之一也。又壶体上题诗、铭文、作画、钤印、刻款，因寄所托，以示作者心境情怀，高雅之意，壶韵之不足，题诗文、作书画以补之，览者观之亦有同情。其诗文书画，亦见文心。

要之，文人为文之用心，紫砂壶所俱具也。然若其文理之不通、诗无深义；或书法拙劣、画意粗俗，非惟不增其美，且大伤雅意。故，壶之诗文书画，或则不有，有则必高雅，平庸之辈，万勿措手其间。

"六要"之六，适用。

壶之制，其始惟在适用。所谓适用，即：进水、泡茶、倒茶、置放、把拿（持握）。壶用于泡茶，因之须有口，用于进水、放茶叶。有口即须有盖，有盖须有纽和孔，纽便于持拿，孔用于透气，否则壶内产生气压，则茶盖揭拿不起。泡茶为了饮用，则须有嘴，壶不能终日拿在手中，总要置放，因之须有圈足，或以底代足。壶要能持在手中，因之，须有把扣。盛水，则壶需有腹。或无把而代之提梁，便于提拿（见图三、四、五、六）。

以适用为基础，组合之；以匠心使之美，进而重在观赏。然壶之所以为壶者，适用不可废也。若壶之嘴低于口，水不满而溢出，则不适于用。或壶之口进水、进茶不便，或盖之不牢不实，皆不适用。或壶置案不稳，尤不适用。因之，制壶、购壶，务须首先考虑适用，否则，便不可称为壶。

或有人说："老是考虑适用，则有碍于美的表现，非废弃适用不足为艺术。"实际上，适用不但不碍于美的表现，运用得好，反而有助于美的表现。犹如旧体诗之格律，若作者不掌握它，固有碍于思想之发挥及文字之表达，若熟谙其格律，则有补于形式美之表现，非唯不约束作者，更有助于作者。制壶亦然，熟练掌握，以适用为基本，然后设置枢机，神居胸臆，敏在虑前，则有助于作者之巧思也。

以上"六要"是品赏紫砂壶的六个基本要点，也是制造紫砂壶所必知的六个基本要点。其中有些内容属于基本法则。法则，即以法为则。法是从实践中总结出的优秀的、应该遵循的内容。但天才的、特具创造性的人物也可以破除法则，另立新法，所谓"独具匠心"。古人常说："法本无法，无法之法，乃为至法。"从无法到有法，是一大进步。因为无法，大家都在摸索中创造。心中无数，不知如何是好。有时造出来的壶，或不适用，或不美观。比如"三平法"，壶嘴如不和口相平，则倒茶不便；壶把如不和口相平，则少平衡感。壶嘴不能低于口，这是必须遵循的，但也有人却把壶把提高于口，产生一种奇兀之感。这就突破了"三平法"。但这并非易事，把提高了，其他部位也须跟着变，否则便不和谐。又如"三态""三形"，皆可变化，且可集于一体。但变法的人更须深谙原有之法，方能有助于其变。

部分法则可变，然壶之"神韵""形态""色泽""意趣""文心""适用"之"六要"不可变，变，只能更合于"六要"，使之神韵更雅，形态更美，色泽更佳，意趣更足，文心更高，适用性更强。反之，即是退步或破坏。

"六要"基本精神，万古不可废也。

（载《装饰》1993年第2期）

十五、中国画在世界艺术中的实际地位

"魏氏以夜光为怪石，宋客以燕砾为宝珠。"刘勰在《文心雕龙》中说过这几句话后接着便感叹："文情雄鉴，谁曰易分？"把夜光珠当做怪石，出卖的价格就便宜，甚至不值钱，但并不代表夜光珠就没有价值。《伊文子·大道》记："魏之田父得玉径尺，不知其玉也，以告邻人。邻人绐之曰：'怪石也。'归而置之庑下，明照一室，怪而弃之于野。"魏氏得到的明明是一块大宝玉，却因邻人说是怪石而置之庑下；而且其玉已经"明照一室"，他还是怪而弃之野外了。宋客又把燕地一块普通的废石当做宝珠一样收藏起来。真伪不辨，以外行的话为准，以致颠倒了宝珠和怪石的价值，其损失是不言而喻的。中国画在世界上的遭遇就有些类似那块夜光玉。

目前，中国画在国外市场上价格不如西方画的百分之一，甚至千分之一都不到，这是事实。于是有人就怀疑中国画不行了。继之主张用西方画改造中国画，甚至要把宣纸、笔墨都去掉。前时期，美术界人士又是开会，又是讲演，又是出文集，大声疾呼，多方奔走，要中国画走向世界。弦外之音：中国画水平太差，不足和西方画并列。

实际上，中国画一直处于世界艺坛的前端和领导位置，而且举世公认。我所说的举世公认，是指内行的，即大艺术家和大评论家，而不是不通艺术的商人，十万个外行、一百万个商人的话也抵不上一句内行的话有力。当然，中国画的真正内行是中国的评论家。中国评论家的话我就不再列举了。因为中国人说自己的艺术伟大、超过了西方艺术，只能代表中国人的观点，范围仍在中国，是否能代表世界上其他国家人的观点，尚不得而知。西方艺术家和评论家如果也承认中国画的伟大和崇高地位，甚至也向中国艺术靠近，才能确定中国画在世界艺术上的领导地位。当然，即使西方画家不承认中国画的伟大，也无损于中国画的伟大。只是那样就不能说中国画在世界上有重大的影响了。

　　近代世界公认的大艺术家，无过于毕加索了，这是无人不承认的。毕加索一见张大千便说："我最不懂的，你们中国人为什么跑到巴黎来学艺术。""在这个世界上，谈艺术，第一是你们中国人有艺术；其次为日本，日本的艺术又源自你们中国；第三是非洲人有艺术。除此之外，白种人根本无艺术，不懂艺术。"（见《北京文学》1987年第3期《张大千和毕加索》，又见包立民《张大千艺术圈》1990年，辽宁美术出版社）毕加索还用毛笔学画中国画，其中仿齐白石的画就有五大册，每册三四十幅。他并说："中国画真神奇。……连中国的字，都是艺术。"（同上）够了，这足以代表西方大艺术家对中国画的崇拜程度。崇尚西方画和现代派的人提起毕加索，无不五体投地，他的每一句话都比圣旨还要严重。那么，毕加索如此崇尚中国画，论之为世界上第一等艺术，怎么又听而不闻、视而不见了呢？难道一些根本不懂艺术的画商能高于毕加索吗？

　　野兽派的领袖马蒂斯也是被举世崇尚的对象。众所周知，马蒂斯的画是学日本浮世绘的，而浮世绘画源自中国画，如此看来举世闻名的野兽派，不过是中国画的再传弟子罢了。最近学者们又研究，马蒂斯的后期画是学中国民间剪纸的，他的画酷似江苏邳县的民间剪纸。学来学去，还是学中国的，看来马蒂斯仍然从再传弟子到了入室弟子，而且入的是中国民间绘画之室。非常尊重她，视之为中国画理的权威。一次，有位年事甚高名气颇大的印象派老画家前来移樽就教，拿了一部六祖

《坛经》请她讲解。吕女士翻阅一遍，十分茫然，讷讷不能置一词，只好推说不曾学过。那位画家大吃一惊，问道："你们中国有这么好的绘画理论，你都不学，跑到我们法国来，究竟想学甚么呢？"（引自《禅宗对我国绘画之影响》，载《佛教与中国文化》227页，上海书店1987年版）

中国画理论也是世界上最早最先进的理论，而且一开始就以"传神""气韵"为最高标准，继之谈"道"的显现，个人气质的再现。中国山水画论也是玄论，早在4世纪就出现了，谈的是："道"和"理"，"情"和"致"，一千年之后，西方人才有些零星的理论，但他们谈的是"做大自然的儿子还是孙子"，中国画论从来不谈儿孙之论，因为这太浅薄了。中国画一开始就直透艺术的本质——"画者，心印也"，"画者，文之极也"。中国画谈的是"物化"，"天人合一"，"物我为一"，画就是自己，既不是大自然的儿子，也不是大自然的孙子。这种感受，西方画到了近代才意识到，而且多数受中国画的影响，但认识得仍不彻底。还可以举出很多例子，我想这已经够了。

从西欧到东欧，到美洲，全世界凡是真正的大艺术家、大理论家，都如此推崇中国画。而那些诋毁中国画的中国人不知还有什么话可说。你们除了把几位无知的画商的话作为救命符和圣旨之外，还能举出一个有说服力的例子吗？

艺术的实际地位是由它的实际价值来决定的。我们听话也只能听大艺术家和大理论家等内行的话。外行、无知者的话再多，也都毫无价值。何况那些认为中国画落后的人并没有拿出任何证据，更没有讲出任何道理。如前所述，他们惟一的标准就是：中国画在国际市场上卖价不高。而这个价格却正是无知的商人们所定。我们只需反问一句：难道艺术价值是靠金钱来衡量的吗？商人的眼光能超过大艺术家、大评论家的眼光吗？

再从艺术实践来看，中国画用线表现已有两千多年历史了。西方绘画近代才知道用线，而且才知道用线作画是最好的方法，他们的艺术归到中国画所开辟的正道上来，但已晚于中国画两千多年了。

如果说现代中国的艺术有些贫乏的话，那恰恰是因为丢掉了自己的伟大的传统、生搬硬套外国的形式所致。日本当代美术评论家吉村贞司的一段话最可发人深省，他说："我感到遗憾，中国的绘画已把曾经睥睨世界的伟大的地方丢掉了。每当我回首中国绘画光辉的过去时，就会为今日的贫乏而叹息。"（见《江苏画刊》1985年第5期《宇宙的精神，自然的生命》）

任何国家的艺术都和这个国家一样，如果要想在世界上出人头地，那就必须在牢固地守住自己的传统的基础上，再强烈地吸收别国的有益成分。如果丢弃自己的传统，一味地模仿人家，数典忘祖，那就永远赶不上人家。何况中国的艺术本就有伟大的传统和被举世公认的高峰。中国人怎能被几个外国画商定的价格所迷惑而动摇了呢？至于那些拼命贬低中国艺术、以诋毁自己传统为荣的人，起码说，你们在艺术上是无知的，在人格上是卑乞的，在作风上是虚伪的，不实际的。

最后再谈谈"中国画走向世界"问题。这本来就是一个错误的提法。中国是世界的一部分，中国画从来都在这个世界上，怎么还要走向世界呢？难道中国和中国画都不在这个世界上？笔者也曾到国外转过一圈，欧美等洲的大博物馆中东方部绘画都以中国画为主，世界上所有发达国家都有大量的研究中国绘画艺术的机构，几乎所有名牌大学都有研究中国艺术史的专业，他们聘请中国的学者前往讲学，笔者也曾在被聘之列。如果说中国画要得到世界的承认才算"走向世界"的话，那这个口号就更加错误，其错误之一：中国画从来都被世界承认和重视，以上的例子已足以说明问题。何况很多国家还来中国抢劫、盗窃艺术。其错误之二：有出息的艺术家不应该乞求别人的承认，而应该立志叫世界艺术拜倒在自己艺术的脚下。曹雪芹写《红楼梦》时何尝要乞求别人的承认，"都云作者痴，谁解其中味？"在他眼中，别人不可能理解他的作品。然而当今世界上不到处都有"红学"研究会吗？笔者就曾应邀到华盛顿为全美五十州的红学家们讲演过《红楼梦》。当然，这是《红楼梦》的伟大。假如曹雪芹当年拿起笔来，时时想到要叫外国人承认，要采取外国人的写法，恐怕今日就不会有"红学"研究会，更不会有世界性的"红学"研究会。中国传统绘画的作者们何尝想到要别人承认，然而，今日世界各国却都有其研究者。现在有一批作者为了得到世界的承认，硬是模仿西方画家的作品，而又恰恰得不到西方的承认。笔者曾到过美国，曾应邀在密歇根大学讲学，发现他们对中国古代的传统是那样地推崇。讲演之后，我和美国著名的美术史家艾得瑞兹教授谈到中国画的现状，他说："我们还是喜爱中国宋代的山水画，那用长长短短的线条（皴法）组成的山水画，西方画家根本无法企及。还有山水中的'可行、可望、可居、可游'，也令西方人向往无穷。现代的齐白石的画也好，他变出了自己的风格，但仍然是中国的风格，西方画家达不到。中国画的'梅兰竹菊'四君子，西方画家永远承认，那是中国独特的东西。可是你们很多画家现在学西方的艺术，又想得到西方的承认，完全弄颠倒了。"西方人承认的仍然是中国传统的艺术和齐白石等一批具有中国作风和气魄的作品，这还不发人深省吗？

1988年～1992年春于南京师大

（原刊于《江苏画刊》1992年第7期、《文论报》1998年
12月转载、《新华文摘》1999年3月转载）